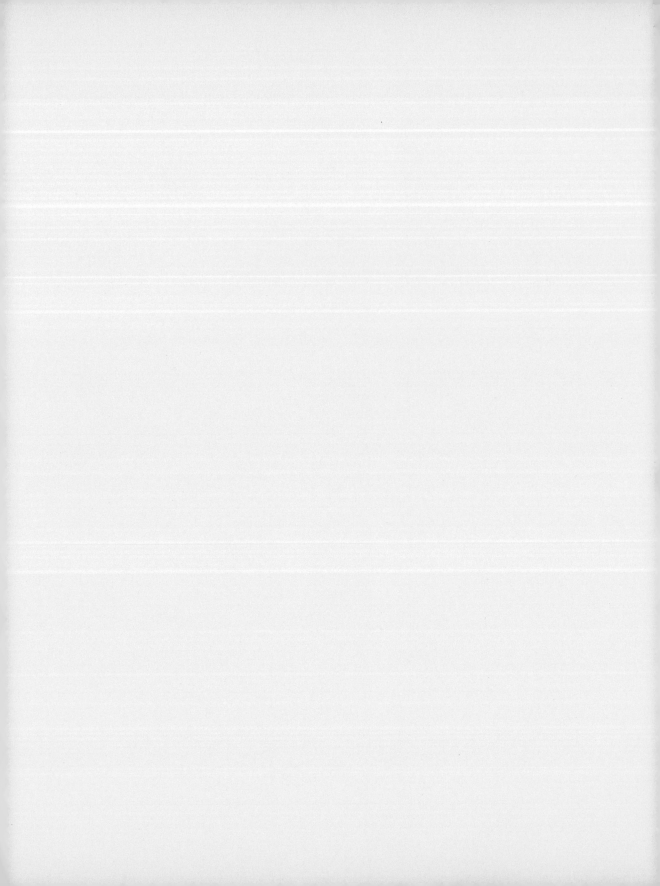

# 초보자를 위한 아파치 스파크 2

# 초보자를 위한 아파치 스파크 2

## 스칼라와 파이썬을 활용한
## 대규모 분산 데이터 처리 애플리케이션 개발

**라자나라야난 토투바이카투마나** 지음

**방호남** 옮김

Packt> i!i
에이콘

이 책을 지금도 끊임없이 오픈 소스 소프트웨어의 품질을 높이기 위해
노력하는 수많은 자원 봉사자들에게 바칩니다.
그들이 노력 없이는 결코 이 책을 집필할 수 없었을 것입니다.

# | 지은이 소개 |

**라자나라야난 토투바이카투마나** Rajanarayanan Thottuvaikkatumana

다양한 나라의 회사에서 약 23년간 소프트웨어 개발 기술자로 일했다. 인도 및 싱가포르, 미국 등 나라에서 일을 해 왔고 현재는 영국에서 지내고 있다. 아키텍처 및 디자인, 소프트웨어 애플리케이션 개발 경력이 있으며, 유명한 데이터베이스 및 애플리케이션 개발 플랫폼, 웹 기술, 빅데이터 기술을 이용하는 일을 해 왔다. 2000년 이후로는 주로 자바 관련기술을 써 왔고 자바와 스칼라를 이용한 서버 프로그래밍을 해 왔다. 많은 양의 트랜잭션 처리 및 분산, 동시성 처리 문제를 다뤄 왔으며, 현재는 차세대 하둡 YARN을 기반으로 한 데이터 처리 플랫폼과 스칼라 기반의 아파치 스파크를 이용한 애플리케이션 스위트 suite 를 개발하고 있다.

수학과 컴퓨터 정보 처리 시스템 분야에서 모두 석사 학위를 보유하고 있고 수많은 ITIL 수료증을 받았다. 클라우드 컴퓨터 관련 수업도 이수했다. Packt 출판사에서 출간한 『Cassandra Design Patterns - Second Edition』(Packt, 2015)의 저자이기도 하다.

한가할 때는 클래식 음악을 듣고 테니스를 즐긴다.

## | 기술 감수자 소개 |

**코넬 스칼코우스키** Kornel Skalkowski

학문과 산업 기반에 깊은 지식을 갖추고 있다. 5년 동안 크라쿠프에 있는 AGH 대학교에서 조교로 일했다. 2015년에는 "SOA 시스템의 머신 러닝을 기반으로 한 적응"이라는 주제로 박사 학위를 받았다. 그리고 지능형 시스템 및 머신 러닝, 빅데이터를 주제로 한 다양한 프로젝트에 걸쳐 여러 회사와 협업해 왔다. 현재는 SAP SE에서 빅데이터 개발자로 일하고 있다.

소프트웨어 엔지니어링 및 SOA 시스템, 머신 러닝 분야 19편 논문의 공동저자이자 American Journal of Software Engineering and Applications 저널의 리뷰어로 활동하고 있다. 수많은 유럽과 국제 과학 프로젝트에도 참여했다. 관심 연구 분야는 머신 러닝 및 빅데이터, 소프트웨어 엔지니어링 등 다양하다.

이 책을 리뷰하는 동안 아낌없는 인내와 지원을 보내준 내 가족과 친척, 친구들에게 감사를 표한다. 함께 시간을 보내지 못한 것을 잘 이해해준 애인 Ania에게도 매우 감사하다고 전하고 싶다.

# | 옮긴이 소개 |

**방호남**

공대 남자 엔지니어 5명이서 시작한 결혼 관련 스타트업 창업을 첫 시작으로, 한국 과학 기술 연구원, 실리콘밸리 스타트업을 거쳐 현재 시애틀에 있는 아마존 웹 서비스^AWS 본사 EC2 서버 엔지니어로 일하고 있다.

서버부터 웹 프론트엔드, 안드로이드, 웹앱 등 다양한 분야에서 경력을 쌓아 왔고 요즘은 대규모 분산 처리 시스템 디자인과 운용을 주로 한다. 컴퓨터 한 대로 세상을 바꾸는 일이 가능한 시대에 개발자로 일할 수 있음에 늘 감사한다. 소프트웨어 자체도 좋아하지만, 요즘은 소프트웨어가 세상에 제공할 수 있는 가치를 탐구하는 것에 더 흥미를 느끼고 있다.

요즘 컴퓨터 세계는 빅데이터와 머신 러닝의 시대라고 해도 과언이 아니다. 이 두 가지 기술이 맞물려 창출해 내는 부가가치와 잠재력은 분야를 막론하고 상상을 초월한다. 이러한 흐름에 발맞춰 머신 러닝이나 빅데이터 처리 프레임워크에 관심을 가지는 개발자가 점점 많아지고 있다. 한국에서도 관련된 스킬을 가지고 있는 고급 개발자들이 미국의 글로벌 IT회사로 이직하는 경우가 늘고 있다.

이러한 큰 흐름에 따라 무언가 시도는 해 보고 싶은데 어디서부터 시작할지 모르는 입문자나, 머신 러닝 자체보다는 데이터 전처리나 파이프라인 구축에 드는 많은 시간과 노력에 지친 데이터 과학자들에게 스파크는 매우 환영받는 프레임워크다. 맵리듀스와 같은 복잡한 프로그래밍 모델을 모르더라도 간단한 스크립팅과 파이썬, 스칼라 등의 프로그래밍 언어만 알면 누구나 손쉽게 머신 러닝과 빅데이터 공부를 시작할 수 있다.

스파크가 데이터 처리 프레임워크 세계에서 차지하는 비중은 매우 크다. 스파크는 미국 버클리 대학의 리서치 프로젝트로 시작해서 지금은 전 세계에서 가장 활발한 오픈 소스 기반 데이터 처리 프로젝트가 됐다. 처음부터 대규모 데이터 처리를 염두에 두고 디자인되었기 때문에 빅데이터 처리에 매우 최적화됐고 이름처럼 속도가 빠르다. 2.0부터는 다양한 머신 러닝 라이브러리 지원을 통해 머신 러닝 데이터 처리 프레임워크로도 각광받고 있다. 이뿐만 아니라 스칼라, 자바, 파이썬, R 등 다양한 프로그래밍 언어 지원을 통해 개발자가 언어의 제약 없이 손쉽게 접근할 수 있고 포팅이 쉽다는 장점이 있다.

이 책은 단순한 데이터 처리, 스트리밍 데이터, 그래프 모델 구성, 스파크를 이용한 데이터 차트 그리기를 넘어 MLlib를 활용한 머신 러닝 예제까지, 입문자와 고급 개발자 모두가 활용할 수 있는 다양한 예제를 제공한다. 이렇게 스파크 2.0을 소개함으로써 누구나 쉽게 스파크를 배울 수 있도록 했다. 대부분의 예제는 스칼라뿐 아니라 파이썬, R 버전으로도 제공되기 때문에 독자 본인이 편한 언어로 학습할 수 있다.

번역 기간 내내 여러가지 일과 병행하느라 우여곡절이 많았지만, 바람이 있다면 책이 한국의 개발자들이 머신 러닝과 빅데이터 세계에 뛰어드는 데 작게나마 밑거름이 됐으면 한다. 나아가 전세계 글로벌 IT 기업에서 독자와 직접 마주치는 순간이 오면 더욱 더 보람을 느낄 것 같다.

끝으로 이 책의 번역을 맡겨주신 에이콘 출판사와 편집에 참여해주신 분들께 감사드린다. 멀리 한국에서 늘 자식 걱정에 여념이 없으신 부모님과 곧 결혼을 앞둔 동생, 지인 그리고 늘 곁에서 응원해주는 여자친구에게도 감사의 마음을 전한다.

2017년 12월, 시애틀에서

방호남

# 차례

## | 들어가며 |

스파크라 불리는 데이터 처리 프레임워크는, 하둡 맵리듀스 작업 성능이 낮은 부분에서도 반복적으로 데이터셋을 재사용함으로써 주목할 만한 가치를 제공할 수 있음을 증명하기 위해 처음 개발됐다. 연구 논문 《Mesos: A Platform for Fine-Grained Resource Sharing in the Data Center》는 스파크의 디자인 철학에 관해 이야기한다. 캘리포니아에 있는 버클리 대학University of California Berkeley 연구진이 Mesos를 테스트하기 위해 만든 매우 단순한 구현체는 후에 가장 활발한 아파치 프로젝트 중 하나가 됐다. 스파크는 처음부터 하둡 및 Mesos, 독립형 모드와 같은 클러스터로 분산 데이터 처리를 수행하도록 디자인됐다. 스파크는 JVM 기반 데이터 처리 프레임워크이므로 JVM 기반 애플리케이션을 지원하는 대부분의 운영 체제에서 작동한다. 스파크는 UNIX 및 Mac OS X에 설치 가능하며 윈도우즈 환경에서도 사용률이 증가하고 있다.

스파크는 프로그래밍 언어 스칼라 및 자바, 파이썬, R을 포함하는 통일된 유니폼uniform 프로그래밍 모델을 제공한다. 즉, 스파크 애플리케이션을 개발할 때 거의 모든 언어에서 같은 스파크 API를 제공하므로 손쉽게 언어 선택을 할 수 있다. 이러한 방식으로 조직은 스파크를 새로 사용하더라도 이미 사용하고 있는 프로그래밍 언어로 스파크 프로그램을 개발할 수 있고 필요에 따라 스파크 애플리케이션을 한 언어에서 다른 언어로 신속하게 포팅porting할 수도 있다. 스파크의 대부분은 스칼라로 개발됐기 때문에 스파크 프로그래밍 모델은 본질적으로 함수 프로그래밍을 지원한다. 스파크에서 가장 기본적인 데이터 추상화는 탄력 분산 데이터RDD다. 다른 모든 스파크 라이브러리도 RDD를 기반으로 만들어졌다. RDD 기반 스파크 프로그래밍 모델은 개발자가 데이터 처리 애플리케이션을 개발할 수 있는 가장 쉬운 단계다.

스파크는 더 많은 데이터 처리 유스 케이스<sup>use case</sup>를 다루기 위해 빠르게 성장했다. 제품 로드맵과 관련해서 이러한 미래를 내다보는 변화가 많아지면 비즈니스 사용자를 위해 프로그래밍을 더 높은 수준으로 제공해야 하므로 요구 수준이 높아진다. 데이터프레임 추상화 기능을 갖춘 스파크 SQL 라이브러리는 스파크 코어에서 동작하고 널리 사용되는 SQL에 익숙한 대부분 개발자의 요구를 만족시킬 수 있도록 개발됐다.

데이터 과학자들은 계산 작업에 R을 사용한다. R의 가장 큰 한계는 처리해야 할 데이터의 크기가 R 프로그램을 실행 중인 컴퓨터의 메인 메모리 크기보다 작아야 한다는 것이다. 스파크 R API는 데이터프레임 추상화를 바탕으로 데이터 과학자에게 새로운 분산 데이터 처리 세계를 소개했다. 즉, 스파크 R API를 사용하면 하둡 또는 Mesos에서 데이터를 병렬로 처리할 수 있으며 호스트 컴퓨터의 메모리 한계를 훨씬 뛰어 넘어서 데이터 처리 범위를 확장할 수 있다.

데이터를 수집하는 대규모 애플리케이션이 넘쳐나는 시대에서 데이터 소화 속도는 이전과는 달리 매우 빨라졌다. 많은 애플리케이션 유스 케이스는 실시간 스트리밍 데이터 처리를 요구한다. 스파크 코어로 구축한 스파크 스트리밍 라이브러리는 이러한 유스 케이스 요구에 따라 실시간으로 스트리밍 데이터를 처리한다.

사용하지 않는 데이터 또는 스트리밍 중인 데이터는 머신 러닝 알고리즘에 입력으로 사용해 데이터 모델을 학습시키고 이를 활용해 비즈니스 질문에 대한 대답을 제공한다. 스파크 이전에 개발한 모든 머신 러닝 프레임워크는 데이터를 처리하는 컴퓨터의 메모리 한계 및 병렬 처리 수행 불가, 읽기-쓰기의 불필요한 반복 등 많은 한계가 있었다. 스파크는 이러한 한계가 없기 때문에 스파크 코어와 데이터프레임을 바탕으로 구축된 스파크 MLlib 머신 러닝 라이브러리는 머신 러닝 액티비티와 데이터 처리 파이프라인을 함께 처리하는 최고의 머신 러닝 라이브러리로 널리 알려지게 되었다.

그래프는 특별한 유스 케이스에서 많이 사용하는 매우 유용한 데이터 구조다. 그래프 데이터 구조에서 데이터를 처리하는 데 사용하는 알고리즘은 계산 집약적이다. 스파크 이전에도 많은 그래프 처리 프레임워크가 존재했다. 대부분 처리 속도는 빠르지만 많은 그래프 처리 애플리케이션에서 그래프 데이터 구조를 생성하기 위한 데이터를 사전 처리하는 것이 큰 병목 현상임이 드러났다. 스파크로 구축한 스파크 GraphX 라이브러리는 데이터 처리 및 그래프 처리를 하나의 연결된 액티비티로 묶어 처리하기 위해 그 격차를 크게 줄였다.

과거에 많은 데이터 처리 프레임워크가 존재했으며 그중 대다수가 제품을 사용하는 고객들을 벤더 종속$^{\text{lock-in}}$의 함정에 빠뜨리려고 했다. 이에 반해 스파크는 라이센스 비용 없이 다양한 데이터 처리 요구를 해결하기 위한 매우 실용적인 대안을 제공하는 동시에 많은 앞서가는 기업의 지원을 받아 전문적인 제품 지원을 제공한다.


# ▌ 이 책의 구성

**1장, 스파크 기초** 스파크 프레임워크 기초와 API 그리고 함께 제공되는 라이브러리를 논의하고 스파크를 사용하는 데이터 처리 생태계 전체를 살펴본다.

**2장, 스파크 프로그래밍 모델** 스파크에서 사용되는 함수 프로그래밍 방법론을 기초로 스파크의 유니폼 프로그래밍 모델에 대해 설명하고 RDD$^{\text{Resilient Distributed Data Sets}}$ 및 스파크 변환, 스파크 액션의 기본 사항을 다룬다.

**3장, 스파크 SQL** 가장 강력한 스파크 라이브러리 중 하나인 스파크 SQL에 관해 논의하고 스파크 프로그램과 함께 어떠한 방식으로 동작하는지 살펴본다. 또한 데이터 처리를 위해 스파크 SQL을 사용해 다양한 데이터 소스의 데이터에 액세스하는 방법과 여러 종류의 데이터 소스 통합에 관해 설명한다.

**4장, 스파크 R 프로그래밍** 스파크 R API인 SparkR과 R에 관해 설명한다. 이를 통해 R 사용자는 익숙한 데이터프레임 추상화를 사용해 스파크의 데이터 처리 기능을 사용할 수 있다. 더불어 4장에서는 R 사용자가 스파크 데이터 처리 생태계에 익숙해질 수 있는 기초지식도 제공한다.

**5장, 파이썬을 활용한 스파크 데이터 분석** 스파크를 이용한 데이터 처리 방법과 파이썬에서 스파크와 함께 활용할 수 있는 다양한 차트 및 그래프 라이브러리에 대해 설명한다. 또한 프로그래밍 언어로서 파이썬을 선택하고 스파크 애플리케이션을 파이썬과 결합해서 활용하는 방법에 대해 논의한다.

**6장, 스파크 스트림 처리** 스트림stream 형태로 수집한 데이터를 캡처하고 처리하는 가장 강력한 스파크 라이브러리 중 하나인 스파크 스트리밍에 대해 설명한다. 분산 메시지 브로커인 카프카Kafka와 카프카의 소비자로 작동하는 스파크 스트리밍 애플리케이션에 대해서도 논의한다.

**7장, 스파크 머신 러닝** 입문 수준에서 머신 러닝 애플리케이션 개발에 사용하는 가장 강력한 스파크 라이브러리 중 하나인 스파크 MLlib에 대해 설명한다.

**8장, 스파크 그래프 처리** 그래프 데이터 구조를 처리하는 가장 강력한 스파크 라이브러리 중 하나인 스파크 GraphX에 대해 설명하고 그래프로 데이터를 처리하는 수많은 알고리즘을 살펴본다. GraphX 기초와 GraphX에서 제공하는 알고리즘을 사용해 구현한 몇 가지 유스 케이스도 설명한다.

**9장, 스파크 애플리케이션 설계** 스파크의 다양한 기능을 다루는 스파크 데이터 처리 애플리케이션 설계 및 개발에 대해 설명한다. 9장에서 다루는 대부분 내용은 이미 앞에서 다룬 내용이다.

## ▌준비 사항

코드 샘플을 실행하려면 최소한 스파크 2.0.0 또는 이상의 버전을 컴퓨터에 설치해야 하고 주어진 주제를 잘 이해하기 위해 추가 학습을 하는 것이 좋다. 6장, 스파크 스트림 처리에서 제공하는 샘플 코드를 제대로 실행하려면 카프카는 메시지 브로커, 커맨드라인 생산자는 메시지 생성, 스파크 애플리케이션은 메시지 소비자로 각각 알맞게 설정해야 한다.

## ▌ 이 책의 대상 독자

스파크의 데이터 처리 능력과 R 또는 데이터 및 스트림 처리, 머신 러닝, 그래프 처리를 결합해 상호 운용 가능한 하나의 프레임워크에서 스칼라나 파이썬을 지원하는 통합 API를 활용하는 데 관심이 있는 애플리케이션 개발자 및 데이터 과학자, 대규모 데이터 솔루션 아키텍처라면 이 책이 큰 도움이 될 것이다.

## ▌ 편집 규약

이 책은 다양한 정보를 구분해서 표시하기 위해 서로 다른 문자 표기법을 사용하고 있다. 다음은 이런 표기법의 예와 의미에 대한 설명이다.

코드는 다음과 같이 표시한다.

```
Python 3.5.0 (v3.5.0:374f501f4567, Sep 12 2015, 11:00:19)
  [GCC 4.2.1 (Apple Inc. build 5666) (dot 3)] on darwin
```

커맨드라인 입력 또는 출력은 다음과 같이 표시한다.

```
$ python
Python 3.5.0 (v3.5.0:374f501f4567, Sep 12 2015, 11:00:19)
[GCC 4.2.1 (Apple Inc. build 5666) (dot 3)] on darwin
Type "help", "copyright", "credits" or "license" for more information.
>>>
```

새로운 용어와 중요한 단어는 **굵게**<sup>bold</sup> 표시한다. 화면에 표시하는 단어(예: 메뉴 또는 대화상자)는 "이 책의 바로 가기는 Mac OS X 10.5+ 체계를 기반으로 한다."와 같이 표시한다.

중요한 내용이나 경고문은 노트상자에서 표시한다.

 팁은 팁상자에서 표시한다.

## 독자 의견

독자 여러분의 의견은 언제나 환영이다. 이 책에 대한 독자의 의견(좋은 점과 싫은 점)을 알려주기 바란다. 독자의 피드백은 언제나 가장 유용한 책을 집필하는 데 도움이 되므로 매우 중요하다. 일반적인 의견을 보내려면 feedback@packtpub.com으로 책 제목을 이메일 제목에 넣어서 메일을 보내면 된다. 전문 분야가 있거나 직접 집필 또는 재능 기부에 관심이 있는 경우 저자 안내(www.packtpub.com/authors)를 참조하자.

## 고객 지원

이제 당신은 Packet 책의 자랑스러운 독자이므로 이 책을 최대한 활용할 수 있도록 다양한 방법으로 많은 것들을 제공하고자 한다.

### 예제 코드 다운로드

이 책의 예제 코드 파일은 http://www.packtpub.com에서 계정에서 다운로드할 수 있다. 다른 곳에서 이 책을 구입한 경우 http://www.packtpub.com/support를 방문해 파일을 직접 전자 메일로 보내면 된다.

다음 단계에 따라 코드 파일을 다운로드할 수 있다.

1. 전자 메일 주소와 암호를 사용하여 웹 사이트에 로그인하거나 등록한다.
2. 상단의 **SUPPORT** 탭에 마우스 포인터를 올려둔다.
3. **Code Downloads & Errata**를 클릭한다.
4. Search 상자에 책의 이름을 입력한다.
5. 코드 파일을 다운로드 할 책을 선택한다.
6. 이 책을 구입할 때 사용한 드롭다운 메뉴에서 선택한다.
7. **Code Download**를 클릭한다.

파일을 다운로드한 후 폴더 압축을 해제할 때 아래와 같이 최신 버전의 압축 프로그램을 사용하자.

- Windows용 WinRAR
- Mac용 Zipeg/iZip/UnRarX
- Linux용 7-Zip/PeaZip

이 책의 코드는 https://github.com/PacktPublishing/Apache-Spark-2-for-Beginners의 GitHub에서도 살펴볼 수 있다. https://github.com/PacktPublishing/에서 다른 책의 코드와 비디오도 제공한다. 꼭 놓치지 말고 확인하자!


## 컬러 이미지 다운로드

이 책에서 사용한 스크린샷 및 그래프의 컬러 이미지 버전 PDF 파일도 제공한다. 컬러 이미지를 보면 출력 변경 사항을 좀 더 파악하기 쉽다. 이 파일은 http://www.packtpub.com/sites/default/files/downloads/ApacheSpark2forBeginners_ColorImages.pdf에서 다운로드할 수 있다.

## 오탈자

콘텐츠의 정확성을 기하기 위해 모든 노력을 기울였음에도 불구하고 오탈자가 있을 수 있다. Packt에서 출판한 도서에서 실수를 발견하면 알려주기 바란다. 다른 독자를 잠재적으로 도울 수 있고 개정판을 좀 더 향상할 수 있다. 이 책에서 개선하고 싶은 부분이 있다면 http://www.packtpub.com/submit-errata를 방문해 책을 선택하고 Errata Submission Form를 클릭한 다음 오탈자 관련 내용을 입력하자. 오탈자가 확인되면 입력한 오류 정보를 바탕으로 정오표를 웹사이트에 올리거나 해당 제목의 정오표 섹션 아래에 있는 기존 정오표 목록에 추가할 것이다.

이전에 만들어진 정오표를 보려면 https://www.packtpub.com/books/content/support로 이동해 검색 필드에 책의 이름을 입력하자. 필요한 정보가 Errata 섹션에 나타난다.

## 저작권 침해

인터넷상의 저작권 자료의 불법 복제는 모든 미디어에서 심각하게 발생하고 있는 문제다. Packt는 저작권 및 라이센스 보호를 매우 중요하게 생각한다. 인터넷상의 어떤 형태로든 본사 출판물의 불법 복제물을 발견할 경우, 우리가 조치를 할 수 있도록 주소나 웹사이트 이름을 즉시 알려주기 바란다. 저작권 침해가 의심되는 자료에 대한 링크를 copyright@packtpub.com으로 신고하면 된다.

저자를 보호하고 귀중한 콘텐츠를 제공 할 수 있도록 조력을 아끼지 않는 귀하의 도움에 매우 깊은 감사를 표한다.

## 질문

이 책에 문제가 있다면 직접 연락주기 바란다. questions@packtpub.com으로 이메일을 보내면 문제를 해결하기 위해 최선을 다할 것이다.

# 01

# 스파크 기초

데이터는 모든 조직의 가장 중요한 자산 중 하나다. 조직에서 데이터를 수집하고 사용하는 규모는 상상 이상으로 커지고 있다. 데이터 처리 속도, 데이터 타입 및 저장되는 데이터의 양은 매 순간 기록을 깨뜨리고 있다. 요즘은 소규모 조직에서도 다루는 데이터의 크기가 기가 바이트 단위에서 테라 바이트로, 테라 바이트에서 페타 바이트까지 커지는 일은 매우 흔한 일이다. 마찬가지로 이미 사용하고 있는 데이터뿐만 아니라 잠자고 있는 데이터 처리 능력에 대한 요구도 매우 증가하고 있다.

어떤 조직이라도 조직의 성공은 리더의 결정에 달려있다. 좋은 결정을 내리기 위해서는 질 좋은 데이터와 데이터 처리로 얻을 수 있는 양질의 정보가 필요하다. 데이터 처리 기술은 컴퓨터 초기부터 발전해 왔다. 초기부터 수많은 데이터 처리 소프트웨어와 프레임워크가 시장에 출시되고 사라지기를 반복해 왔다. 이러한 데이터 처리 제품과 프레임워크는 대부분 일반적인 목적으로 개발된 것은 아니다. 대부분의 조직은 데이터 처리를 위해 폐쇄적인 맞춤형 개발 또는 특정 소프트웨어에 의존하는 애플리케이션을 사용했다.

요즘 Internet of Things[IoT]로도 널리 알려져 있는 대규모 인터넷 애플리케이션은 엄청난 양과 다양한 유형의 데이터를 매우 빠른 속도로 처리할 수 있는 오픈소스 프레임워크에 대한 필요성을 일깨워준다. 대규모 웹 사이트 및 미디어 스트리밍 애플리케이션, 대규모 일괄 처리[batch]는 역시 더욱더 오픈소스 프레임워크가 필요하다. 오픈 소스 커뮤니티는 소프트웨어 회사가 필요한 양질의 소프트웨어를 제공하기 때문에 인터넷의 성장과 함께 빠르게 성장하고 있다. 수많은 기업이 오픈 소스 소프트웨어를 사용하기 시작했고 이를 자신들의 제품 환경에서도 배포하기 시작했다.

따라서 기술적 관점에서, 데이터 처리는 커다란 도전에 직면했다. 데이터 양은 단일 머신에서 엄청난 수의 클러스터까지 점점 더 넘치기 시작했다. CPU 1개의 처리 능력은 포화 상태에 이르렀고 좀 더 빠른 처리 속도를 위해 현대 컴퓨터는 이른바 멀티코어 컴퓨터로 알려진 형태의 컴퓨터로 발전하기 시작했다. 대다수 애플리케이션들은 멀티코어 컴퓨터를 완벽하게 활용하도록 디자인되거나 개발되지 않았기 때문에 전형적인 현대 컴퓨터 머신에서 데이터를 처리할 때, 활용 가능한 대부분의 CPU 처리 능력은 제대로 사용되지 않고 있다.

 이 책에서 노드(node), 호스트(host), 머신(machine)은 단일 모드 또는 클러스터 내에서 운영되는 컴퓨터 한 대를 의미한다.

이러한 상황에서 이상적인 데이터 처리 프레임워크가 가져야 될 능력은 무엇일까?

- 컴퓨터 클러스터 내에 분산되어 있는 데이터 블록[1] 처리 능력
- 데이터 병렬 처리 능력: 하나의 커다란 데이터 처리 작업을 여러 태스크[task]로 분산해서 처리. 데이터 처리 시간을 크게 단축할 수 있는 능력

---

1  데이터 처리 묶음 단위

- 컴퓨터의 모든 코어 또는 프로세서들을 충분히 활용할 수 있는 능력
- 하나의 클러스터 내의 모든 가능한 컴퓨터들을 활용할 수 있는 능력
- 상용 하드웨어 호환성

위의 요구사항들을 모두 만족시키는 오픈 소스 데이터 처리 프레임워크는 현재 단 2개다. 첫 번째는 아파치 하둡이고 두 번째는 아파치 스파크다.

이번 장에서는 다음의 주제를 다룰 것이다.

- 아파치 하둡
- 아파치 스파크
- 스파크 2.0 설치

## 아파치 하둡 소개

아파치 하둡<sup>Apache Hadoop</sup>은 컴퓨터 클러스터 시스템을 위한 분산 데이터 저장과 클러스터 전체에 분산된 데이터 처리를 위해 기초단계부터 설계된 오픈소스 소프트웨어 프레임워크다. 하둡은 각각 **하둡 분산 파일 시스템**<sup>HDFS</sup>과 맵리듀스<sup>MapReduce</sup>라 불리는 데이터 저장을 위한 분산 파일시스템도 함께 제공한다. HDFS는 구글의《The Google File System》이라는 논문을, 맵리듀스는《MapReduce : Simplified Data processing on Large Clusters》논문을 기반으로 설계됐다.

하둡은 대용량 데이터 처리를 위해 거대한 하둡 클러스터를 구현하고 사용하기 때문에 여러 대기업 및 큰 조직들이 채택해서 사용하고 있다. 맵리듀스는 첫 번째 버전(MRv1)에서 두 번째 버전(MRv2)으로 업그레이드할 때 엄청난 도약을 했다. 데이터 처리 관점에서 볼 때, 첫 번째 버전은 HDFS와 맵리듀스를 핵심 구성 요소로 사용했다. 하이브<sup>Hive</sup> 및 피그<sup>Pig</sup>와 같은 수많은 SQL-on-Hadoop[2] 애플리케이션이 맵리듀스 프레임워크를 기반

---

2   SQL 처리 엔진을 포함한 하둡 애플리케이션

으로 구성됐는데, 이러한 애플리케이션들은 하둡과는 별개의 아파치 프로젝트임에도 불구하고 하나의 스위트Suite로서 함께 커다란 가치를 제공한다. 이러한 일은 매우 일반적이다.

The Yet Another Resource NegotiatorYARN 프로젝트는 맵리듀스뿐 아니라 다른 타입의 프레임워크도 하둡 생태계에서 운용할 수 있도록 지원하기 위해 등장했다. 컴포넌트 아키텍처 계층 관점에서 YARN이 HDFS와 맵리듀스 계층 사이에 위치한다는 점은, 사용자가 YARN과 HDFS 위에서 실행할 수 있는 자체 애플리케이션을 개발해 하둡의 분산 데이터 저장 및 데이터 처리 기능을 활용할 수 있다는 사실을 의미한다. 즉, 새롭게 정비된 맵리듀스 두 번째 버전은 HDFS 및 YARN을 기반으로 하는 애플리케이션 프레임워크 중 하나가 됐다.

그림 1은 하둡 구성 요소 요약이다.

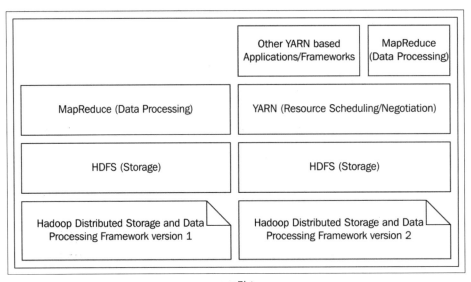

▲ 그림 1

맵리듀스는 추상화된 데이터 처리 모델이다. 맵리듀스의 데이터 처리는 맵과 리듀스, 이 2 단계로 나뉘어 진행된다. 첫 번째 맵 단계에서 입력 데이터를 여러 개의 조각으로 나누어 각 조각을 독립적으로 처리한다. 맵 단계가 완료되면 처리 결과가 리듀스 단계에서 통합되고 최종 결과가 생성된다. 유명한 예제인 word count(단어 빈도수 세기) 예제에서 맵 단계에서 각 단어를 키로, 단어 빈도수 1을 값$^{value}$으로 사용해 키 – 값 쌍$^{pair}$을 만든다. 중간 결합$^{combine}$ 단계에서 키를 기준으로 각 쌍을 정렬하고 같은 키끼리 값을 합산하여 결과물을 생성한다. 리듀스 단계에서 중간 결합 단계에서 생성한 결과물을 바탕으로 고유한 단어와 주어진 문서에서 각 단어의 등장 횟수를 담고 있는 쌍을 생성한다.

애플리케이션 프로그래밍 관점에서 맵리듀스 애플리케이션 기본 요소를 간략화하면 다음과 같다.

- 입력 위치
- 출력 위치
- 맵 함수 구현을 위해 적절한 인터페이스와 맵리듀스 라이브러리 필요
- 리듀스 함수 구현을 위해 역시 적절한 인터페이스와 맵리듀스 라이브러리 필요

맵리듀스 작업$^{job}$은 하둡에서 실행되는 작업 단위이고, 작업이 완료되면 지정된 출력 위치에서 결과물을 가져올 수 있다.

데이터 처리 작업을 맵과 리듀스 두 단계로 나누어 처리하는 과정은 매우 효과적이었고 수많은 데이터 배치$^{batch}$ 처리 사례에서도 증명된 바 있다. 맵리듀스 데이터 처리 중에 디스크 내부에서는 수많은 입/출력 작업이 발생한다. 예를 들어, 데이터 처리의 중간 과정에서 내부 자료 구조가 데이터로 가득 찼을 경우 또는 작업이 일정 수준 이상으로 진행되었을 때 디스크 쓰기가 발생한다. 이러한 입출력 특성 때문에 맵리듀스 작업 이후 데이터 읽기는 메모리가 아니라 디스크에서 발생한다.

여러 맵리듀스 작업을 엮어서 순서대로 처리할 경우, 이는 성능상 문제가 될 수 있다. 예를 들어 두 번째 맵리듀스 작업에서 크기가 큰 데이터 처리를 수행하는 경우 첫 번째 맵리듀스 작업의 출력$^{output}$이 두 번째 맵리듀스 작업의 입력$^{input}$이 된다. 이 경우 첫 번째 맵리듀스 작업의 출력 크기가 매우 크더라도 반드시 디스크에 쓰기를 통해 결과를 저장

해 두어야 두 번째 맵리듀스 작업이 이를 입력으로 사용할 수 있다. 이런 경우는 어쩔 수 없이 불필요한 디스크 쓰기가 발생한다.

수많은 데이터 배치 처리 유스 케이스<sup>use case</sup>를 살펴보면 사실 느린 입/출력 문제는 그렇게까지 큰 이슈는 아니다. 데이터 처리 결과가 매우 신뢰성 높은 경우 이 정도의 지연시간은 대부분 참을 만하다. 하지만 데이터 처리를 실시간으로 할 경우 느린 입/출력 처리는 가장 큰 문제가 된다. 맵리듀스에 필연적으로 따라오는 많은 양의 입출력 처리는 매우 빠른 속도를 요구하는 실시간 데이터 처리에 맵리듀스 사용을 주저하게 만드는 주요 원인이다.

## ▌ 스파크 분석

스파크는 자바 가상 머신인 JVM<sup>Java Virtual Machine</sup> 기반의 분산 데이터 처리 엔진으로 확장성이 뛰어나며 수많은 데이터 처리 프레임워크와 비교하면 확실히 좀 더 빠른 성능을 보여준다. 스파크는 University of California Berkeley에서 시작됐으며 이후 아파치 프로젝트에서 가장 두각을 드러내는 프로젝트 중 하나가 됐다. 이 대학에서 나온 데이터 처리 관련 논문 《Mesos: A Platform for Fine−Grained Resource Sharing in the Data Center, talks about the philosophy behind the design of Spark》에서 다음과 같이 스파크를 소개한다.

> "특정 유형의 데이터 처리에 최적화된 프레임워크도 충분히 활용 가치가 있다는 가정을 증명하기 위해 우리는 머신 러닝 연구자들이 하둡에서 자주 생성하는 작업 중에서 특히 낮은 성능을 보여주는 특정 유형의 작업, 즉 하나의 데이터셋이 여러 반복<sup>iteration</sup>에서 계속해서 재사용되는 작업을 찾아냈다. 이러한 유형의 작업을 처리하는 데 최적화된 프레임워크가 바로 우리가 개발한 스파크다."

이 논문에서는 스파크의 가장 큰 장점 중의 하나인 처리 속도에 관해서 "스파크는 메모리에서 하둡 맵리듀스보다 약 100배, 디스크에서는 10배 정도 빠른 성능을 보여준다"고 주장한다. 충분히 설득력 있는 주장이다. 스파크는 하둡과 달리 워커 노드<sup>Worker node</sup>의 메인 메모리에서 데이터 처리를 하고 불필요한 디스크 입/출력을 하지 않기 때문이다. 스파크의 또 다른 장점은 애플리케이션 프로그래밍 레벨에서도 디스크에 아예 쓰기를 하지 않거나 쓰기 횟수를 최소화해서 연속 데이터 처리 작업이 가능하다는 것이다.

맵리듀스와 비교해서 스파크가 데이터 처리 측면에서 어떤 점이 더 효율적일까? 이러한 질문에 대한 대답은 발전된 **방향성 비순환 그래프**<sup>Directed Acyclic Graph</sup> 기반 데이터 처리 엔진에 있다. 모든 스파크 작업에 대해 엔진이 실행할 DAG를 따로 생성한다. 수학에서 DAG는 정점<sup>vertices</sup>과 이들을 연결하는 방향성 간선<sup>edge</sup>으로 구성된다. 스파크에서 각 작업은 DAG 레이아웃<sup>layout</sup>에 따라 실행한다. 맵리듀스의 경우 DAG는 단 2개의 정점을 가진다. 각각 맵 작업과 리듀스 작업에 관한 정점이고 간선은 맵에서 리듀스로 향하도록 연결돼 있다. DAG 기반 데이터 처리 엔진과 결합한 메모리 내 데이터 처리는 스파크를 매우 효율적으로 만든다. 작업에 대한 DAG는 매우 복잡할 수 있지만 고맙게도 실행 중인 작업의 DAG를 쉽게 살펴보도록 스파크 자체에서 뛰어난 시각화 도구를 제공한다. 앞의 단어 빈도 수 계산 예제에서 스파크의 스칼라<sup>Scala</sup> 코드는 아래 코드처럼 보일 것이다. 코드에 대한 자세한 내용은 다음 장에서 다룰 예정이다.

```scala
val textFile = sc.textFile("README.md")
val wordCounts = textFile.flatMap(line => line.split(" ")).map(word => (word, 1)).reduceByKey((a, b) => a + b)
wordCounts.collect()
```

스파크와 함께 동작하는 웹 애플리케이션은 워커와 애플리케이션 모니터링을 제공한다. 스파크 액션 실행 중에 생성되는 스파크 작업의 DAG는 아래 그림 2와 같다.

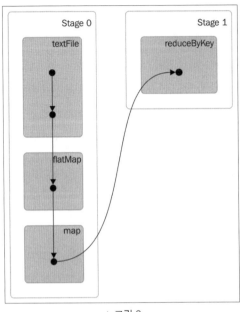

▲ 그림 2

스파크 프로그래밍 패러다임은 매우 강력할 뿐 아니라 애플리케이션 개발을 위해서 다양한 프로그래밍 언어를 지원하기 위해 유니폼 프로그래밍 모델을 제공한다. 스파크는 공통 함수 패리티를 지원하지는 않지만 스칼라 및 자바, 파이썬, R을 지원한다. 스파크 애플리케이션 개발을 위한 다양한 프로그래밍 언어 지원 외에도 각 언어에 대한 스칼라 및 파이썬, R에 대한 **읽기, 평가, 인쇄, 루프**<sup>REPL: Read, Evaluate, Print and Loop</sup> 기능이 있는 대화형 쉘 <sup>interactive shell</sup>을 제공한다. 자바 REPL은 현재 지원하지 않는다. 스파크 REPL은 대화형 방식으로 스파크 애플리케이션 코드를 시험하고 테스트하기 위해 사용할 수 있는 매우 유연한 도구다. 스파크 REPL을 사용하면 프로토타입 작성, 디버깅 등의 작업을 손쉽게 수행할 수 있다.

스파크는 핵심 데이터 처리 엔진 외에도 각 분야에 특화됐고 내부적으로 스파크 핵심 라이브러리를 이용하는 라이브러리 스택<sup>stack</sup>을 제공하며 다양한 빅데이터 처리에 유용한 다채로운 기능을 제공한다. 아래 표는 지원되는 라이브러리 목록이다.

| 라이브러리 | 설명 | 지원 언어 |
|---|---|---|
| 스파크 SQL | 스파크 애플리케이션을 위한 SQL 구문 또는 데이터프레임 API 지원 | 스칼라, 자바, 파이썬, R |
| 스파크 Streaming | 실시간 데이터 스트리밍 처리 지원 | 스칼라, 자바, 파이썬 |
| 스파크 MLlib | 머신 러닝 애플리케이션 개발 지원 | 스칼라, 자바 파이썬, R |
| 스파크 GraphX | 그래프 처리와 그래프 알고리즘을 위한 발전 중인 라이브러리 지원 | 스칼라 |

스파크는 다양한 플랫폼 위에 배포할 수 있다. 스파크는 윈도우즈, 리눅스(리눅스 또는 맥 OS) 위에서 동작한다. 스파크는 지원하는 운영체제가 설치된 노드 개에 단일 실행 모드stand alone mode로 배포하거나 클러스터 모드로 아파치 메조스Mesos나 하둡 YARN 위에 배포할 수 있다. 스파크는 아마존 EC2 클라우드에도 배포할 수 있다. 또한, 스파크는 다양한 데이터베이스의 데이터 액세스를 지원한다. 스파크가 지원하는 데이터베이스 중 요즘 가장 인기 있는 데이터베이스로는 HDFS, Apache Cassandra, Hbase, Hive 등이 있다. 이 외에도 드라이버나 커넥터 프로그램이 있다면 어떠한 데이터 베이스에도 액세스가 가능하다.

 이 책에서 사용하는 모든 예제는 맥 OS X 버전 10.9.5에서 개발 및 테스트, 실행할 수 있다. 윈도우즈를 제외한 다른 플랫폼에서도 마찬가지다. 특별히 윈도우즈 지원을 위해 유닉스 명령어와 같은 .cmd 확장자를 가진 파일을 제공한다. 예를 들어, 유닉스에서 spark-shell을 사용하는 것과 같은 결과를 얻기 위해 윈도우즈 지원를 위해 spark-shell.cmd 파일을 제공한다. 이 프로그램을 윈도우즈에서 실행한 동작과 실행 결과는 다른 운영체제에서 얻는 결과와 당연히 똑같을 것이다.

모든 분산 처리 애플리케이션은 일반적으로 실행을 제어하는 드라이버 프로그램과 하나 이상의 워커 노드가 함께 동작하는 구조다. 드라이버 프로그램은 적절한 워커에게 작업을 할당한다. 스파크가 단일 실행standalone 모드로 동작할 때에도 마찬가지다. 스파크 애플리케이션의 경우 SparkContext 객체가 드라이버의 역할이고 이 객체가 작업을 운용하기 위해 적절한 클러스터 관리자와 통신한다. 스파크 핵심 라이브러리 및 메조스 관리자, 하둡 YARN 자원 관리자도 모두 스파크가 지원하는 클러스터 관리자들이다. 스파크의 하둡 YARN 배포의 경우 스파크 드라이버 프로그램은 하둡 YARN 애플리케이션 관리자 프로세스 내부에서 동작하거나 하둡 YARN의 클라이언트로 동작한다. 그림 3은 스파크의 단일 배포가 어떻게 동작하는지 묘사한다.

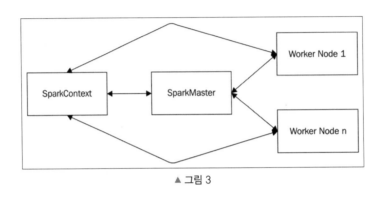

▲ 그림 3

스파크의 메조스 배포 모드에서, 클러스터 관리자는 메조스 관리자다.

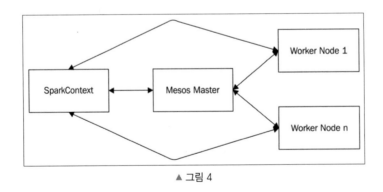

▲ 그림 4

스파크의 하둡 YARN 배포 모드에서 클러스터 관리자는 하둡 자원 관리자가 되고, 주소는 하둡 설정<sup>configuration</sup>에서 선택한다. 즉 스파크 작업을 제출할 때 명시적으로 마스터 URL을 선택할 필요가 없고 스파크가 알아서 하둡 설정에서 클러스터 관리자의 세부사항을 선택할 것이다. 그림 5는 스파크의 하둡 YARN 배포를 설명한다.

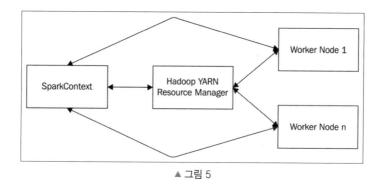

▲ 그림 5

스파크는 클라우드에서도 잘 동작한다. 아마존 EC2 배포의 경우, 일반적으로 지원하는 데이터 소스의 액세스와 다르게 아마존 S3[3]을 이용한 데이터 액세스가 가능하다.

## ▎ 스파크 설치

스파크는 애플리케이션 개발을 위해 스칼라 및 자바, 파이썬, R을 지원한다. 따라서 이 책에서도 설명을 위해 스칼라 및 파이썬, R을 사용한다. 예제에서 사용하는 언어 선택에 대한 나름의 이유가 있다. 스파크의 대화형 셸 또는 REPL을 사용하면 터미널 프롬프트에 운영체제 명령을 입력하는 것처럼 프로그램을 즉시 실행할 수 있는데, 스파크는 이 기능을 현재 스칼라 및 파이썬, R만 지원한다. REPL은 실제 코드를 파일에 쓰고 애플리케이션 형태로 실행하기 전에 스파크 코드를 간단하게 테스트할 수 있는 가장 좋은 방법이다. REPL은 숙련된 프로그래머들도 유용하게 코드를 테스트하고 빠른 프로토타이핑을 할 수 있도록 돕는다. 특히 초보자들은 REPL을 사용하는 것이 스파크를 시작하는 최선의 길이다.

스파크 설치와 프로그래밍을 위해서는 반드시 설치 전에 파이썬과 R 둘 중에 하나 또는 두 가지 언어 다 설치해야 한다.

---

3   아마존이 제공하는 파일 저장 클라우드 서비스

## 파이썬 설치

컴퓨터에 파이썬을 다운로드하고 설치하려면 https://www.python.org를 방문해야 한다. 설치가 완료되면 필수 파일이 운영체제 검색 경로에 있고 파이썬 대화형 쉘이 제대로 동작하는지 확인하자. 쉘은 아래와 유사한 결과를 표시해야 한다.

```
$ python
Python 3.5.0 (v3.5.0:374f501f4567, Sep 12 2015, 11:00:19)
[GCC 4.2.1 (Apple Inc. build 5666) (dot 3)] on darwin
Type "help", "copyright", "credits" or "license" for more information.
>>>
```

그래프와 차트 작성을 위해서 matplotlib 라이브러리를 사용한다.

 이 책에서는 파이썬 버전 3.5.0을 사용한다. 현재 스파크는 파이썬 버전 2.7을 지원하지만 미래를 고려하여 사용 가능한 가장 최신의 안정적인 버전을 사용한다. 게다가 대부분 중요한 라이브러리는 현재 파이썬 3.x 버전으로 포팅되고(porting) 있다.

라이브러리를 다운로드하고 설치하려면 http://matplotlib.org를 방문해야 한다. 라이브러리가 제대로 설치되었고 차트와 그래프가 올바르게 표시되는지 확인하려면 http://matplotlib.org/examples/index.html 페이지를 방문해 예제 코드를 선택하고, 컴퓨터에 차트 작성 및 그래프를 그리기 위한 자원 및 구성 요소 등 필요한 모든 정보가 있는지 확인해야 한다. 차트 및 그래프 샘플 중 일부를 실행하는 동안 파이썬으로 작성된 라이브러리를 가져올 때 로케일<sup>locale</sup> 관련 missing locale 오류가 발생할 수 있다. 이 경우 적절한 사용자 프로필에 다음 환경 변수를 설정하여 오류 메시지를 제거해야 한다.

```
export LC_ALL=en_US.UTF-8
export LANG=en_US.UTF-8
```

## R 설치

컴퓨터에 R을 다운로드하고 설치하려면 https://www.r-project.org를 방문해야 한다. 설치가 완료되면 필요한 파일이 운영체제 검색 경로에 있고 R 대화식 셸이 제대로 동작하는지 확인해야 한다. 셸은 아래와 비슷한 내용을 표시해야 한다.

```
$ r
R version 3.2.2 (2015-08-14) -- "Fire Safety"
Copyright (C) 2015 The R Foundation for Statistical Computing
Platform: x86_64-apple-darwin13.4.0 (64-bit)
R is free software and comes with ABSOLUTELY NO WARRANTY.
You are welcome to redistribute it under certain conditions.
Type 'license()' or 'licence()' for distribution details.
  Natural language support but running in an English locale
R is a collaborative project with many contributors.
Type 'contributors()' for more information and
'citation()' on how to cite R or R packages in publications.
Type 'demo()' for some demos, 'help()' for on-line help, or
'help.start()' for an HTML browser interface to help.
Type 'q()' to quit R.
[Previously saved workspace restored]
>
```

 이 책에서 사용하는 R 버전은 3.2.2다.

## 스파크 설치

여러 가지 방법으로 스파크를 설치할 수 있다. 스파크 설치에서 중요한 사전 준비 사항으로는 Java 1.8 JDK가 시스템에 설치돼 있어야 하고 JAVA_HOME 환경 변수가 Java 1.8 JDK 설치 디렉토리 위치를 저장하고 있어야 한다. 각자의 환경에 맞는 올바른 설치, 버전 선택 및 다운로드를 위해 http://spark.apache.org/downloads.html를 참조하는 게

좋다. 이 책에서 사용하는 예제는 스파크 2.0.0을 따른다. 소스코드로 직접 스파크를 빌드하고 사용하고자 하는 독자는 http://spark.apache.org/docs/latest/building-spark.html을 방문해야 한다. 기본적으로 소스 코드에서 스파크를 빌드할 때 스파크 R 라이브러리는 별도로 빌드해야 한다. 스파크 R 라이브러리를 빌드하려면 소스 코드에서 스파크를 빌드하는 동안 적절한 프로필을 포함해야 한다. 다음 명령은 스파크 R 라이브러리를 빌드하는 데 필요한 프로필을 포함하는 방법을 보여준다.

```
$ mvn -DskipTests -Psparkr clean package
```

일단 스파크 설치가 완료되면, 아래 환경 변수를 적절한 유저 프로필 파일에 정의해야 한다.

```
export SPARK_HOME=<the Spark installation directory>
export PATH=$SPARK_HOME/bin:$PATH
```

다양한 버전의 파이썬 실행 파일이 시스템에 있다면 명시적으로 스파크가 어떤 버전을 사용할지 환경 변수 세팅으로 지정해 두는 것이 좋다.

```
export PYSPARK_PYTHON=/usr/bin/python
```

$SPARK_HOME/bin/pyspark 스크립트에 스파크가 어떤 파이썬 실행 파일을 사용할 것인지 지정하는 코드가 있다.

```
# PYSPARK_PYTHON이나 PYSPARK_DRIVER_PYTHON 변수가 세팅되어 있지 않은 경우 어떤 파이썬 버전을
실행할지 지정한다.
if hash python2.7 2>/dev/null; then
  # 파이썬 2.7이 설치되어 있다면 사용하도록 지정한다.
  DEFAULT_PYTHON="python2.7"
else
  DEFAULT_PYTHON="python"
fi
```

따라서 실행 가능한 버전이 하나밖에 없더라도, 항상 스파크가 사용할 파이썬 실행 파일을 명시적으로 지정해 두는 편이 좋다. 미래에 새로운 파이썬 버전을 추가로 설치했을 때 발생할 수도 있는 불확실한 경우를 대비한 안전장치다.

일단 앞의 모든 과정을 성공적으로 완료했다면 스칼라 및 파이썬, R을 위한 스파크 쉘이 정상적으로 동작하는지 꼭 확인해야 한다. 아래 운영체제 터미널 명령어를 실행해보고 에러가 없는지, 아래와 비슷한[4] 결과를 출력하는지 확인하자. 아래 명령어 셋은 스파크 스칼라 REPL을 실행할 때 사용한다.

```
$ cd $SPARK_HOME
$ ./bin/spark-shell
Using Spark's default log4j profile:
org/apache/spark/log4j-defaults.properties
Setting default log level to "WARN".
To adjust logging level use sc.setLogLevel(newLevel).
16/06/28 20:53:48 WARN NativeCodeLoader: Unable to load native-hadoop
library for your platform... using builtin-java classes where applicable
16/06/28 20:53:49 WARN SparkContext: Use an existing SparkContext, some
configuration may not take effect.
Spark context Web UI available at http://192.168.1.6:4040
Spark context available as 'sc' (master = local[*], app id =
local-1467143629623).
Spark session available as 'spark'.
Welcome to
      ____              __
     / __/__  ___ _____/ /__
    _\ \/ _ \/ _ `/ __/  '_/
   /___/ .__/\_,_/_/ /_/\_\   version 2.0.1
      /_/

Using Scala version 2.11.8 (Java HotSpot(TM) 64-Bit Server VM, Java 1.8.0_66)
Type in expressions to have them evaluated.
Type :help for more information.
scala>
scala>exit
```

---

4  반드시 같을 필요는 없다. 버전마다 조금씩 다를 수 있다.

아래 화면 출력 예제에서 JDK 버전, 스칼라 버전과 스파크 버전이 스파크를 설치한 컴퓨터 세팅과 일치하는지 확인하자. 가장 중요한 것은 에러 메시지가 없는지 확인하는 것이다.

다음 명령어 셋은 스파크 파이썬 REPL을 실행할 때 사용한다.

```
$ cd $SPARK_HOME
$ ./bin/pyspark
Python 3.5.0 (v3.5.0:374f501f4567, Sep 12 2015, 11:00:19)
[GCC 4.2.1 (Apple Inc. build 5666) (dot 3)] on darwin
Type "help", "copyright", "credits" or "license" for more information.
Using Spark's default log4j profile: org/apache/spark/log4j-
defaults.properties
Setting default log level to "WARN".
To adjust logging level use sc.setLogLevel(newLevel).
16/06/28 20:58:04 WARN NativeCodeLoader: Unable to load native-hadoop
library for your platform... using builtin-java classes where applicable
Welcome to
      ____              __
     / __/__  ___ _____/ /__
    _\ \/ _ \/ _ `/ __/  '_/
   /__ / .__/\_,_/_/ /_/\_\   version 2.0.1
      /_/

Using Python version 3.5.0 (v3.5.0:374f501f4567, Sep 12 2015 11:00:19)
SparkSession available as 'spark'.
>>>exit()
```

아래 화면 출력에서 파이썬 버전과 스파크 버전이 스파크를 설치한 컴퓨터의 설정과 일치하는지 확인하자. 가장 중요한 것은 에러 메시지가 없는지 확인하는 것이다.

아래 명령어 셋은 R REPL을 실행할 때 사용한다.

```
$ cd $SPARK_HOME
$ ./bin/sparkR
R version 3.2.2 (2015-08-14) -- "Fire Safety"
```

Copyright (C) 2015 The R Foundation for Statistical Computing
Platform: x86_64-apple-darwin13.4.0 (64-bit)

R is free software and comes with ABSOLUTELY NO WARRANTY.
You are welcome to redistribute it under certain conditions.
Type 'license()' or 'licence()' for distribution details.

  Natural language support but running in an English locale

R is a collaborative project with many contributors.
Type 'contributors()' for more information and
'citation()' on how to cite R or R packages in publications.
Type 'demo()' for some demos, 'help()' for on-line help, or
'help.start()' for an HTML browser interface to help.
Type 'q()' to quit R.
[Previously saved workspace restored]
Launching java with spark-submit command /Users/RajT/source-code/spark-
source/spark-2.0/bin/spark-submit   "sparkr-shell"
/var/folders/nf/trtmyt9534z03kq8p8zgbnxh0000gn/T//RtmphPJkkF/backend_port59
418b49bb6
Using Spark's default log4j profile: org/apache/spark/log4j-
defaults.properties
Setting default log level to "WARN".
To adjust logging level use sc.setLogLevel(newLevel).
16/06/28 21:00:35 WARN NativeCodeLoader: Unable to load native-hadoop
library for your platform... using builtin-java classes where applicable

  Welcome to

```
    ____              __
   / __/__  ___ ____/ /__
  _\ \/ _ \/ _ `/ __/  '_/
 /___/ .__/\_,_/_/ /_/\_\   version  2.0.1
    /_/
```

  Spark context is available as sc, SQL context is available as sqlContext
During startup - Warning messages:
1: 'SparkR::sparkR.init' is deprecated.

```
Use 'sparkR.session' instead.
See help("Deprecated")
2: 'SparkR::sparkRSQL.init' is deprecated.
Use 'sparkR.session' instead.
See help("Deprecated")
>q()
```

아래 화면 출력에서 R 버전과 스파크 버전이 스파크를 설치한 컴퓨터의 설정과 일치하는지 확인하자. 가장 중요한 것은 에러 메시지가 없는지 확인하는 것이다.

스칼라, 파이썬 및 R용 REPL이 모두 정상적으로 작동한다면 스파크 설치를 제대로 한 게 확실하다. 마지막 테스트로 스파크와 함께 제공되는 예제 프로그램을 실행하고 아래에 표시된 결과에 비슷한 결과를 얻고 콘솔 화면에 에러 메시지를 표시하지 않는지 확인하자. 이 예제 프로그램을 실행할 때, 아래 화면 출력과는 별도로 콘솔에 많은 다른 메시지가 표시되지만, 이 책에서는 결과에 초점을 맞추기 위해 생략했다.

```
$ cd $SPARK_HOME
$ ./bin/run-example SparkPi
Pi is roughly 3.1484
$ ./bin/spark-submit examples/src/main/python/pi.py
Pi is roughly 3.138680
$ ./bin/spark-submit examples/src/main/r/dataframe.R
root
 |-- name: string (nullable = true)
 |-- age: double (nullable = true)
root
 |-- age: long (nullable = true)
 |-- name: string (nullable = true)
    name
1 Justin
```

## 개발 도구 설치

이 책에서 논의할 대부분 코드는 적절한 REPL에서 시험하고 테스트할 수 있지만 몇 가지 기본 빌드 도구가 없으면 적절한 스파크 애플리케이션 개발이 불가능하다. 스칼라에서 스파크 애플리케이션을 개발 및 빌드하기 위해서 최소한 스칼라 빌드 도구[sbt]는 필수 항목이다. sbt를 다운로드하고 설치하려면 http://www.scala-sbt.org를 방문하자.

메이븐[Maven]은 자바 애플리케이션을 빌드하기 위해 많이 사용하는 빌드 도구다. 이 책은 자바 스파크 애플리케이션 개발에 관한 책은 아니지만 시스템에 메이븐을 설치하는 것이 좋다. 작성한 소스코드에서 스파크를 빌드할 경우 메이븐이 매우 유용할 것이다. 메이븐을 다운로드하고 설치하려면 https://maven.apache.org를 방문하자.

스칼라뿐만 아니라 자바도 지원하는 **통합 개발 환경**[IDE]이 많다. 개발자는 스파크 애플리케이션을 개발할 때 자신이 사용하는 언어에 맞게 선호하는 도구를 선택할 수 있다.


## 추가 소프트웨어 설치

스칼라용 스파크 REPL은 짧은 코드를 프로토타이핑하고 테스트하기에 좋은 출발점이다. 그러나 본격적으로 스칼라에서 스파크 애플리케이션을 개발, 빌드 및 패키징[packaging]해야 할 경우 sbt 기반 스칼라 프로젝트를 사용하고 지원하는 IDE(Eclipse 또는 IntelliJ IDEA및 다른 IDE도 괜찮다)를 사용하여 개발하는 것이 좋다. 스칼라 기본 IDE를 다운로드하고 설치하려면 해당 웹 사이트를 방문하자.

노트북[5] 스타일의 애플리케이션 개발 도구는 요즘 데이터 분석가와 연구자들 사이에서 흔하게 사용된다. 이것은 연구 노트북과 비슷하다. 일반적인 랩 노트북(실제 연구 노트)에서는 지시 사항, 자세한 설명 및 실험 수행을 위한 단계가 있다. 이러한 단계를 거친 후 실제 실험이 수행된다. 실험이 완료되면 노트북에 결과가 기록된다. 이러한 모든 단계가

---

5 　Notebook: 코드작성, 실행, 결과를 다양한 결과물과 함께 보여주는 파이썬 인터랙티브 개발 환경. 이 책에서는 모두 '노트북'으로 통일 표기

모두 결합해 소프트웨어 프로그램의 문맥에 맞게 랩 노트북 형식으로 모델링된 경우, 코드 실행 후 문서, 코드, 입력 및 출력이 이에 맞게 자동 생성될 것이다. 이는 특히 프로그램이 많은 차트와 그래프를 생성할 경우 매우 효과적일 것이다.

>  노트북 스타일 애플리케이션 개발 IDE에 익숙하지 않은 독자들은 Interactive Notebooks: Sharing the Code라는 좋은 문서가 http://www.nature.com/news/interactive-notebooks-sharing-the-code-1.16261에 있으니 한번 읽어 보자. 추가적인 파이썬 애플리케이션 개발 IDE으로 아래 절에서 다루는 IPython 노트북이 있다. 설치 후에 복잡한 개발을 하기 전에 이 도구와 친숙해질 것을 권유한다.

## IPython

파이썬 스파크 애플리케이션 개발의 경우 IPython은 주피터[6] 파이썬 언어 커널인 노트북 스타일 개발 도구를 제공한다. 스파크는 IPython과 통합해 실행할 수 있으므로 파이썬 스파크 REPL을 호출할 때 IPython 노트북을 함께 시작한다. 그후 노트북을 생성하고 노트북에 코드를 작성하는 방법은 파이썬 스파크 REPL에서 제공하는 명령어와 같다. http://ipython.org를 방문해 IPython 노트북을 다운로드하여 설치하자. 설치가 완료되면 IPython 노트북 인터페이스를 호출하고 예제 파이썬 코드가 제대로 실행되는지 확인하자. 노트북이 저장된 위치 또는 노트북을 저장할 디렉터리에서 명령을 호출하자. 여기에서 IPython 노트북은 임시 디렉터리에서 시작한다. 아래 명령을 실행하면 새로운 웹 인터페이스가 열리고 거기에서 드롭다운dropdown 상자를 클릭하고 적절한 파이썬 버전을 선택하여 새 노트를 만들 수 있다.

다음 그림 6은 어떻게 마크다운[7] 스타일 문서, 파이썬 프로그램, 생성된 출력을 결합해서 한 화면에 보여주는지 나타낸다.

---

6 Jupyter: 코드를 작성, 실행, 결과 확인까지 웹에서 할 수 있는 파이썬 오픈소스 프로젝트
7 Markdown: 쉽게 다른 형태의 문서로 변환가능한 텍스트 문서 편집 문법

```
$ cd /Users/RajT/temp
$ ipython notebook
```

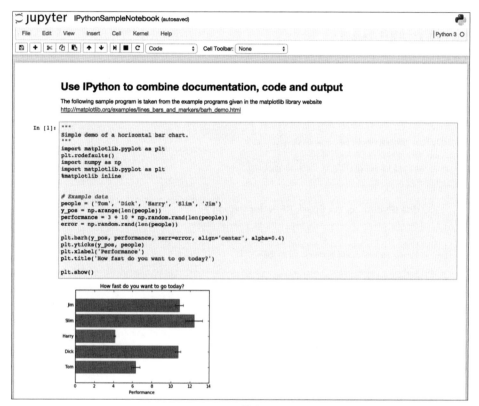

▲ 그림 6

그림 6은 IPython 노트북을 사용해서 어떻게 간단한 파이썬 프로그램을 작성하는지 보여준다. IPython 노트북은 스파크 셸 선택으로 설정할 수도 있고 스파크 파이썬 REPL이 실행될 때, REPL이 IPython 노트북을 시작하고 이를 이용해 스파크 애플리케이션 개발을 모두 할 수 있다. 이를 위해 적절한 사용자 프로필 파일에 아래 환경 변수를 설정하자.

```
export PYSPARK_DRIVER_PYTHON=ipython
export PYSPARK_DRIVER_PYTHON_OPTS='notebook'
```

명령어 프롬프트에서 IPython 노트북을 실행하는 대신에 스파크 파이썬 REPL을 실행한다. 이전 예제에서 그랬던 것처럼 새 IPython 노트북을 만들고 파이썬으로 스파크 코드를 작성하자.

---

```
$ cd /Users/RajT/temp
$ pyspark
```

---

아래 그림 7을 참조하자.

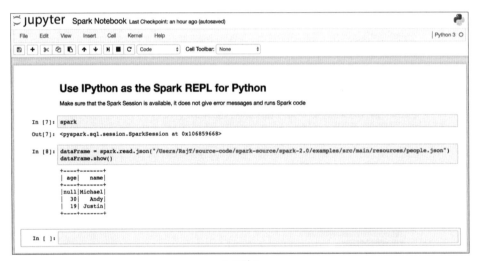

▲ 그림 7

 언어와 무관하게 표준 스파크 REPL에서는 로컬 파일 시스템에 있는 파일을 상대 경로로 참조할 수 있다. 하지만 IPython notebook을 사용할 때 로컬 파일은 전체 경로로 참조해야 한다.

## RStudio

R 사용자 커뮤니티에서 선호하는 R용 IDE는 RStudio다. RStudio는 R을 이용한 스파크 애플리케이션을 개발할 때 사용할 수 있다. RStudio를 다운로드하고 설치하려면 https://www.rstudio.com을 방문하자. 설치가 완료되면 스파크 R 코드를 실행하기 전에 스파크 R 라이브러리를 포함하고 스파크 R 프로그램이 RStudio에서 원활하게 실행되도록 일부 변수를 설정해야 한다. 아래 코드 예제를 살펴보자.

```
SPARK_HOME_DIR <- "/Users/RajT/source-code/spark-source/spark-2.0"
Sys.setenv(SPARK_HOME=SPARK_HOME_DIR)
.libPaths(c(file.path(Sys.getenv("SPARK_HOME"), "R", "lib"), .libPaths()))
library(SparkR)
spark <- sparkR.session(master="local[*]")
```

위 R 코드에서 SPARK_HOME_DIR 변수 정의를 스파크가 설치되어 있는 디렉토리로 변경하자. 그림 8은 RStudio에서 실행되는 스파크 R 코드 예제를 보여준다.

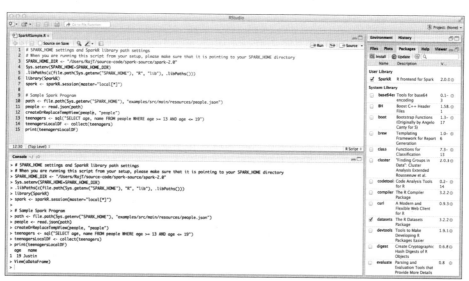

▲ 그림 8

모든 필요한 소프트웨어를 설치 및 설정하고 앞서 설명한 세부 사항이 잘 동작하는지 확인하고 나면 스칼라 및 파이썬, R을 이용한 스파크 애플리케이션 개발을 위한 단계를 모두 완료한 것이다.

 주피터 노트북은 전용(custom) 커널 실행 전략으로 다양한 언어를 지원한다. IRkernel은 주피터용 R 네이티브 커널인데 R 패키지처럼 설치 가능하다.

## 아파치 제플린

아파치 제플린Apache Zeppelin은 현재 아파치 프로젝트 내에서 기대를 받고 있는 메인 프로젝트다. 주피터와 유사한 웹 기반 노트북이지만 인터프리터 전략을 통해 여러 언어, 셸 및 기술을 지원하므로 스파크 애플리케이션 개발이 가능하다. 지금은 초기 단계에 있지만 최고의 노트북 기반 애플리케이션 개발 플랫폼 중 하나가 될 잠재력이 있다. 제플린은 노트북에 작성된 프로그램이 생성한 데이터를 사용하여 매우 강력한 차트 및 그래프를 작성하는 기능을 가지고 있다.

제플린은 인터프리터 프레임워크를 사용하여 여러 유형의 인터프리터를 연결할 수 있는 높은 확장성을 가지고 있다. 사용자는 다른 노트북 기반 시스템과 마찬가지로 노트북 인터페이스에 다양한 명령을 입력한다. 이 명령들은 출력을 생성하기 위해 인터프리터에 의해 처리된다. 수많은 다른 노트북 스타일 시스템과 달리 제플린은 스파크, 스파크 SQL, 셸, 마크다운과 같은 매우 많은 수의 인터프리터 또는 외부 백엔드back-end를 지원한다. 제플린의 프론트엔드front-end는 **헬륨 프레임워크**[8]라 불리는 추가, 삭제가 가능한 아키텍처로 구성되어 있다. 백엔드에서 생성한 데이터는 Angular JS와 같은 프론트엔드 구성 요소를 이용하여 화면에 표시한다. 테이블 형태로 데이터를 표시하는 방법으로 인터프리터 및 차트, 그래프에서 생성된 로우raw 형식을 이용하는 방법 등 다양한 옵션이 있

---

8   Helium Framework: 제플린 프로젝트에서 내부 프로젝트로 데이터 처리 결과와 코드, 제플린 리소스를 결합해서 처리하기 위해 제안된 프레임워크

다. 이러한 구성은 백엔드, 프론트엔드 분리와 다양한 구성 요소들을 추가할 수 있는 기능을 모두 제공하기 때문에 이기종heterogeneous 구성 요소들을 선택하는 매우 멋진 방법이다. 즉 제플린은 사용자 친화적인 조화로운 데이터 처리 생태계를 제공하기 위해 다양한 구성 요소들을 잘 통합하도록 디자인되어 있다. 하지만 아키텍처 자체의 장점으로 다양한 외부 구성 요소를 추가할 수 있는 기능이 있는 반면에 시각화에는 제한이 있다. 제플린 외부의 구성 요소는 간단한 차트 작성 및 그래프 작성 옵션만 사용할 수 있다. 일단 노트북이 제대로 작동하고 예상한 결과를 얻으면 일반적으로 노트북을 다른 사람들과 공유하는 경우가 많으므로 노트북은 계속 어딘가에 저장되어 있어야 한다. 제플린은 이 부분에서 다른 프로젝트와 다르게 매우 유연한versatile 노트북 저장 시스템을 가지고 있다. 제플린 노트북은 파일 시스템 또는 아마존 S3, Git에 계속 저장할 수 있고 필요한 경우 다른 저장 대상을 추가할 수도 있다.

Platform as a ServicePaaS는 클라우드가 애플리케이션 개발 및 배포 플랫폼으로서 대대적인 혁신을 거친 덕분에 지난 몇 년 동안 계속해서 진화하고 있다. 소프트웨어 개발자는 클라우드가 제공하는 많은 PaaS 플랫폼을 이용할 수 있게 되었고 따라서 자체 애플리케이션 개발 스택을 확보할 필요가 없어졌다. 데이터브릭스Databricks는 사용자가 스파크 애플리케이션을 동작시킬 수 있는 마이크로 클러스터 인프라와 함께 노트북 기반 스파크 애플리케이션 개발 인터페이스에 액세스 할 수 있는 클라우드 기반 대형 데이터 플랫폼을 출시했다. 이뿐만 아니라 좀 더 다양한 개발 커뮤니티 수요를 위한 커뮤니티 에디션도 있다. 이 PaaS 플랫폼의 가장 큰 장점은 브라우저 기반 인터페이스이며 사용자가 여러 버전의 스파크 및 다른 유형의 클러스터에서 코드를 자유롭게 실행할 수 있다는 점이다.

## ▌ 참고문헌

좀 더 많은 정보를 얻으려면 아래를 참고하자.

- http://static.googleusercontent.com/media/research.google.com/en//archive/gfs-sosp23.pdf

- http://static.googleusercontent.com/media/research.google.com/en//archive/mapreduce-osdi4.pdf
- https://www.cs.berkeley.edu/~alig/papers/mesos.pdf
- http://spark.apache.org/
- https://jupyter.org/
- https://github.com/IRkernel/IRkernel
- https://zeppelin.incubator.apache.org/
- https://community.cloud.databricks.com/

# ▌요약

스파크는 일관적인 프로그래밍 모델을 지원하는 매우 강력한 데이터 처리 플랫폼이다. 다양한 유형의 데이터 처리 요구를 지원하는 상호 운용성이 뛰어난 라이브러리 스택을 제공하기 때문에 스칼라 및 자바, 파이썬, R의 애플리케이션 개발을 모두 지원한다. 또한 다양한 데이터 처리를 할 수 있는 스파크 에코 시스템을 위한 수많은 서드파티third-party 라이브러리를 제공한다. 1장에서는 간략한 소파크 소개와 다음 장에서 다룰 스파크 애플리케이션 개발을 위해 필요한 개발 환경 설정에 관해 설명했다.

다음 장에서는 실제 사용 사례와 연결해 스파크 프로그래밍 모델 및 기본 추상화 및 용어, 스파크 변형, 스파크 액션에 대해 논의할 것이다.

# 02

# 스파크 프로그래밍 모델

한때 ETL<sup>Extract, Transform, and Load</sup> 도구가 조직 내의 데이터 증가에 힘입어 널리 사용된 적이 있다. 예전에는 데이터를 하나의 소스에서 한 곳 또는 여러 목적지로 전송하고 목적지에 도달하기 전에 이를 처리하는 것이 필요한 요구사항의 전부였다. 대부분의 ETL 도구는 적은 수의 데이터 타입과 데이터 소스 및 목적지만 지원했으며 새로운 데이터 타입과 소스 및 목적지를 지원하는 확장 기능을 제공하지 않았다. 이런 어쩔 수 없는 한계 때문에 단일 변환 프로세스조차도 여러 단계로 나누어 수행해야 했다. 이러한 복잡한 방식은 컴퓨팅 자원과 더불어 많은 인력 낭비를 동반할 수밖에 없었다. 상업 ETL 도구 공급 업체의 주장은 언제나 단일 솔루션으로 모든 문제를 해결할 수는 없다는 식이었다. 따라서 고객들에게 단일 기능만 지원하는 제품 말고 자사의 도구 모음 스위트<sup>suite</sup>를 이용하라고 권유했다. 이 때문에 많은 조직이 데이터를 처리를 위해 어쩔 수 없이 특정업체 솔루션에 종속$^{lock-in}$ 되는 현상이 발생했다. 또한 2005년 이전에 소개된 대부분 도구가 범용 하드웨어를 지원하더라도 멀티코어 아키텍처의 장점을 제대로 전부 활용하지 못했기 때문에 단순하지만 크기가 큰 데이터 처리 작업 같은 경우 데이터 처리에 몇 시간에서 며칠을 소모하곤 했다.

스파크는 엄청난 양의 데이터 타입과 점점 더 늘어나는 데이터 소스와 목적지를 모두 처리할 수 있으므로 시장에서 즉각적으로 인기를 얻었다. 스파크에서 제공하는 가장 중요하고 기본적인 데이터 추상화는 **탄력적인 분산 데이터셋**$^{RDD}$ 이다. 1장에서 설명한 것처럼 스파크는 클러스터에서 분산 처리를 지원한다. 클러스터에서 데이터 처리가 진행 중일 때 일부 클러스터 노드가 종료될 위험이 존재한다. 좋은 프레임워크는 이러한 실패를 처리할 수 있어야 한다. 스파크는 이런 실패를 잘 처리하도록 설계되었으며 이것이 바로 RDD에서 탄력$^{resilient}$ 이 의미하는 것이다. 엄청난 양의 데이터를 처리해야 하고 클러스터로 사용할 수 있는 노드가 있는 경우 프레임워크는 큰 데이터 세트를 작은 덩어리로 나누고 둘 이상의 노드에서 이를 동시에 처리하도록 분배해야 한다. 스파크는 이런 작업을 잘 수행하도록 설계되었고 이것이 RDD의 분산$^{distributed}$ 이 의미하는 것이다.

즉 스파크는 노드에서 발생하는 실패를 우아하게 처리하는 동시에 근본적으로 데이터를 더 작은 데이터 단위로 확실하게 나눌 수 있고 작업을 하나 이상의 노드로 분산해서 동시에 처리할 수 있는 기본 데이터셋 추상화를 지원하도록 설계되었다.

2장에서는 아래 주제를 다룬다.

- 스파크 함수 프로그래밍
- 스파크 RDD
- 데이터 변환과 액션
- 스파크 모니터링
- 스파크 프로그래밍 기초
- 파일에서 RDD 생성
- 스파크 라이브러리

## 스파크 함수 프로그래밍

런타임에 객체의 변이mutation나 프로그램 또는 함수에서 일관된 결과를 얻지 못하는 이유는 프로그램 로직의 부작용 때문에 많은 애플리케이션이 매우 복잡한 구조이기 때문이다. 그런데 함수가 수학 함수처럼 모든 출력을 오직 입력에 의존하도록 단순하게 동작한다면 애플리케이션이 수행 결과를 쉽게 예측할 수 있다. 함수 프로그래밍 패러다임으로 널리 알려진 프로그래밍 패러다임은 위와 같은 방식으로 함수를 작성하고 이를 기반으로 다른 요소들element과 함수를 마치 데이터 타입처럼 사용하는 방식에 매우 큰 중점을 두고 있다. JVM 기반 프로그래밍 언어 중에서 스칼라는 객체 지향을 그대로 간직하면서 매우 강력한 함수 프로그래밍 기능을 동시에 갖춘 가장 중요한 프로그래밍 언어 중 하나다. 스파크는 대부분 스칼라로 개발되었기 때문에 스칼라에서 좋은 개념concept을 많이 가져왔다.

## 스파크 RDD

스파크가 스칼라에서 가져온 가장 중요한 기능은 함수를 스파크 변환transformation과 스파크 액션의 파라미터parameter로 활용하는 기능이다. 스파크의 RDD는 대부분 스칼라의 컬렉션collection 객체처럼 동작한다. 이 때문에 스칼라 컬렉션의 데이터 변환 메소드 이름 중 일부는 스파크 RDD에서도 똑같다. 이는 매우 깔끔한 접근 방식이며 스칼라 전문 지식을 가진 사람들은 따라서 매우 쉽게 RDD로 프로그래밍할 수 있다. 다음 섹션에서 몇 가지 중요한 기능을 살펴보자.

### 불변성

RDD 생성에는 몇 가지 강력한 기초 규칙이 있다. 의도했건 아니건 일단 RDD가 한번 생성되면 변경할 수 없다. 이는 RDD 생성에 또 다른 통찰을 제공한다. 이러한 특성 때문에 노드는 RDD가 삭제되었을 경우 일부분을 처리하고 드라이버 프로그램은 삭제된 부분을 다시 생성하고 이를 다른 노드가 처리하도록 하여 궁극적으로 데이터 처리 작업을 성공적으로 완료한다. 크기가 큰 작업을 작은 덩어리로 나누고 다양한 워커 노드에 배포해서 처리해 최종 결과를 생성 및 작업 결과를 컴파일하는 일련의 처리 과정을 진행할 때, RDD는 불변이므로 데이터가 변경될 걱정 없이 안전하게 작업을 마무리할 수 있다.

## 분산 용이성

사용 가능한 노드가 여러 개 있는 클러스터 모드에서 스파크를 운용할 때, 모든 노드에는 서로 다른 실행 컨텍스트가 있다. 각 작업은 나누어서 각각 다른 JVM에서 실행한다. 크기가 큰 RDD는 작은 덩어리로 쪼개서 워커 노드가 처리하도록 하며 최종적으로 결과는 다시 조합되는데, 이러한 과정은 사용자에게 노출되지 않는다. 스파크는 데이터 처리 중에 발생하는 시스템 오류 및 기타 오류를 복구하기 위해 자체 메커니즘을 가지고 있으므로 이러한 데이터 추상화는 매우 탄력적인 방식이다.

## 메모리 상주

스파크는 모든 RDD를 가능한 메모리에 저장한다. 데이터 크기가 계속 커져서 메모리의 저장 가능 크기를 초과하거나 메모리 고갈로 인해 스파크가 디스크에 데이터를 저장하는 경우도 매우 드물게 있다.

## 강력한 데이터 타입 지원

스파크 RDD는 모든 데이터 타입을 지원한다. 데이터 타입은 스칼라 및 자바를 지원하는 데이터 타입이거나 클래스처럼 사용자가 직접 생성한 데이터 타입일 수도 있다. 이러한 디자인의 가장 큰 장점은 런타임 오류가 없다는 것이다. 스파크가 데이터 타입 문제 때문에 문제를 일으킨다면 컴파일 타임 동안에 이를 감지해서 프로그램이 작동을 멈추기 때문에 데이터 타입과 관련된 런타임 오류로부터 자유롭다.

아래 테이블은 소매 은행 계좌 데이터 쌍을 가지고 있는 RDD의 구조를 보여준다. [(string, string, string, double)] 타입이다.

| AccountNo | FirstName | LastName | AccountBalance |
|-----------|-----------|----------|----------------|
| SB001 | John | Mathew | 250.00 |
| SB002 | Tracy | Mason | 450.00 |
| SB003 | Paul | Thomson | 560.00 |
| SB004 | Samantha | Grisham | 650.00 |
| SB005 | John | Grove | 1000.00 |

이 RDD가 N1, N2, N3세 개의 노드로 구성된 클러스터에서 전체 계좌 금액을 계산하는 과정을 처리할 것이라 가정해 보자. 이 RDD는 동시 데이터 처리와 같은 작업을 위해 쪼개지고 분산될 수 있다. 아래 테이블은 데이터 처리를 위해 이 RDD[(string, string, string, double)]의 엘리먼트element가 노드 N1에 분산된 것을 보여준다.

| AccountNo | FirstName | LastName | AccountBalance |
|-----------|-----------|----------|----------------|
| SB001 | John | Mathew | 250.00 |
| SB002 | Tracy | Mason | 450.00 |

아래 테이블은 RDD(string, string, string, double)의 엘리먼트가 노드 N2에 분산된 것을 보여준다.

| AccountNo | FirstName | LastName | AccountBalance |
|-----------|-----------|----------|----------------|
| SB003 | Paul | Thomson | 560.00 |
| SB004 | Samantha | Grisham | 650.00 |
| SB005 | John | Grove | 1000.00 |

노드 N1에서 금액 합산 처리를 하고 스파크 드라이버 프로그램에 결과를 리턴한다. 비슷하게 N2 노드에서도 금액 합산 처리를 하고 스파크 드라이버 프로그램에 결과를 보내고,

드라이버는 최종 결과를 계산한다.

스파크는 데이터를 다양한 노드로 분산시키기 위해 매우 견고한 RDD 분할 규칙을 가지고 있다. 따라서 노드 N1에 어떤 일이 발생하더라도 스파크는 노드 N1에서 잃어버린 데이터 덩어리를 정확하게 다시 생성하는 방법을 알고 있으며, 노드 N3에 같은 페이로드payload를 전송함으로써 데이터 처리를 계속 진행한다.

그림 1은 위 데이터 처리 전체 과정을 요약해서 보여준다.

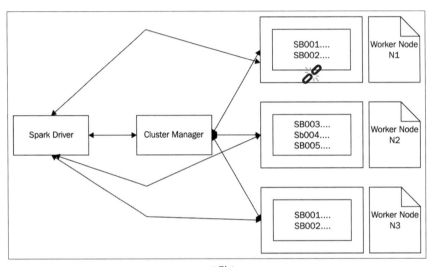

▲ 그림 1

>  스파크는 클러스터 노드의 실행자(executor) 메모리와 드라이버 메모리에서 많은 데이터를 처리한다. 이를 위해 세밀한 조정 및 설정 가능한 많은 파라미터를 제공하고 있고 데이터 처리 시작 전에 필요한 리소스를 이용할 수 있도록 미리 준비한다.

# ▎스파크 RDD를 이용한 데이터 변환과 액션

스파크는 RDD를 사용해 데이터를 처리한다. 텍스트 파일 및 NoSQL 데이터베이스와 같은 관련 데이터 소스에서 데이터를 읽어 RDD를 생성한다. RDD에서 다양한 데이터 변환을 수행하고 마지막으로 결과를 수집한다. 정확하게 말하자면 스파크는 RDD에 따라 작동하는 스파크 변환 및 액션을 제공한다. RDD[(string, string, double)] 타입의 소매 금융 거래 목록을 가지고 있는 다음 RDD를 살펴보자.

| AccountNo | TranNo | TranAmount |
|-----------|--------|------------|
| SB001 | TR001 | 250.00 |
| SB002 | TR004 | 450.00 |
| SB003 | TR010 | 120.00 |
| SB001 | TR012 | −120.00 |
| SB001 | TR015 | −10.00 |
| SB003 | TR020 | 100.00 |

(AccountNo, TranNo, TranAmount) 형태의RDD에서 계좌차원에서 전체 거래를 계산하기 위해서는,

1. 우선 데이터를 키-값 쌍(AccountNo, TranAmount)으로 변환해야 한다. 각 쌍에서 AccountNo가 키$^{key}$지만 다수의 엘리먼트가 같은 키를 가질 것이다.
2. 이 키로 tranAmount 합산 작업을 하고, 결과를 또 다른 RDD에 저장한다. 모든 AccountNo은 오직 하나의 엘리먼트만 가지고 TotalAmount는 모든 주어진 AccountNo의 TranAmount 합이 된다.
3. AccountNo를 기준으로 키-값 쌍을 정렬하고 아웃풋을 저장한다.

위에 설명한 전체 과정 중 아웃풋을 저장하는 부분을 제외한 모든 과정은 스파크 변환이다. 아웃풋을 저장하는 과정은 **스파크 액션**이다. 스파크는 이러한 모든 작업을 필요가 있을 때마다$^{need-to-do\ basis}$ 수행한다. 스파크 변환을 적용 중일 때 스파크는 어떠한 동작도

수행하지 않는다. 실제 동작은 일련의 연쇄 처리 과정 중 첫 번째 스파크 액션을 호출할 때 일어난다. 그 후에는 계속해서 진행 중인 스파크 변환을 순차적으로 적용한 다음, 가장 먼저 만난 스파크 액션을 수행한다. 이는 **게으른 평가**<sup>Lazy Evaluation</sup>라 불리는 개념을 기반으로 한 것이다.

 변수 선언 및 사용 개념을 가지고 있는 프로그래밍 언어에서 게으른 평가는 변수를 처음 사용하는 순간에만 조사하는 개념을 의미한다.

아웃풋을 디스크에 저장하는 액션 외에도 수많은 스파크 액션이 있다. 그 중 일부를 아래에 소개한다.

- RDD에 컨텐츠를 수집하고 드라이버 프로그램에 배열 형태로 저장하는 액션
- RDD의 엘리먼트 개수를 세는 액션
- RDD의 엘리먼트의 키 개수를 세는 액션
- RDD에서 가장 첫 번째 엘리먼트를 가져오는 액션
- RDD에서 가장 많이 사용되는 N개의 엘리먼트를 가져오는 액션
- RDD에서 엘리먼트 샘플을 가져오는 액션
- RDD에서 모든 엘리먼트를 탐색하는 액션

이 예제에서 스파크는 데이터 처리를 완료할 때까지 다양한 RDD를 과정 중에 생성하고 RDD 내에서 많은 변환을 수행한다. 즉, RDD에서 변환을 완료할 때마다 새로운 RDD를 생성하는데, 이는 본질적으로 스파크에서 RDD는 한번 생성하면 변경 불가능하기 때문이다. 각 변환이 끝날 때마다 생성되는 RDD는 나중에 참조할 수 있도록 저장해놓을 수 있다. 그렇지 않으면 아예 사용할 수 없을 것이다.

요약하면 하나 이상의 RDD를 생성하고 변환을 적용하는 과정과 액션은 스파크 애플리케이션 어디에서나 볼 수 있는 매우 일반적인 사용 패턴이다.

> 앞의 데이터 변환 예제에서 참조한 테이블에 RDD[(string, string, double)] 타입의 RDD에 있는 값이 저장되어 있다. 이 RDD에 여러가지 엘리먼트가 있고 각 엘리먼트는 (string, string, double) 타입의 쌍이다. 스파크 프로그래머와 사용자 커뮤니티는 사용자 간에 손 쉬운 의미 전달을 위해 RDD가 가지고 있는 엘리먼트를 가리키는 개념으로 레코드(record)라는 용어를 사용하고 있는데, 실제 스파크는 레코드 및 행, 열의 개념이 없다. 즉, 레코드 용어는 RDD의 엘리먼트와 동의어로 잘못 사용되고 있고 실제로 엘리먼트는 스칼라 데이터가 아닌 (non-scalar) 다른 데이터 타입이나 쌍처럼 복합 데이터 타입일 수도 있다. 이 책에서는 이런 예처럼 잘못된 용어를 사용하는 것을 최대한 자제한다.

스파크에는 수많은 스파크 변환이 있다. 이것들은 대부분 변환을 수행하는 함수를 입력 파라미터로 사용하기 때문에 실제로 매우 강력하다. 변환은 사용자가 정의하고 제공하는 기능을 기반으로 RDD에서 작동한다. 이것은 스파크의 유니폼 프로그래밍 모델과 함께할 때 더욱 강력한 힘을 발휘한다. 스파크는 프로그래밍 언어가 스칼라 또는 자바, 파이썬, R 중 어떤 것이든 스파크 변환과 스파크 액션을 사용하는 방식은 유사하도록 디자인되어 있다. 그러므로 사용자는 스파크 프로그래밍 언어를 자유롭게 선택할 수 있다.

스파크에서 사용할 수 있는 스파크 액션 수가 제한되어 있지만 기능은 매우 강력하고 사용자가 필요할 경우 스파크 액션을 직접 작성할 수 있다. 사용 가능한 많은 스파크 커넥터 프로그램이 마켓에 있으며 주로 다양한 데이터 저장소에서 데이터를 읽고 쓰는 데 사용한다. 이 커넥터 프로그램은 스파크에 연결할 수 있도록 사용자 커뮤니티 나 데이터 저장소 공급 업체가 설계하고 개발했다. 사용 가능한 스파크 액션 외에도 액션의 기존 세트를 보완하기 위해 자체 액션을 정의할 수 있다. 예를 들어, 스파크 Cassandra 커넥터는 스파크와 Cassandra를 연결하는 데 사용한다. 커넥터가 자체 saveToCassandra 액션을 가지고 있다.

## ▌ 스파크 모니터링

1장에서 스파크를 사용하여 데이터 애플리케이션을 개발하고 실행하는 데 필요한 설치 및 개발 도구 설정에 대해 자세히 설명했다. 실제로 대부분의 애플리케이션과 비교했을 때 스파크 애플리케이션은 매우 거대한 직접 순환식 그래프$^{DAG}$ 때문에 매우 복잡해질 수 있다. 스파크는 주어진 스파크 생태계에서 실행 중인 작업을 모니터링하기 위해 매우 강력한 모니터링 도구를 제공한다. 모니터링은 자동으로 시작하지 않으므로 사용자가 명시적으로 시작해야 한다.

 모니터링은 작동 중인 스파크 애플리케이션을 위한 옵션이다. 이 기능을 사용하면 스파크 애플리케이션이 동작하는 방식에 대해 많은 통찰을 얻을 수 있다. 애플리케이션의 응답 시간에 영향을 줄 수 있으므로 프로덕션(production) 환경에서 이 기능을 사용하려면 조심해야 한다.

가장 먼저 몇 가지 설정을 해야 한다. 이벤트 로깅$^{logging}$ 메커니즘은 반드시 켜져 있어야 한다. 다음 단계를 살펴보자.

```
$ cd $SPARK_HOME
$ cd conf
$ cp spark-defaults.conf.template spark-defaults.conf
```

일단 위 단계를 모두 완료하면, 새로 생성된 spark-defaults.conf 파일에 아래 속성들을 설정하자.

```
spark.eventLog.enabled          true
spark.eventLog.dir              <give a log directory location>
```

 일단 위 단계를 한번 완료하고 나면 이전에 사용된 로그 디렉토리가 파일시스템에 남아있는지 확인하자.

위의 변경 외에도 설정 파일은 스파크 런타임을 미세 조정하기 위해 변경할 수 있는 특성이 많다. 스파크 드라이버 메모리는 자주 사용되는 가장 중요한 기능이다. 애플리케이션이 방대한 양의 데이터를 처리하는 경우 spark.driver.memory를 더 높은 값으로 직접 설정하는 것이 좋다. 그 후 다음 명령을 실행하여 스파크 마스터를 시작하자.

```
$ cd $SPARK_HOME
$ ./sbin/start-master.sh
```

일단 위 단계를 모두 완료하면 http://localhost:8080/을 통해 스파크 웹 UI^user interface가 시작되었는지 확인하자. 8080 포트에서 동작하는 다른 애플리케이션이 없어야 한다.

특별한 이유로 다른 포트를 사용해야 한다면 웹 UI를 시작할 때 커맨드라인 옵션 --webui-port <PORT>를 스크립트에서 설정할 수 있다.

웹 UI 화면은 반드시 아래 그림 2와 비슷해야 한다.

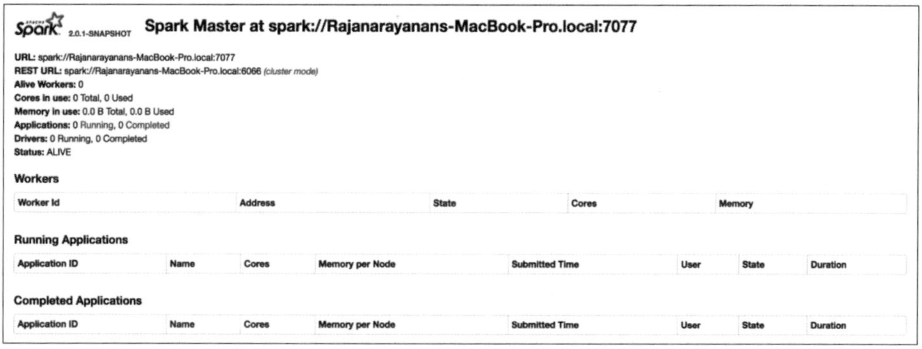

▲ 그림 2

앞의 그림에서 주목해야 할 가장 중요한 정보는 완전히 검증된 스파크 마스터 URL이다 (REST URL 아님). 이 URL은 이 책에서 다루게 될 실전 연습에서 여러 번 반복해서 사용하게 될 것이다. URL은 시스템과 시스템 및 DNS 설정에서 변경할 수 있다. 또한 이 책 전체에서 사용하는 예제는 대부분 스파크 스탠드얼론 모드로 배포한다. 이는 컴퓨터 한 대로 시작할 수 있는 배포 옵션 중 가장 쉬운 방법이다.

 스파크 애플리케이션 모니터링에 대한 설명은 독자들이 스파크가 제공하는 도구 셋과 좀 더 친해졌으면 하는 바람에서 제공했다. 이미 친숙한 독자들이나 이러한 도구의 도움 없이 이미 애플리케이션 동작을 잘 알고 있는 독자라면 도구가 필요 없을 것이다. 하지만 이러한 도구들이 여러 가지 개념이나 디버깅, 데이터 처리 시각화를 이해하는 데 큰 도움을 주는 것은 사실이므로 알아두면 좋다.

그림 2에서 설명한 스파크 웹 UI에서, 동작 중인 애플리케이션이 없고 작업을 처리하기 위해 사용 가능한 워커 노드가 없다는 것에 주목하자. 아래 단계는 워커 노드를 시작하기 위한 지침을 담고 있다. 워커 노드를 시작하는 동안 스파크 마스터 URL이 어떻게 사용되고 있는지 주목하자.

```
$ cd $SPARK_HOME
$ ./sbin/start-slave.sh spark://Rajanarayanans-MacBook-Pro.local:7077
```

일단 스파크 웹 UI에서 워커노드를 시작하면 새롭게 시작하는 워커 노드가 화면에 표시된다. 위 명령어에 따라 실행되는 디폴트 워커 노드는 $SPARK_HOME/conf/slaves. template 템플릿에 등록된다.

 추가 워커 노드가 필요한 경우 slaves.template 파일을 복사하여 이름을 지정하고 파일에 슬레이브 리스트를 등록하자. 스파크 셸(spark-shell) 또는 pyspark, sparkR을 시작할 때, 스파크 마스터를 조작할 수 있도록 명령어를 입력할 수 있다. 이는 스파크 애플리케이션이나 명령을 사용하여 원격으로 스파크 클러스터 또는 스파크 마스터를 활용할 때 유용하다. 아무런 명령이 주어지지 않으면 스파크 애플리케이션이 자동으로 로컬 모드로 실행된다.

```
$ cd $SPARK_HOME
$ ./bin/spark-shell --master spark://Rajanarayanans-MacBook-Pro.local:7077
```

워커 노드를 성공적으로 시작하면 스파크 웹 UI는 그림 3과 비슷하게 보일 것이다. 그 후 위 스파크 마스터 URL을 사용하여 애플리케이션을 실행하면 해당 애플리케이션의 상세 정보도 스파크 웹 UI에 표시된다. 애플리케이션의 상세 범위에 대한 자세한 내용은 이번 장에 곧 소개할 것이다. 워커와 마스터 프로세스를 중지하려면 아래 스크립트를 활용하자.

```
$ cd $SPARK_HOME
$ ./sbin/stop-all.sh
```

**Spark** 2.0.1-SNAPSHOT   **Spark Master at spark://Rajanarayanans-MacBook-Pro.local:7077**

**URL:** spark://Rajanarayanans-MacBook-Pro.local:7077
**REST URL:** spark://Rajanarayanans-MacBook-Pro.local:6066 (cluster mode)
**Alive Workers:** 1
**Cores in use:** 8 Total, 0 Used
**Memory in use:** 7.0 GB Total, 0.0 B Used
**Applications:** 0 Running, 0 Completed
**Drivers:** 0 Running, 0 Completed
**Status:** ALIVE

**Workers**

| Worker Id | | Address | State | Cores | Memory |
|---|---|---|---|---|---|
| worker-2016070703120-192.168.0.11-50405 | | 192.168.0.11:50405 | ALIVE | 8 (0 Used) | 7.0 GB (0.0 B Used) |

**Running Applications**

| Application ID | Name | Cores | Memory per Node | Submitted Time | User | State | Duration |
|---|---|---|---|---|---|---|---|

**Completed Applications**

| Application ID | Name | Cores | Memory per Node | Submitted Time | User | State | Duration |
|---|---|---|---|---|---|---|---|

▲ 그림 3

## ▌ 스파크 프로그래밍 기초

스파크 프로그래밍은 RDD를 중심으로 진행한다. 모든 스파크 애플리케이션에서는 처리할 입력 데이터를 이용해 적절한 RDD를 만든다. 가장 먼저 RDD를 만드는 가장 기본적인 방법은 리스트[list]에서 가져와서 시작하는 것이다. 이 헬로우월드[1] 종류의 애플리케이션에 사용되는 입력 데이터는 소매 금융 거래의 소규모 컬렉션[collection]이다. 핵심 개념을

---

1   Helloworld: 컴퓨터 프로그래밍에서 기초 예제로 많이 언급하는 간단한 입출력 코딩 예제

설명하기 위해 매우 기초적인 데이터 항목 일부만 선택했다. 거래 레코드는 계좌 번호와 거래 금액을 포함한 개념이다.

 이 책에서 아래 유스 케이스(use cases)와 앞으로 소개할 모든 유스 케이스에서 사용하는 '레코드'라는 용어는 비즈니스 또는 유스 케이스 컨텍스트에서 사용한다.

스파크 변환과 액션을 잘 설명하기 위해 선택한 유스 케이스들은 아래와 같다.

1. 거래 레코드는 쉼표로 구분된 값으로 제공된다.
2. 목록에서 조건에 맞는 괜찮은 거래 레코드만 필터링한다. 계좌 번호는 SB로 시작해야 하며 거래 금액은 0보다 커야 한다.
3. 거래 금액이 1000 이상인 모든 고액 거래 레코드를 찾는다.
4. 계좌번호가 잘못된 모든 거래 기록을 찾는다.
5. 거래 금액이 0보다 작거나 같은 모든 거래 레코드를 찾는다.
6. 잘못된 거래 레코드가 모두 결합한 리스트 한 개를 찾는다.
7. 모든 거래 금액의 합계를 찾는다.
8. 모든 거래 금액의 최댓값을 찾는다.
9. 모든 거래 금액의 최솟값을 찾는다.
10. 올바른 계좌 번호 전부를 찾는다.

앞으로 개발할 애플리케이션에 접근할 때, 이 책 전체에서 언어별 스파크 REPL을 이용할 것이다. 우선 스파크 스칼라 REPL이 오류 없이 동작하는지 그리고 프롬프트가 표시되는지 확인하자. 이 애플리케이션의 경우 모니터링을 통해 이를 수행하는 방법을 배우고 개발 프로세스와 함께 사용할 수 있다. 스파크 마스터와 슬레이브를 명시적으로 별도로 시작하는 방법 외에도 스파크에서 단일 스크립트를 사용해 이 두 개를 함께 시작하는 방법을 제공한다. 그 후 스파크 마스터 URL로 스칼라 REPL을 시작한다.

```
$ cd $SPARK_HOME
$ ./sbin/start-all.sh
$ ./bin/spark-shell --master spark://Rajanarayanans-MacBook-Pro.local:7077
```

스칼라 REPL 프롬프트에서 아래 명령문을 실행하자. 명령문의 출력은 굵게 표시되어 있다. 스칼라 RELP 프롬프트는 scala>로 표시된다.

```
scala> val acTransList = Array("SB10001,1000", "SB10002,1200",
"SB10003,8000", "SB10004,400", "SB10005,300", "SB10006,10000",
"SB10007,500", "SB10008,56", "SB10009,30","SB10010,7000", "CR10001,7000",
"SB10002,-10")
acTransList: Array[String] = Array(SB10001,1000, SB10002,1200,
SB10003,8000, SB10004,400, SB10005,300, SB10006,10000, SB10007,500,
SB10008,56, SB10009,30, SB10010,7000, CR10001,7000, SB10002,-10)
scala> val acTransRDD = sc.parallelize(acTransList)
acTransRDD: org.apache.spark.rdd.RDD[String] = ParallelCollectionRDD[0] at
parallelize at <console>:23
scala> val goodTransRecords = acTransRDD.filter(_.split(",")(1).toDouble >
0).filter(_.split(",")(0).startsWith("SB"))
goodTransRecords: org.apache.spark.rdd.RDD[String] = MapPartitionsRDD[2] at
filter at <console>:25
scala> val highValueTransRecords =
goodTransRecords.filter(_.split(",")(1).toDouble > 1000)
highValueTransRecords: org.apache.spark.rdd.RDD[String] =
MapPartitionsRDD[3] at filter at <console>:27
scala> val badAmountLambda = (trans: String) =>
trans.split(",")(1).toDouble <= 0
badAmountLambda: String => Boolean = <function1>
scala> val badAcNoLambda = (trans: String) =>
trans.split(",")(0).startsWith("SB") == false
badAcNoLambda: String => Boolean = <function1>
scala> val badAmountRecords = acTransRDD.filter(badAmountLambda)
badAmountRecords: org.apache.spark.rdd.RDD[String] = MapPartitionsRDD[4] at
filter at <console>:27
scala> val badAccountRecords = acTransRDD.filter(badAcNoLambda)
badAccountRecords: org.apache.spark.rdd.RDD[String] = MapPartitionsRDD[5]
```

```
at filter at <console>:27
scala> val badTransRecords  = badAmountRecords.union(badAccountRecords)
badTransRecords: org.apache.spark.rdd.RDD[String] = UnionRDD[6] at union at
<console>:33
```

첫 번째 RDD 생성과 두 함수 정의를 제외한 위의 모든 명령문은 모두 스파크 변환이다. 하나씩 단계별로 어떻게 진행한 것인지 상세하게 살펴보자.

- acTransList 값은 거래 레코드를 콤마로 구분해 저장하고 있는 배열이다.
- acTransRDD 값은 sc가 스파크 컨텍스트 또는 스파크 드라이버인 배열에서 생성된 RDD이며 RDD 엘리먼트는 분산 데이터셋을 구성할 수 있도록 병렬 방식으로 생성한다. 즉 스파크 드라이버는 주어진 값들의 컬렉션에서 병렬 컬렉션 또는 RDD를 생성하라는 지시를 받는다.
- goodTranRecords는 acTransRDD에서 계좌번호가 SB로 시작하고 계좌 총금액 합 >0인 계좌만 필터링해 생성한 RDD다.
- highValueTransRecords는 계좌 총금액 합 > 1000인 계좌만 필터링해 생성한 RDD다.
- 그다음 두 개 명령문은 나중에 쉬운 참조를 위해 함수 정의를 스칼라값에 저장한다.
- badAmountRecords와 badAccountRecords는 acTransRDD에서 잘못된 거래 총액 합과 잘못된 계좌번호를 가지고 있는 레코드를 각각 필터링한 후 생성한 RDD다.
- badTransRecords는 badAmountRecords와 badAccountRecords RDD 둘 모두의 엘리먼트들의 집합을 담고 있는 값이다.

지금까지 이 애플리케이션의 스파크 웹 UI는 스파크 변환만 실행되었으므로 이 시점에서는 아무것도 표시하지 않는다. 실제 동작은 첫 번째 스파크 동작을 실행한 후에만 시작한다.

아래는 이미 위에서 실행했던 명령문에 이어서 실행할 명령문이다.

```
scala> acTransRDD.collect()
res0: Array[String] = Array(SB10001,1000, SB10002,1200, SB10003,8000,
SB10004,400, SB10005,300, SB10006,10000, SB10007,500, SB10008,56,
SB10009,30, SB10010,7000, CR10001,7000, SB10002,-10)
scala> goodTransRecords.collect()
res1: Array[String] = Array(SB10001,1000, SB10002,1200, SB10003,8000,
SB10004,400, SB10005,300, SB10006,10000, SB10007,500, SB10008,56,
SB10009,30, SB10010,7000)
scala> highValueTransRecords.collect()
res2: Array[String] = Array(SB10002,1200, SB10003,8000, SB10006,10000,
SB10010,7000)
scala> badAccountRecords.collect()
res3: Array[String] = Array(CR10001,7000)
scala> badAmountRecords.collect()
res4: Array[String] = Array(SB10002,-10)
scala> badTransRecords.collect()
res5: Array[String] = Array(SB10002,-10, CR10001,7000)
```

위의 모든 명령문은 RDD에 미리 정의된 스파크 액션 하나만 수행했다. 모든 RDD 평가
는 오직 스파크 액션이 해당 RDD를 호출했을 때만 발생한다. 아래 명령문은 RDD에 있
는 몇 가지 수식 계산 진행을 나타낸다.

```
scala> val sumAmount = goodTransRecords.map(trans =>
trans.split(",")(1).toDouble).reduce(_ + _)
sumAmount: Double = 28486.0
scala> val maxAmount = goodTransRecords.map(trans =>
trans.split(",")(1).toDouble).reduce((a, b) => if (a > b) a else b)
maxAmount: Double = 10000.0
scala> val minAmount = goodTransRecords.map(trans =>
trans.split(",")(1).toDouble).reduce((a, b) => if (a < b) a else b)
minAmount: Double = 30.0
```

위 명령문 예제에서 숫자들은 올바른 거래 내역에서 거래 금액 합계(최대 및 최소)를 계산
한 것이다. 모든 변환에서 거래 레코드는 한 번에 하나씩 처리한다. 레코드에서 계좌 번

호와 거래 금액을 추출해 처리한다. 유스 케이스 요구 사항에 따라 이처럼 처리된 것이다. 이제 각 거래 레코드에서 콤마로 구분된 값은 계정 번호 또는 거래 금액 여부인지 따지지 않고 분리된다. 처리 결과 RDD는 이들 모두가 섞인 컬렉션이 저장될 것이다. SB로 시작하는 엘리먼트가 선택되면 올바른 계좌 번호가 될 것이다. 아래 명령문이 이를 보여준다.

```scala
scala> val combineAllElements = acTransRDD.flatMap(trans =>
trans.split(","))
combineAllElements: org.apache.spark.rdd.RDD[String] = MapPartitionsRDD[10]
at flatMap at <console>:25
scala> val allGoodAccountNos =
combineAllElements.filter(_.startsWith("SB"))
allGoodAccountNos: org.apache.spark.rdd.RDD[String] = MapPartitionsRDD[11]
at filter at <console>:27
scala> combineAllElements.collect()
res10: Array[String] = Array(SB10001, 1000, SB10002, 1200, SB10003, 8000,
SB10004, 400, SB10005, 300, SB10006, 10000, SB10007, 500, SB10008, 56,
SB10009, 30, SB10010, 7000, CR10001, 7000, SB10002, -10)
scala> allGoodAccountNos.distinct().collect()
res14: Array[String] = Array(SB10006, SB10010, SB10007, SB10008, SB10009,
SB10001, SB10002, SB10003, SB10004, SB10005)
```

이 시점에서 스파크 웹 UI가 아직 열려 있다면 그림 3에서 본 것과 다른 점이 하나 눈에 띌 것이다. 하나의 스파크 액션이 끝났기 때문에 애플리케이션의 목록이 보일 것이다. 스파크 스칼라 REPL은 아직 실행 중이기 때문에 아직 동작하고 있는 애플리케이션 목록에 보일 것이다. 다음 그림 4가 이를 보여준다.

Spark Master at spark://Rajanarayanans-MacBook-Pro.local:7077

**URL:** spark://Rajanarayanans-MacBook-Pro.local:7077
**REST URL:** spark://Rajanarayanans-MacBook-Pro.local:6066 *(cluster mode)*
**Alive Workers:** 1
**Cores in use:** 8 Total, 8 Used
**Memory in use:** 7.0 GB Total, 1024.0 MB Used
**Applications:** 1 Running, 0 Completed
**Drivers:** 0 Running, 0 Completed
**Status:** ALIVE

**Workers**

| Worker Id | | Address | State | Cores | Memory |
|---|---|---|---|---|---|
| worker-20160707204051-192.168.0.11-50478 | | 192.168.0.11:50478 | ALIVE | 8 (8 Used) | 7.0 GB (1024.0 MB Used) |

**Running Applications**

| Application ID | | Name | Cores | Memory per Node | Submitted Time | User | State | Duration |
|---|---|---|---|---|---|---|---|---|
| app-20160707204107-0000 | (kill) | Spark shell | 8 | 1024.0 MB | 2016/07/07 20:41:07 | RajT | RUNNING | 10 s |

**Completed Applications**

| Application ID | Name | Cores | Memory per Node | Submitted Time | User | State | Duration |
|---|---|---|---|---|---|---|---|

▲ 그림 4

애플리케이션 ID를 클릭하면 DAG 시각화 정보나 많은 다른 정보들을 포함해서 현재 작동 중인 모든 애플리케이션에 관련된 메트릭<sup>metric</sup>을 살펴볼 수 있다.

위 명령문들은 지금까지 논의한 모든 유스 케이스들을 다 포함하므로 한번 살펴보고 어떤 스파크 변환이 있는지 확인하는 것이 좋을 것이다.

| 스파크 변환 | 수행하는 일 |
|---|---|
| filter (fn) | RDD의 모든 엘리먼트들을 순회하면서 전달받은 함수를 적용하고 함수처리 후 결과가 true인 모든 엘리먼트를 선택한다. |
| map (fn) | RDD의 모든 엘리먼트들을 순회하면서 전달받은 함수를 적용하고 함수가 리턴하는 아웃풋을 선택한다. |
| flatMap (fn) | RDD의 모든 엘리먼트들을 순회하면서, 전달받은 함수를 적용하고 함수가 리턴하는 아웃풋을 선택한다. map(fn)과 가장 큰 다른 점은 함수가 하나의 엘리먼트처럼 동작하고 엘리먼트 컬렉션을 리턴한다는 점이다. 예를 들어, 은행 거래 레코드 한 개를 선택해 이를 여러 개의 필드로 쪼개고, 엘리먼트 한 개로부터 컬렉션을 생성해서 리턴한다. |
| union (other) | RDD와 다른RDD의 모든 엘리먼트의 집합(union)을 선택한다. |

지금까지 다룬 스파크 액션을 모두 살펴볼 필요가 있다. 일부는 단순 기초지만 곧 추가 스파크 액션도 다룰 것이다.

| 스파크 액션 | 수행하는 일 |
|---|---|
| collect() | RDD의 모든 엘리먼트를 스파크 드라이버의 배열에 저장한다. |
| reduce(fn) | 함수 fn을 RDD의 모든 엘리먼트에 적용하고 최종 결과는 함수 정의에 의해 계산된다. 함수는 반드시 2개의 파라미터를 취해야 하고, 교환 가능하고(commutative) 연관성 (associative) 있는 결과 1개를 리턴해야 한다. |
| foreach(fn) | 함수 fn을 RDD의 모든 엘리먼트에 적용한다. 주로 부수 효과(side effects)에 많이 사용된다. 스파크 변환 map(fn)은 함수를 RDD의 모든 엘리먼트에 적용하고 또 다른 RDD를 결과로 리턴하지만 foreach(fn) 스파크 변환은 RDD를 리턴하지 않는다. 예를 들어, foreach(println)은 RDD의 각 엘리먼트를 선택해 콘솔에 출력한다. 비록 여기에서 다루는 유스 케이스에서 사용되진 않지만 나름대로 쓸모가 있어 언급한다. |

스파크 학습 과정의 다음 단계로 파이썬 REPL의 명령문을 사용해 위와 같은 똑같은 유스 케이스를 다룰 것이다. 변수 정의는 아이디어를 쉽게 떠올릴 수 있도록 두 언어 모두 가능한 한 비슷하게 유지한다. 스칼라와 비교해 파이썬에서 스파크를 다루는 법은 다소 차이가 있을 수 있지만 개념적으로는 언어선택과는 무관하다.

파이썬 REPL을 시작하자. 그리고 프롬프트에 아무런 에러가 없는지 반드시 확인하자. 스칼라 코드로 연습할 때는 모니터링 기능이 이미 켜져 있었다. 스파크 마스터 URL과 함께 파이썬 REPL을 시작하자.

```
$ cd $SPARK_HOME
$ ./bin/pyspark --master spark://Rajanarayanans-MacBook-Pro.local:7077
```

파이썬 REPL 프롬프트에서 아래 명령문을 실행하자. 아래에서 명령문의 아웃풋은 굵게 표시되어 있다. 파이썬 REPL의 프롬프트는 >>>로 표시되어 있음을 기억하자.

```
>>> from decimal import Decimal
>>> acTransList = ["SB10001,1000", "SB10002,1200", "SB10003,8000",
"SB10004,400", "SB10005,300", "SB10006,10000", "SB10007,500", "SB10008,56",
"SB10009,30","SB10010,7000", "CR10001,7000", "SB10002,-10"]
>>> acTransRDD = sc.parallelize(acTransList)
>>> goodTransRecords = acTransRDD.filter(lambda trans:
```

```
Decimal(trans.split(",")[1]) > 0).filter(lambda trans:
(trans.split(",")[0]).startswith('SB') == True)
>>> highValueTransRecords = goodTransRecords.filter(lambda trans:
Decimal(trans.split(",")[1]) > 1000)
>>> badAmountLambda = lambda trans: Decimal(trans.split(",")[1]) <= 0
>>> badAcNoLambda = lambda trans: (trans.split(",")[0]).startswith('SB') ==
False
    >>> badAmountRecords = acTransRDD.filter(badAmountLambda)
    >>> badAccountRecords = acTransRDD.filter(badAcNoLambda)
    >>> badTransRecords  = badAmountRecords.union(badAccountRecords)
    >>> acTransRDD.collect()
    ['SB10001,1000', 'SB10002,1200', 'SB10003,8000', 'SB10004,400',
    'SB10005,300', 'SB10006,10000', 'SB10007,500', 'SB10008,56', 'SB10009,30',
    'SB10010,7000', 'CR10001,7000', 'SB10002,-10']
    >>> goodTransRecords.collect()
    ['SB10001,1000', 'SB10002,1200', 'SB10003,8000', 'SB10004,400',
    'SB10005,300', 'SB10006,10000', 'SB10007,500', 'SB10008,56', 'SB10009,30',
    'SB10010,7000']
    >>> highValueTransRecords.collect()
    ['SB10002,1200', 'SB10003,8000', 'SB10006,10000', 'SB10010,7000']
    >>> badAccountRecords.collect()
    ['CR10001,7000']
    >>> badAmountRecords.collect()
    ['SB10002,-10']
    >>> badTransRecords.collect()
    ['SB10002,-10', 'CR10001,7000']
    >>> sumAmounts = goodTransRecords.map(lambda trans:
    Decimal(trans.split(",")[1])).reduce(lambda a,b : a+b)
    >>> sumAmounts
    Decimal('28486')
    >>> maxAmount = goodTransRecords.map(lambda trans:
    Decimal(trans.split(",")[1])).reduce(lambda a,b : a if a > b else b)
    >>> maxAmount
    Decimal('10000')
    >>> minAmount = goodTransRecords.map(lambda trans:
    Decimal(trans.split(",")[1])).reduce(lambda a,b : a if a < b else b)
    >>> minAmount
    Decimal('30')
    >>> combineAllElements = acTransRDD.flatMap(lambda trans: trans.split(","))
```

```
>>> combineAllElements.collect()
['SB10001', '1000', 'SB10002', '1200', 'SB10003', '8000', 'SB10004', '400',
'SB10005', '300', 'SB10006', '10000', 'SB10007', '500', 'SB10008', '56',
'SB10009', '30', 'SB10010', '7000', 'CR10001', '7000', 'SB10002', '-10']
>>> allGoodAccountNos = combineAllElements.filter(lambda trans:
trans.startswith('SB') == True)
>>> allGoodAccountNos.distinct().collect()
['SB10005', 'SB10006', 'SB10008', 'SB10002', 'SB10003', 'SB10009',
'SB10010', 'SB10004', 'SB10001', 'SB10007']
```

스파크의 유니폼 프로그래밍 모델의 진정한 힘은 스칼라와 파이썬 코드 셋을 비교할 때 매우 명확하게 드러난다. 스파크 변환과 스파크 액션은 이 두 언어에서 모두 똑같이 구현된다. 함수가 전달되는 방식은 프로그래밍 언어 명령문의 차이로 인해 다르다.

스파크 파이썬 REPL을 실행하기 전에 스칼라 REPL을 중단했는데 이는 의도적인 것이다. 그러면 이제 스파크 웹 UI는 그림 5와 비슷하게 보일 것이다. 스칼라 REPL을 멈췄기 때문에 중단된 애플리케이션 목록에 나타날 것이다. 파이썬 REPL은 여전히 실행 중이기 때문에 실행 중인 애플리케이션 목록에 나타난다. 스파크 웹 UI에서 스파크의 REPL 및 파이썬 REPL 애플리케이션 이름을 확인하자. 이 이름들은 표준 이름이다. 커스텀 애플리케이션을 파일에서 실행할 경우, 애플리케이션 모니터링과 로깅을 목적으로 애플리케이션을 위해 스파크 컨텍스트 객체를 정의할 때 커스텀 네임을 할당하는 방법이 몇 가지 있다. 이런 세부 사항은 이번 장의 후반부에서 다룬다.

스파크 웹 UI 사용에 좀 더 시간을 할애하고 캡쳐한 모든 매트릭에 익숙해지고 UI에서 어떻게 DAG 시각화를 보여주는지 방법을 익히는 것이 좋다. 복잡한 스파크 애플리케이션을 디버깅할 때 많은 도움이 될 것이다.

**Spark Master at spark://Rajanarayanans-MacBook-Pro.local:7077**

URL: spark://Rajanarayanans-MacBook-Pro.local:7077
REST URL: spark://Rajanarayanans-MacBook-Pro.local:6066 (cluster mode)
Alive Workers: 1
Cores in use: 8 Total, 8 Used
Memory in use: 7.0 GB Total, 1024.0 MB Used
Applications: 1 Running, 1 Completed
Drivers: 0 Running, 0 Completed
Status: ALIVE

**Workers**

| Worker Id | Address | State | Cores | Memory |
|---|---|---|---|---|
| worker-20160707204051-192.168.0.11-50478 | 192.168.0.11:50478 | ALIVE | 8 (8 Used) | 7.0 GB (1024.0 MB Used) |

**Running Applications**

| Application ID | | Name | Cores | Memory per Node | Submitted Time | User | State | Duration |
|---|---|---|---|---|---|---|---|---|
| app-20160707211005-0001 | (kill) | PySparkShell | 8 | 1024.0 MB | 2016/07/07 21:10:05 | RajT | RUNNING | 4 s |

**Completed Applications**

| Application ID | Name | Cores | Memory per Node | Submitted Time | User | State | Duration |
|---|---|---|---|---|---|---|---|
| app-20160707204107-0000 | Spark shell | 8 | 1024.0 MB | 2016/07/07 20:41:07 | RajT | FINISHED | 27 min |

▲ 그림 5

## 맵리듀스

초기부터 스파크는 하둡 맵리듀스 프로그램의 대안으로 자리잡아 왔다. 데이터 처리 작업이 여러 태스크로 나뉠 수 있고 병렬로 실행할 수 있는 형태이면 일반적으로 데이터 처리 작업은 맵리듀스 스타일로 수행되고 최종 결과는 분산된 작업 처리결과를 모은 후 계산한다. 모든 분산 된 조각에서 결과를 수집한 후 최종 결과를 계산할 수 있다. 하둡 맵리듀스와 달리 스파크는 맵 및 리듀스처럼 DAG가 2단계 이상이더라도 이를 수행할 수 있다. 스파크는 애초에 이 목적을 위해 고안되었으며 스파크가 강조하는 가장 큰 가치 제안 중 하나다.

이번 장은 계속해서 은행 거래 애플리케이션 예제로 진행할 것이고 맵리듀스 종류의 데이터 처리를 위해 이상적인 후보 유스 케이스를 선택할 것이다.

맵리듀스 종류의 데이터 처리를 잘 설명하기 위해 선택한 유스 케이스는 아래와 같다.

1. 은행 거래 레코드는 콤마로 구분된 스트링string 타입의 거래 총합과 계좌 번호로 구성되어 있다.
2. 거래 정보는 키/값 쌍으로 짝지어져 있다. (예: AccNo, TranAmount)

3. 계좌별 잔액을 얻기 위해 모든 거래 정보를 계좌 차원에서 요약 및 검색한다.

스칼라 REPL 프롬프트에서 아래 명령문을 시도해 보자.

```scala
scala> val acTransList = Array("SB10001,1000", "SB10002,1200",
"SB10001,8000", "SB10002,400", "SB10003,300", "SB10001,10000",
"SB10004,500", "SB10005,56", "SB10003,30","SB10002,7000", "SB10001,-100",
"SB10002,-10")
acTransList: Array[String] = Array(SB10001,1000, SB10002,1200,
SB10001,8000, SB10002,400, SB10003,300, SB10001,10000, SB10004,500,
SB10005,56, SB10003,30, SB10002,7000, SB10001,-100, SB10002,-10)
scala> val acTransRDD = sc.parallelize(acTransList)
acTransRDD: org.apache.spark.rdd.RDD[String] = ParallelCollectionRDD[0] at
parallelize at <console>:23
scala> val acKeyVal = acTransRDD.map(trans => (trans.split(",")(0),
trans.split(",")(1).toDouble))
acKeyVal: org.apache.spark.rdd.RDD[(String, Double)] = MapPartitionsRDD[1]
at map at <console>:25
scala> val accSummary = acKeyVal.reduceByKey(_ + _).sortByKey()
accSummary: org.apache.spark.rdd.RDD[(String, Double)] = ShuffledRDD[5] at
sortByKey at <console>:27
scala> accSummary.collect()
res0: Array[(String, Double)] = Array((SB10001,18900.0), (SB10002,8590.0),
(SB10003,330.0), (SB10004,500.0), (SB10005,56.0))
```

아래는 진행 단계별로 요약한 세부 사항이다.

1. 값 acTransList는 콤마로 구분된 거래 레코드를 저장하고 있는 배열이다.

2. acTransRDD는 sc가 스파크 컨텍스트 또는 스파크 드라이버인 배열로부터 생성
   된 RDD고 RDD는 동시 병렬 방식으로 생성되었기 때문에 엘리먼트는 분산된
   데이터셋을 형성할 수 있다.

3. acTransRDD를 (K, V) 형태의 키-값 쌍을 가지는 acKeyVal로 변환하자. 계좌 번
   호는 키이고, RDD의 엘리먼트의 셋에서 같은 키를 가지는 중복 엘리먼트가 있
   을 것이다.

4. 다음 단계에서는 키를 이용하여 키-값 쌍을 그룹으로 묶고 RDD의 특정 키를 위해 엘리먼트 1개를 가지고 있는 키-값 쌍을 형성하도록 거래 총합을 더해주는 리듀스 함수를 전달한다. 그리고 최종 결과를 생성하기 전에 키로 묶인 엘리먼트를 정렬한다.

5. 드라이버 레벨에서 엘리먼트를 모아서 배열에 저장한다.

RDD acKeyVal는 두 부분으로 나누어지고 처리를 위해 클러스터에 분산된다고 가정한다. 그림 6에서 처리 과정이 어떻게 진행되는지 살펴보자.

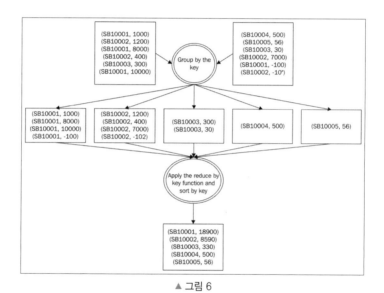

▲ 그림 6

아래 표는 이 유스 케이스에 소개한 스파크 액션을 다루고 있다.

| 스파크 액션 | 수행하는 일 |
| --- | --- |
| reduceByKey(fn, [noOfTasks]) | 함수 fn을 (K,V) 형태의 RDD에 적용하고 중복 키 제거를 위해 리듀스를 실행한다. 그리고 함수를 키 레벨의 값으로 동작하도록 파라미터로서 전달한다. |
| sortByKey([ascending], [numTasks]) | RDD가 폼 (K,V) 형태일 경우 키 K를 기준으로 RDD 엘리먼트를 정렬한다. |

reduceByKey 작업은 추가적인 언급이 필요하다. 그림 6에서 키를 기준으로 엘리먼트를 그룹으로 묶는 것은 잘 알려진 작업이다. 그러나 다음 단계에서 같은 키에 대해 파라미터로 전달된 함수는 두 개의 파라미터를 인자로 가지고 결과값 한 개를 리턴한다. 이는 매우 직관적이지 않으며 각 키에 대한 (K, V) 쌍의 값 순환을 반복하는 동안, 두 입력이 어디서 오는지 궁금할 수 있다. 이 동작은 스칼라 컬렉션 메서드 reduceLeft의 개념을 사용한다. 다음 그림 7은 reduceByKey ( _ + _ ) 연산을 수행하는 SB10001 키의 값을 사용하여 개념을 설명하기 위한 것이다. 이것은 단지 이 예제의 설명 목적을 위한 것이며 실제로 수행할 실제 스파크 구현은 다를 수 있다.

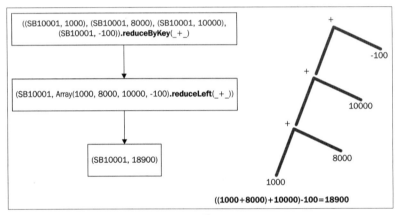

▲ 그림 7

그림 7 오른쪽은 스칼라 컬렉션 메서드 reduceLeft 명령을 나타내고 있다. 이는 reduceLeft 함수의 두 파라미터를 어떻게 활용하는지 통찰을 제공하려는 목적이다. 많은 스파크 RDD에서 사용하는 수많은 변환은 스칼라 컬렉션에서 가져온 것이다.

파이썬 REPL 프롬프트에서 아래 명령문을 실행해 보자.

```
>>> from decimal import Decimal
>>> acTransList = ["SB10001,1000", "SB10002,1200", "SB10001,8000",
"SB10002,400", "SB10003,300", "SB10001,10000", "SB10004,500", "SB10005,56",
"SB10003,30","SB10002,7000", "SB10001,-100", "SB10002,-10"]
```

```
>>> acTransRDD = sc.parallelize(acTransList)
>>> acKeyVal = acTransRDD.map(lambda trans:
(trans.split(",")[0],Decimal(trans.split(",")[1])))
>>> accSummary = acKeyVal.reduceByKey(lambda a,b : a+b).sortByKey()
>>> accSummary.collect()
[('SB10001', Decimal('18900')), ('SB10002', Decimal('8590')), ('SB10003',
Decimal('330')), ('SB10004', Decimal('500')), ('SB10005', Decimal('56'))]
```

reduceByKey는 함수형 입력 파라미터를 가진다. 이와 유사하게 약간 다른 키 기반의 명령인 groupByKey( )가 있는데 이는 또 다른 스파크 변환이다. 이 함수는 주어진 키의 모든 값을 모으고 모든 개별 엘리먼트에서 값 리스트를 생성한다.

각 개별 키에 대해 콜렉션으로 같은 값 엘리먼트들을 묶어서 다양한 레벨의 처리를 해야 할 필요성이 있으면, 이는 적합한 변환이다. 즉 많은 (K, V) 쌍이 있고 이 변환은 각 키에 대해 (K, Iterable〈V〉)를 리턴한다.

유일하게 개발자가 조심해야 할 것은 이러한 (K, V) 쌍의 수가 너무 많아지지는 않는지 확인해서 작업이 성능 문제를 일으키지 않도록 하는 것이다. 간단하고 빠르게 성능 문제를 찾아내는 방법은 없고 유스 케이스에 따라 발생하는 편이다.

앞의 모든 코드 예제에서는 쉼표로 구분된 거래 레코드로부터 계좌 번호 또는 다른 필드를 추출하기 위해 map( ) 변환에서 split (,)을 반복해서 사용한다. 이는 map( ) 또는 다른 변환이나 메서드 내에서 배열 엘리먼트를 사용하는 하나의 예이다. 거래 레코드의 필드를 추출하는 더 좋은 방법은 필요한 필드를 포함하는 튜플tuple로 우선 변환한 후 코드에서 튜플의 필드를 활용하는 것이다. 이 방식을 사용하면 각 필드 추출 작업마다 split (,)을 반복적으로 호출할 필요가 없다.

## 조인

관계형 데이터베이스<sup>RDBMS</sup> 세상에서 여러 테이블을 키를 기반으로 조인<sup>join</sup>하는 일은 매우 흔하다. 많은 NoSQL 데이터 베이스가 테이블 조인을 지원하지 않기 때문에 NoSQL 데이터베이스 에서는 테이블 조인이 심각한 문제가 된다. 이를 해결하기 위해 NoSQL 세상에서는 데이터 중복<sup>redundancy</sup>이 허용된다. 한가지 기술이 테이블 조인을 허용하는 것과는 무관하게 비즈니스 유스 케이스는 언제나 키 기반의 데이터셋 조인을 필수적으로 요구한다. 이 때문에 많은 유스 케이스에서 배치모드로 조인을 수행하는 것은 필수다.

스파크는 키를 기반으로 여러 RDD를 조인할 수 있는 변환 기능을 제공한다. 이 기능은 많은 유스 케이스를 지원한다. 요즘은 많은 NoSQL 데이터베이스가 스파크와 연동할 수 있는 커넥터를 가지고 있다. 커넥터를 가지고 있는 데이터베이스로 작업할 때 여러 테이블에서 데이터의 RDD를 구성하고 스파크에서 조인을 수행한 다음 결과를 배치 모드 또는 거의 실시간에 가까운 모드로 데이터베이스에 다시 저장하는 일은 매우 간단하다. 스파크 변환은 왼쪽 외부 조인<sup>left outer join</sup>과 오른쪽 외부 조인<sup>right outer join</sup> 및 전체 외부 조인<sup>full outer join</sup>에도 사용할 수 있다.

아래에 키를 사용하는 다수 데이터셋 조인을 설명하기 위한 유스 케이스를 살펴보자.

첫 번째 데이터셋은 계좌 번호, 이름 및 성으로 구성된 소매 금융 마스터 레코드 요약정보를 가지고 있다. 두 번째 데이터셋은 계좌 번호를 포함한 소매 금융 계좌 잔액 및 잔액 총합 정보를 가지고 있다. 두 데이터셋의 키는 계좌 번호다. 두 데이터 세트를 결합하고 계좌 번호, 성명 및 잔액을 포함하는 하나의 데이터셋을 만든다.

스칼라 REPL 프롬프트에서 아래 명령문을 실행하자.

```
scala> val acMasterList = Array("SB10001,Roger,Federer",
"SB10002,Pete,Sampras", "SB10003,Rafael,Nadal", "SB10004,Boris,Becker",
"SB10005,Ivan,Lendl")
acMasterList: Array[String] = Array(SB10001,Roger,Federer,
SB10002,Pete,Sampras, SB10003,Rafel,Nadal, SB10004,Boris,Becker,
```

```
SB10005,Ivan,Lendl)
scala> val acBalList = Array("SB10001,50000", "SB10002,12000",
"SB10003,3000", "SB10004,8500", "SB10005,5000")
acBalList: Array[String] = Array(SB10001,50000, SB10002,12000,
SB10003,3000, SB10004,8500, SB10005,5000)
scala> val acMasterRDD = sc.parallelize(acMasterList)
acMasterRDD: org.apache.spark.rdd.RDD[String] = ParallelCollectionRDD[0] at
parallelize at <console>:23
scala> val acBalRDD = sc.parallelize(acBalList)
acBalRDD: org.apache.spark.rdd.RDD[String] = ParallelCollectionRDD[1] at
parallelize at <console>:23
scala> val acMasterTuples = acMasterRDD.map(master =>
master.split(",")).map(masterList => (masterList(0), masterList(1) + " " +
masterList(2)))
acMasterTuples: org.apache.spark.rdd.RDD[(String, String)] =
MapPartitionsRDD[3] at map at <console>:25
scala> val acBalTuples = acBalRDD.map(trans =>
trans.split(",")).map(transList => (transList(0), transList(1)))
acBalTuples: org.apache.spark.rdd.RDD[(String, String)] =
MapPartitionsRDD[5] at map at <console>:25
scala> val acJoinTuples =
acMasterTuples.join(acBalTuples).sortByKey().map{case (accno, (name,
amount)) => (accno, name,amount)}
acJoinTuples: org.apache.spark.rdd.RDD[(String, String, String)] =
MapPartitionsRDD[12] at map at <console>:33
scala> acJoinTuples.collect()
res0: Array[(String, String, String)] = Array((SB10001,Roger
Federer,50000), (SB10002,Pete Sampras,12000), (SB10003,Rafael Nadal,3000),
(SB10004,Boris Becker,8500), (SB10005,Ivan Lendl,5000))
```

스파크 조인 변환을 제외한 모든 위의 명령문은 이미 친숙해졌을 것이라 믿는다. 이 변환
과 비슷하게 leftOuterJoin, rightOuterJoin, fullOuterJoin은 모두 아래 사용 패턴처
럼 활용 가능하다.

| 스파크 변환 | 수행하는 일 |
|---|---|
| join(other, [numTasks]) | 이 RDD를 다른 RDD와 조인하고 키를 기반으로 엘리먼트들도 조인한다. 원래 RDD와 두 번째 RDD가 각각 (K, V1), (K, V2) 형식이라 가정하면 조인 동작은 모든 쌍에 대해 (K, (V1, V2)) 형태의 결과를 생성할 것이다. |

파이썬 REPL 프롬프트에서, 아래 명령문을 실행하자.

```
>>> acMasterList = ["SB10001,Roger,Federer", "SB10002,Pete,Sampras",
"SB10003,Rafael,Nadal", "SB10004,Boris,Becker", "SB10005,Ivan,Lendl"]
>>> acBalList = ["SB10001,50000", "SB10002,12000", "SB10003,3000",
"SB10004,8500", "SB10005,5000"]
>>> acMasterRDD = sc.parallelize(acMasterList)
>>> acBalRDD = sc.parallelize(acBalList)
>>> acMasterTuples = acMasterRDD.map(lambda master:
master.split(",")).map(lambda masterList: (masterList[0], masterList[1] + "
" + masterList[2]))
>>> acBalTuples = acBalRDD.map(lambda trans: trans.split(",")).map(lambda
transList: (transList[0], transList[1]))
>>> acJoinTuples = acMasterTuples.join(acBalTuples).sortByKey().map(lambda
tran: (tran[0], tran[1][0],tran[1][1]))
>>> acJoinTuples.collect()
[('SB10001', 'Roger Federer', '50000'), ('SB10002', 'Pete Sampras',
'12000'), ('SB10003', 'Rafael Nadal', '3000'), ('SB10004', 'Boris Becker',
'8500'), ('SB10005', 'Ivan Lendl', '5000')]
```

## 추가 액션

지금까지 대부분 스파크 변환에 관해서 설명했는데, 스파크 액션도 매우 중요하다. 중요한 스파크 액션에 관해 좀 더 통찰을 얻기 위해 아래 유스 케이스를 살펴보자. 이미 앞서 설명한 유스 케이스의 연장이다.

- 계좌 번호, 이름, 계좌 잔액을 저장하고 있는 리스트에서 가장 높은 계좌 잔액 얻기

- 계좌 번호, 이름, 계좌 잔액을 저장하고 있는 리스트에서 가장 높은 계좌 잔액을 가지고 있는 계좌 3개 얻기
- 계좌별 잔액 거래 내역 레코드의 개수 세기
- 잔고 거래 레코드의 전체 개수 세기
- 모든 계좌의 잔액과 이름 출력
- 계좌 잔액의 총합 계산하기

 컬렉션의 엘리먼트를 반복탐색하고 각 엘리먼트에 대한 수학적 계산을 수행한 최종 결과를 사용하는 것은 매우 일반적인 요구 사항이다. RDD는 분할해 작업자 노드로 분산한다. RDD 엘리먼트를 반복탐색하면서 누적 결과를 저장하기 위해 일반 변수를 사용하면 올바른 결과를 얻을 수 없다. 이런 상황에서는 일반 변수를 사용하는 대신 스파크에서 제공하는 accumulator[2]를 사용하자.

스칼라 REPL 프롬프트에서 아래 명령문을 실행하자.

```scala
scala> val acNameAndBalance = acJoinTuples.map{case (accno, name,amount) =>
(name,amount)}
acNameAndBalance: org.apache.spark.rdd.RDD[(String, String)] =
MapPartitionsRDD[46] at map at <console>:35
scala> val acTuplesByAmount = acBalTuples.map{case (accno, amount) =>
(amount.toDouble, accno)}.sortByKey(false)
acTuplesByAmount: org.apache.spark.rdd.RDD[(Double, String)] =
ShuffledRDD[50] at sortByKey at <console>:27
scala> acTuplesByAmount.first()
res19: (Double, String) = (50000.0,SB10001)
scala> acTuplesByAmount.take(3)
res20: Array[(Double, String)] = Array((50000.0,SB10001),
(12000.0,SB10002), (8500.0,SB10004))
scala> acBalTuples.countByKey()
res21: scala.collection.Map[String,Long] = Map(SB10001 -> 1, SB10005 -> 1,
SB10004 -> 1, SB10002 -> 1, SB10003 -> 1)
```

2    증감연산만 지원하는 형태의 스파크 변수. 따라서 효율적으로 병렬처리를 지원한다.

```
scala> acBalTuples.count()
res22: Long = 5
scala> acNameAndBalance.foreach(println)
(Boris Becker,8500)
(Rafel Nadal,3000)
(Roger Federer,50000)
(Pete Sampras,12000)
(Ivan Lendl,5000)
scala> val balanceTotal = sc.accumulator(0.0, "Account Balance Total")
balanceTotal: org.apache.spark.Accumulator[Double] = 0.0
scala> acBalTuples.map{case (accno, amount) => amount.toDouble}.foreach(bal
=> balanceTotal += bal)
scala> balanceTotal.value
res8: Double = 78500.0)
```

아래 표는 이 유스 케이스 예제에서 사용한 스파크 액션에 관한 설명이다.

| 스파크 액션 | 수행하는 일 |
|---|---|
| first() | RDD의 첫 번째 엘리먼트를 리턴한다. |
| take(n) | RDD의 첫 번째 n개 엘리먼트 배열을 리턴한다. |
| countByKey() | 키를 기준으로 엘리먼트의 개수를 리턴한다. RDD가 (K,V) 쌍을 저장하고 있다면 (K, numOfValues) 사전을 리턴한다. |
| count() | RDD의 엘리먼트 개수를 리턴한다. |
| foreach(fn) | 함수 fn을 RDD의 모든 엘리먼트에 적용한다. 앞의 유스 케이스에서 accumulator는 foreach(fn)과 함께 사용한다. |

파이썬 REPL 프롬프트에서 아래 명령을 실행하자.

```
>>> acNameAndBalance = acJoinTuples.map(lambda tran: (tran[1],tran[2]))
>>> acTuplesByAmount = acBalTuples.map(lambda tran: (Decimal(tran[1]),
tran[0])).sortByKey(False)
>>> acTuplesByAmount.first()
(Decimal('50000'), 'SB10001'
>>> acTuplesByAmount.take(3)
```

```
[(Decimal('50000'), 'SB10001'), (Decimal('12000'), 'SB10002'),
(Decimal('8500'), 'SB10004')]
>>> acBalTuples.countByKey()
defaultdict(<class 'int'>, {'SB10005': 1, 'SB10002': 1, 'SB10003': 1,
'SB10004': 1, 'SB10001': 1})
>>> acBalTuples.count()
5
>>> acNameAndBalance.foreach(print)
('Pete Sampras', '12000')
('Roger Federer', '50000')
('Rafael Nadal', '3000')
('Boris Becker', '8500')
('Ivan Lendl', '5000')
>>> balanceTotal = sc.accumulator(0.0)
>>> balanceTotal.value 0.0
>>> acBalTuples.foreach(lambda bals: balanceTotal.add(float(bals[1])))
>>> balanceTotal.value
78500.0
```

# ▌ 파일에서 RDD 생성

지금까지 논의의 초점은 RDD 기능과 RDD 프로그래밍이었다. 이전의 모든 유스 케이스에서 RDD 생성은 컬렉션 객체에서 수행했다. 그러나 실제 사용 사례에서 데이터는 주로 로컬 파일 시스템 및 HDFS에 저장된 파일에서 가져온다. 카산드라와 같은 NoSQL 데이터베이스에서 데이터를 가져와야 하는 경우도 많다. 이러한 다양한 데이터 소스에서 내용을 읽고 RDD를 만들 수 있다. 일단 RDD를 생성하면 앞서 설명한 유스 케이스처럼 모든 작업이 동일하다. 파일 시스템에서 가져온 데이터 파일은 고정 너비, 쉼표로 구분된 형식 또는 다른 형식일 수 있다. 그러나 일반적으로 데이터 읽기에 사용하는 패턴은 데이터를 한 줄씩 읽은 다음 분할하여 필요한 데이터 항목을 분리하는 것이다. 다른 소스에서 가져온 데이터의 경우 적절한 스파크 커넥터 프로그램을 사용하며 읽기에 적합한 API를 사용한다.

많은 서드파티 라이브러리는 다양한 타입의 텍스트 파일에서 콘텐츠 읽기를 지원한다. 예를 들어 Github[3]에서 다운로드 가능한 스파크 CSV 라이브러리는 CSV 파일에서 RDD 를 생성하는 데 매우 유용하다.

아래 표는 로컬 파일시스템이나 HDFS처럼 다양한 저장소에서 텍스트 파일 읽기를 어떻게 하는지 설명하고 있다. 앞서 논의한 것처럼, 텍스트 파일 처리는 유스 케이스의 요구 사항에 대부분 의존한다.

| 파일 위치 | RDD 생성 | 수행하는 일 |
| --- | --- | --- |
| 로컬 파일 시스템 | val textFile = sc.textFile("README.md") | 스파크 쉘이 시작된 디렉토리에서 README.md 이름의 파일에서 컨텐츠를 읽어서 RDD를 생성한다. RDD는 RDD[string] 타입이고 엘리먼트는 파일의 각 줄(라인)이다. |
| HDFS | val textFile = sc.textFile ("hdfs://〈location in HDFS〉") | HDFS URL에 따라 파일 컨텐츠에 접근 및 읽기로 RDD를 생성한다. |

로컬 파일 시스템 읽기 작업 중 가장 중요한 것은 파일이 모든 스파크 작업자 노드에서 사용 가능해야 한다는 것이다. 위 표에서 예시로 사용한 두 파일의 디렉토리 위치 외에도 지원하는 모든 파일 시스템 URI를 사용할 수 있다.

다양한 파일시스템에서 콘텐츠를 읽는 것과 마찬가지로, saveAsTextFile(path) 스파크 액션을 이용해서 RDD를 파일에 쓰는 것도 가능하다.

이 책에서 설명하는 모든 스파크 애플리케이션 유스 케이스는 해당 언어의 스파크 REPL에서 실행된다. 애플리케이션을 개발할 때는 적절한 소스 코드 파일로 작성한다. 스칼라와 자바의 경우 애플리케이션 코드 파일은 적절한 라이브러리 의존성을 고려해 컴파일 및 패키징, 실행 해야 하며 일반적으로 메이븐(maven)[4] 또는 sbt를 사용하여 작성해야 한다. 이 부분은 이 책의 마지막 장에서 스파크를 사용해 데이터 처리 애플리케이션을 설계할 때 자세히 다룬다.

---

3   http://www.github.com 전세계적으로 가장 유명한 오픈소스 저장소
4   자바 자동화 빌드 도구

# 스파크 라이브러리 스택

스파크는 코어 데이터 처리 엔진과 코어 엔진에서 동작하는 라이브러리 스택으로 구성되어 있다. 따라서 코어 프레임워크 위에서 동작하는 라이브러리 스택을 이해하는 것은 매우 중요하다.

코어 프레임워크에서 제공하는 서비스를 사용하는 모든 라이브러리는 코어 프레임워크에서 제공하는 데이터 추상화를 지원한다. 스파크가 출시되기 전에는 이 기능을 지원하는 라이브러리 스택을 가진 독립 오픈 소스 제품이 많이 있었지만 서로 잘 호환되지 않는다는 단점이 있었다. 이러한 제품은 각기 다른 프로그래밍 언어로 구현되었다.

이러한 제품이 지원하는 프로그래밍 언어와 노출된 API에서 발생하는 통일성 부족은 두 개 또는 그 이상의 제품으로 하나의 애플리케이션을 개발할 때 정말 큰 문제였다. 이 문제가 바로 스파크 위에서 동작하는 라이브러리 스택과 연관이 있다. 스파크 라이브러리는 모두 같은 프로그래밍 모델로 동작한다. 이는 조직이 특정 벤더에 종속되지 않고 데이터 처리를 표준화할 수 있도록 돕는다.

스파크는 아래 도메인 특화된 라이브러리를 지원하고 그림 8은 개발자에게 노출된 스파크 전체 에코시스템의 청사진을 보여준다.

- 스파크 SQL
- 스파크 Streaming
- 스파크 MLlib
- 스파크 GraphX

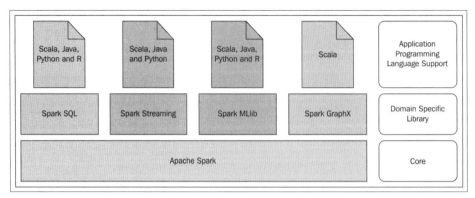

▲ 그림 8

모든 조직에서 구조화된 데이터는 여전히 널리 사용된다. 구조화된 데이터를 사용하는 가장 보편적인 데이터 액세스 메커니즘은 SQL이다. 스파크 SQL은 데이터프레임 API라고 불리는 구조화된 데이터 추상화 위에 SQL과 유사한 쿼리를 작성할 수 있는 기능을 제공한다. 데이터프레임과 SQL은 Hive, Avro, Parquet, JSON 등과 같은 다양한 소스에서 가져온 데이터를 잘 처리하도록 지원한다. 데이터가 스파크 컨텍스트에 일단 로딩되면, 모두 같은 데이터 소스에서 가져온 것처럼 조작할 수 있다. 즉, 필요한 경우 SQL 같은 쿼리를 사용하여 Hive 및 JSON처럼 여러 데이터 소스에서 가져온 데이터를 조인할 수 있다. 스파크 SQL과 데이터프레임 API가 개발자에게 제공하는 또 하나의 큰 장점은 사용하기 쉽고 RDD 프로그래밍을 하기 위해 필수적인 함수 프로그래밍에 대해 굳이 알 필요 없다는 점이다.

스파크 SQL과 데이터프레임 API를 사용하여 다양한 데이터 소스에서 데이터를 읽을 수 있으며 모든 데이터 소스가 하나의 통합된 데이터 소스에서 온 것처럼 처리할 수 있다. 스파크 변환 및 스파크 액션은 단일 프로그래밍 인터페이스를 지원한다. 따라서 데이터 소스 통합 및 API 통일, 여러 프로그래밍 언어를 사용하여 데이터 처리 애플리케이션을 작성하는 기능을 통해 조직은 하나의 데이터 처리 프레임워크로 표준화할 수 있다.

데이터가 조직으로 흡수되는 비중은 나날이 증가하고 있다. 동시에 데이터가 소화되는 속도도 빨라지고 있다. 스파크 스트리밍은 다양한 소스에서 수집된 데이터를 매우 빠른 속도로 처리하는 라이브러리를 제공한다.

과거에는 데이터 과학자들이 기계 학습 알고리즘 및 유틸리티를 프로그래밍 언어로 직접 구현해야 했다. 하지만 종종 조직의 데이터 처리 도구 셋과 사용하는 프로그래밍 언어가 호환되지 않는 경우가 있었다. 스파크 MLlib는 스파크 데이터 처리 엔진에서 작동하는 수많은 기계 학습 알고리즘 및 유틸리티를 제공한다.

IoT 애플리케이션, 특히 소셜 미디어 애플리케이션은 데이터를 그래프와 유사한 구조로 처리하는 데이터 처리 기능이 필요했다. 예를 들어 LinkedIn의 커넥션 및 Facebook의 친구 관계망, 워크플로우 애플리케이션 등 많은 유스 케이스에서 그래프 추상화는 광범위하게 활용된다. 그래프를 사용해 다양한 계산을 수행하려면 고성능 데이터 처리와 정교한 알고리즘을 사용해야 한다. 스파크 GraphX 라이브러리는 그래프 처리용 API를 제공하며 스파크의 병렬 컴퓨팅 패러다임을 사용한다.

 다양한 목적으로 스파크 커뮤니티에서 개발한 스파크 라이브러리가 많이 있다. 이러한 서드 파티 라이브러리 패키지는 http://spark-packages.org/ 사이트에서 제공한다. 스파크 사용자 커뮤니티가 점점 커짐에 따라 매일 패키지 수가 증가하고 있다. 스파크에서 데이터 처리 애플리케이션을 개발할 때 특정 도메인 관련 라이브러리가 필요하면 먼저 이 사이트를 확인하고 이미 누군가가 개발해 놓은 것이 있는지 확인하는 것이 좋다.

## ▌ 참고문헌

좀 더 많은 정보를 얻기 위해서 https://github.com/databricks/spark-csv를 참고하자.

# ▌요약

2장에서는 스파크 기본 프로그래밍 모델과 함께 주로 사용하는 데이터셋 추상화 타입인 RDD에 관해 논의했다. 스칼라 및 파이썬 API를 사용하여 다양한 데이터 소스에서 RDD를 작성하고 스파크 변환 및 스파크 액션을 활용하여 RDD에서 데이터를 처리하는 작업을 설명했다. 스파크 프로그래밍 모델의 모든 중요한 기능은 실제 유스 케이스 예제를 통해 다루었다. 또한 스파크와 함께 제공하는 라이브러리 스택과 각각의 작업에 대해서도 이야기했다. 한마디로 요약하자면 스파크는 매우 사용자 친화적인 프로그래밍 모델과 함께 매우 강력한 데이터 처리 도구셋을 제공한다.

# 03

# 스파크 SQL

대부분 기업은 언제나 많은 양의 구조화된structured 데이터를 처리한다. 구조화되지 않은 데이터를 처리하는 방법도 많지만 아직 많은 애플리케이션 유스 케이스는 구조화된 데이터를 다룬다. 구조화된 데이터와 구조화 되지 않은 데이터 처리의 주요 차이점은 무엇일까? 일단 데이터 소스가 구조화되어 있고 데이터 처리 엔진이 처리할 데이터의 구조를 미리 알고 있는 경우 데이터 처리 엔진은 데이터를 처리하는 중에, 또는 그 전에 많은 최적화를 수행할 수 있다. 이는 데이터 처리량이 많고 전체 처리 시간이 핵심 경쟁력일 경우 매우 중요하다.

엔터프라이즈enterprise 데이터의 확산은 사용자에게 많은 권한을 부여해 간단하고 쉬운 애플리케이션 유저 인터페이스를 이용해 누구나 데이터를 쿼리하고 처리할 수 있도록 이끌었다. 이를 위해 RDBMS 공급 업체들이 서로 연합했고 그 결과 SQLStructured Query Language

이 해결책으로 등장했다. 고급 사용자가 아니더라도 지난 수십 년 동안 데이터를 다루는 사람들은 누구나 SQL에 친숙해졌다.

소셜 네트워킹 및 마이크로 블로깅 분야의 대규모 인터넷 애플리케이션은 전통적인 데이터 처리 도구의 처리 한계를 넘어선 대규모 데이터를 생성한다. 따라서 이러한 엄청난 양의 데이터를 다룰 때, 데이터 중에서 올바른 데이터만 골라내는 작업이 더욱 중요해졌다. 이 당시 스파크는 이미 인기있는 데이터 처리 플랫폼이었고 스파크의 RDD 기반 프로그래밍 모델은 하둡 맵리듀스 데이터 처리 프레임워크에 비해서 데이터 처리 비용을 더 절감했다. 그러나 스파크 RDD 기반 프로그래밍 모델의 초기 버전은 데이터 과학자 및 데이터 분석가, 비즈니스 분석가 같은 최종 사용자로부터 외면당했다. RDD 기반 스파크 프로그래밍은 일정 수준 이상의 함수 프로그래밍 스킬을 요구하는데, 그들 대부분이 RDD 기반 스파크 프로그래밍을 제대로 할 수 없었기 때문이다. 이 문제에 대한 해결책이 바로 스파크 SQL이다. 스파크 SQL은 스파크 위에 구축된 라이브러리고 SQL 인터페이스와 데이터프레임 API를 제공한다. 데이터프레임 API는 스칼라 및 자바, 파이썬, R 프로그래밍 언어를 지원한다.

데이터의 구조를 미리 파악할 수 있는 경우 데이터가 행과 열의 모델에 일치하기만 하면 사실 데이터가 어느 데이터소스에서 오는지는 중요하지 않으며, 스파크 SQL은 여러 데이터 소스에서 데이터가 오더라도 마치 단일 데이터 소스에서 온 것처럼 모든 데이터를 한꺼번에 처리할 수 있다.

게다가 스파크 SQL는 유비쿼터스 SQL[1]이다. 3장에서는 다음 내용을 다룬다.

- 데이터 구조
- 스파크 SQL
- 집계aggregation
- 다중 데이터베이스 조인

---

1    저자는 하위 호환성 지원으로 대부분 종류의 SQL을 지원한다는 의미로 사용한 듯하다.

- 데이터셋
- 데이터 카탈로그

# ▌데이터 구조

3장에서 논의하는 데이터 구조에 대해 좀 더 알아보자. 데이터 구조는 무엇을 의미할까? RDBMS는 행/열 또는 레코드/필드로 데이터를 저장하는 방법이 있는데 모든 필드는 데이터 타입을 가지고 있으며 서로 같거나 다른 데이터 타입의 필드가 모여서 하나의 레코드가 된다. RDBMS 초기에는 필드 데이터 타입이 스칼라<sup>scala</sup>였고 최근 버전에서 컬렉션 데이터 타입 또는 복합<sup>composite</sup> 데이터 타입을 포함하도록 확장되었다. 레코드에 스칼라 데이터 타입이나 복합 데이터 타입이 포함되어 있는 것도 중요하지만 가장 주목해야 할 점은 데이터는 기본적으로 체계적인 구조를 가지고 있다는 점이다. 대다수 데이터 처리 패러다임은 데이터 처리를 쉽게 하기 위해 기본 데이터 구조를 RDBMS 또는 다른 인메모리 데이터베이스에서 가져와서 활용한다.

즉, RDBMS 테이블에 있는 데이터가 데이터 처리 애플리케이션에 의해 처리될 때 똑같은 테이블 데이터 구조를 메모리에서도 생성 가능하다면 사용자와 프로그래머는 더 쉽게 애플리케이션을 모델링하고 데이터를 쿼리할 수 있다. 예를 들어, 모든 행의 특정 위치에 저장되는 데이터 아이템이 콤마로 구분되어 있고 각 행마다 특정 데이터 타입과 고정된 수의 값을 가지고 있다고 가정하자. 이는 구조화된 데이터 파일이라고 볼 수 있다. 이 파일은 데이터 테이블이며 RDBMS 테이블과 매우 비슷하다.

R과 같은 프로그래밍 언어는 데이터 테이블을 메모리에 저장하는 데이터프레임 추상화를 포함하고 있다. Pandas라는 파이썬 데이터 분석 라이브러리도 비슷한 데이터프레임 개념을 가지고 있다. 메모리에서 데이터 구조를 활용 가능하면 사용자 프로그램이 데이터를 추출해 필요에 따라 조각을 잘라 내고 뭉치는 작업이 가능하다. 스파크는 이와 같은 데이터 테이블 개념을 RDD를 바탕으로 구축된 데이터프레임이라는 개념으로 확장했고

스파크 SQL는 데이터프레임에서 데이터를 처리하기 위해 데이터프레임 API를 제공한다. 또한, 데이터프레임 추상화를 바탕으로 SQL과 유사한 스파크 쿼리 언어를 개발해 구조화된 데이터를 처리해야 하는 스파크 사용자의 니즈를 충족시킨다.

요약하면 데이터프레임은 행과 열로 구성되어 있으며 각 열은 이름을 가진 분산 데이터 테이블이다.

스파크 SQL 라이브러리는《Spark SQL : Relational Data Processing in Spark》라는 논문을 기반으로 개발되었다. 이 논문은 스파크 SQL의 네 가지 목표에 관해 이야기하며 다음과 같이 요약된다.

- 스파크 프로그램(네이티브 RDD 기반)과 프로그래머 친화적인 API를 사용하는 외부 데이터 소스에 대한 관계 기반 데이터 처리 지원
- 검증된 DBMS 기술을 사용해 고성능 퍼포먼스 제공
- 새로운 데이터 소스나 쿼리 집합에 맞게 수정 가능한 외부 데이터베이스 및 일정 수준 이상 구조화된 데이터도 쉽게 지원
- 그래프 처리 및 머신 러닝처럼 고급 분석 알고리즘 활용을 위한 확장성 제공

데이터프레임은 구조화된 데이터를 가지고 있고 클러스터 노드로 데이터를 분산해 처리한다. 이를 통해 데이터를 선택 및 필터링, 집계$^{aggregation}$할 수 있다. RDD와 매우 비슷해 보이지만 차이점이 있다. 데이터프레임은 RDD보다 데이터 타입 및 열 이름과 같은 훨씬 많은 데이터 구조 정보를 저장한다. 이를 통해 데이터프레임은 RDD로 처리하는 스파크 변환 또는 스파크 액션보다 훨씬 효과적으로 데이터 처리 최적화가 가능하다. 여기서 주목해야 할 중요한 점은 스파크가 지원하는 모든 프로그래밍 언어가 스파크 SQL의 데이터 API도 지원하기 때문에 아무 언어나 이용해 애플리케이션을 개발할 수 있다는 것이다. 이처럼 스파크 SQL은 실용적인 목적으로 시작부터 분산처리 SQL 엔진으로 설계되었다.

 스파크 1.3 이전 버전에 익숙한 사용자들은 SchemaRDD이 매우 익숙할 것이다. 3장에서 소개하는 데이터프레임 개념은 API 레벨 호환성과 함께 SchemaRDD를 바탕으로 구축되었다.

# ▍왜 스파크 SQL인가?

SQL은 현재 의심의 여지 없이 데이터 분석 수행의 실질적 표준이다. 데이터 분석을 위해 스파크 도구셋을 활용하려면 데이터 처리를 위해 개발된 스파크 SQL을 사용하는 것이 정답이다. 그럼 스파크 SQL의 장점은 무엇일까? 스파크는 SQL을 실행할 수 있는 기능을 제공한다. 사용자는 스파크 SQL을 데이터를 CSV 및 Avro, Parquet, Hive, Cassandra와 같은 NoSQL 데이터베이스 또는 RDBMS에서 쉽게 가져와 데이터 분석에 사용할 수 있고 또한 스파크 프로그램과 같이 활용할 수도 있다. 스파크 SQL은 이 책에서 언급한 데이터 소스 중 대부분을 태생적으로 지원하며 그 외 많은 데이터 소스는 외부 패키지를 통해 지원한다. 여기서 중요하게 봐야 할 것은 데이터 처리를 위해 정말 다양한 데이터 소스를 지원하는 스파크 SQL의 능력이다.

스파크 데이터프레임과 스파크 SQL은 다양한 데이터 소스에서 온 데이터프레임을 마치 데이터 소스 한 곳에서 가지고 온 것처럼 전체 데이터셋을 결합해 완전한 분산 방식으로 데이터를 처리할 수 있다.

앞의 2장에서 스파크 프로그래밍 모델로써 RDD에 대해 자세히 논의하고 소개했다. 그렇다면 데이터프레임 API와 스파크 SQL의 SQL 언어가 RDD 기반 프로그래밍 모델의 대체제일까? 절대 아니다! RDD 기반 프로그래밍 모델은 스파크의 가장 기초이고 일반적인 데이터 처리 모델이다. RDD 기반 프로그래밍은 실제 프로그래밍 테크닉을 사용해야 한다. 스파크 변환과 스파크 액션은 많은 함수 프로그래밍 생성자를 사용한다. RDD 기반 프로그래밍 모델에서 작성해야 하는 코드의 양은 하둡 맵리듀스나 다른 패러다임에 비해 많진 않지만, 여전히 함수 프로그래밍 코드를 작성해야 한다. 이것은 주로 실험적인 데이터 분석을 수행하거나 데이터를 사용한 프로토타이핑을 하는 많은 데이터 과학자, 데이터 분석가 및 비즈니스 분석가에게 큰 장벽이다. 스파크 SQL은 이러한 제약 조건을 완전히 제거한다. 간단하고 사용하기 쉬운 DSL<sup>Domain Specific Language</sup> 기반의 메소드로 데이터 소스에서 데이터를 읽고 쓰고 SQL과 유사한 언어로 선택 및 필터링, 집계를 수행해 다양한 데이터 소스에서 데이터를 읽을 수 있는 기능을 제공한다. 데이터 구조를 아는 사람이라면 누구나 쉽게 스파크를 사용할 수 있다.

 RDD 활용과 스파크 SQL 활용의 가장 좋은 유스 케이스는 각각 무엇일까? 대답은 매우 간단하다. 데이터가 구조화되어 있다면 테이블에 저장해 RDD를 사용할 수 있고 각 열에 이름을 붙일 수 있는 데이터라면 스파크 SQL을 사용하자. 하지만 이것이 RDD와 데이터프레임이 서로 다른 두 엔티티(entity)라는 말은 아니다. 이 두 가지는 서로 잘 호환된다. RDD에서 데이터프레임으로 또는 그 반대로 변환할 수 있다. 일반적으로 RDD에 적용되는 스파크 변환 및 스파크 액션 중 많은 부분을 데이터프레임에도 적용할 수 있다.

일반적으로 애플리케이션 디자인 단계에서 비즈니스 분석가는 SQL을 사용해 많은 애플리케이션 데이터 분석을 수행하며, 이는 애플리케이션 요구 사항 및 테스트 결과물에 적용된다. 규모가 큰 데이터 애플리케이션을 설계할 때도 이는 똑같이 적용되며 비즈니스 분석가뿐만 아니라 데이터 과학자도 마찬가지일 것이다. 하둡 기반 생태계에서 하이브Hive는 빅데이터 분석에 광범위하게 사용한다. 스파크 SQL은 현재 이 기능을 플랫폼과 무관하게 제공하고 모든 데이터 소스를 지원한다. 범용 하드웨어에 스파크가 스탠드얼론 모드로 설치되어 있는 경우, 데이터를 분석하기 위해 수많은 액티비티를 수행할 수 있다. 이런 데이터를 다루기 위해서는 범용 하드웨어에서 스탠드 얼론형 모드로 배포되는 기본 스파크 설치도 충분하다.

SQL-on-Hadoop 전략은 하이브 및 임팔라Impala와 같은 많은 애플리케이션을 도입하여 **하둡 분산 파일 시스템**HDFS에 저장된 빅데이터 처리를 위해 SQL과 비슷한 인터페이스를 제공한다. 스파크 SQL은 어디에 적합할까? 이 궁금증을 해결하기 전 먼저 하이브와 임팔라에 대해 알아보자. 하이브는 맵리듀스 기반의 데이터웨어 하우징 기술이며 맵리듀스를 사용해 쿼리를 처리하기 때문에 쿼리 완료 전 많은 I/O 작업이 필요하다. 임팔라는 데이터 자체에 대한 정보를 저장하는 하이브 메타 스토어를 사용하면서 동시에 인메모리 데이터 처리를 수행하는 훌륭한 솔루션을 제시한다. 스파크 SQL은 SQLContext를 사용하여 모든 작업을 데이터로 처리하지만 HiveContext를 활용할 수도 있다. HiveContext는 SQLContext보다 훨씬 더 풍부하고 진보된 것이다. HiveContext는 SQLContext에서 수행할 수 있는 모든 작업을 수행할 수 있으며, 그 외에 하이브 메타 저장소 및 테이블에서 읽어올 수 있고 하이브 사용자 정의 함수에도 액세스할 수 있다. HiveContext를 사용하기 위한 유일한 요구 사항은 하이브 설정을 사용하기 전에 미리 완료해야 한다는 것이다. 이러한 방식으로 스파크 SQL은 하이브와 함께 활용 가능하다.

 SparkSession은 스파크 SQL 기반 애플리케이션의 새로운 출발점이다. SQLContext와 HiveContext를 결합하였고 SQLContext 및 HiveContext와 하위 버전 호환을 지원한다.

스파크 SQL은 하이브가 하이브 쿼리 언어를 사용하여 데이터를 처리하는 속도보다 더 빨리 하이브 테이블의 데이터를 처리할 수 있다. 스파크 SQL의 또 다른 흥미로운 기능은 하이브의 다른 버전에서 데이터를 읽을 수 있는 기능이다. 이는 데이터 처리를 위한 다중 데이터 소스 통합을 가능하게 해주는 매우 훌륭한 기능이다.

 스파크 SQL 및 데이터프레임 API를 제공하는 라이브러리는 JDBC/ODBC 액세스를 지원하는 인터페이스를 제공한다. 이것은 완전히 새로운 데이터 분석 세계를 열어준다. 예를 들어, JDBC/ODBC로 데이터 소스에 접근하는 BI(Business Intelligence) 도구는 스파크 SQL를 사용해서 많은 데이터 소스를 사용할 수 있다. 또한 조인 집계 연산처럼 CPU를 많이 요구하는 작업을 스파크 인프라에 있는 거대한 클러스터의 워커 노드에 위임하여 처리할 수 있다.

## ▌ 스파크 SQL 분석

스파크 SQL 라이브러리 인터랙션은 주로 두 가지 방법을 사용한다. 하나는 SQL과 유사한 쿼리를 사용하고 다른 하나는 데이터프레임 API를 사용하는 것이다. 데이터프레임 기반 프로그램이 어떻게 동작하는지 자세하게 살펴보기 전에 우선 RDD 기반 프로그램이 어떻게 동작하는지 살펴보자.

스파크 변환 및 스파크 액션은 Java 함수로 변환되며 RDD와 함께 동작한다. RDD는 순수한 자바 객체이기 때문에 컴파일 타임이나 런타임에 어떤 데이터가 처리될 것인지 알 수 없다. 따라서 실행 엔진이 사전에 스파크 변환 또는 스파크 액션을 위한 최적화를 수행하는 데 필요한 메타데이터가 없으므로 데이터를 처리하기 전에 가능한 다중 실행 경로 또는 쿼리 플랜이 없고 다양한 실행 경로의 유효성 평가를 수행할 수 없다.

또한, 데이터와 연관된 스키마가 없으므로 실행할 최적화된 쿼리 플랜도 없다. 데이터프레임은 이와 달리 구조가 미리 잘 알려져 있다. 따라서 쿼리를 최적화하고 데이터 캐시를 미리 구축할 수 있다.

다음 그림 1은 이와 같은 아이디어를 나타낸다.

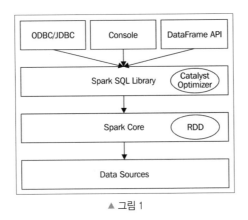

▲ 그림 1

SQL과 유사한 쿼리 및 데이터프레임 API 호출은 언어 중립적인 표현식으로 변환된다. SQL 쿼리 또는 데이터프레임 API과 일치하는 언어 중립적인 표현식을 해결되지 않은 논리적 플랜이라고 한다.

데이터프레임의 메타 데이터에서 열 이름 유효성 검사를 수행한 후 해결되지 않은 논리적 플랜을 논리적 플랜으로 변환한다. 논리적 플랜은 표현식 단순화 및 표현식 평가, 기타 최적화 규칙 같은 표준 규칙을 적용하여 더욱 최적화한다. 이렇게 최적화된 논리적 플랜은 여러 물리적 플랜으로 변환된다. 물리적 플랜은 논리적 플랜에서 스파크 관련 연산자를 사용해 생성한다. 가장 적합한 물리적 플랜을 선택하고 결과 쿼리를 RDD로 보내데이터를 처리한다. SQL 쿼리와 데이터프레임 API 호출은 언어 중립적인 표현식으로 변환되므로 성능은 스파크가 지원하는 모든 언어에서 같다. 이것이 바로 스칼라 및 자바, 파이썬, R과 같은 모든 스파크 지원 프로그래밍 언어가 데이터프레임 API를 지원하는 이유다. 같은 이유로 향후 더 많은 언어가 데이터프레임 API 및 스파크를 지원할 것이다.

스파크SQL의 쿼리 플랜 및 최적화는 좀 더 언급할 가치가 있다. SQL 쿼리 또는 데이터프레임 API를 통해 데이터프레임에서 수행된 쿼리 작업은 해당 작업이 기본 RDD에 실제로 적용되기 전에 고도로 최적화된다. 실제 스파크 액션이 RDD에 일어나기 전에 많은 처리 과정이 있다.

그림 2는 전체 쿼리 최적화 과정에 대한 아이디어를 설명한다.

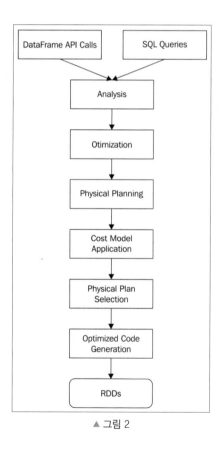

▲ 그림 2

데이터프레임을 조작하기 위해 두 가지 유형의 쿼리를 호출할 수 있다. SQL 쿼리 또는 데이터프레임 API 호출이다. 이 두 가지 쿼리는 적절한 분석을 거쳐 논리적 쿼리 실행 플랜을 수립한다. 그 후 수립된 실행 플랜에 대해 최적화를 수행한다. 최종적으로 최적화된 논리적 쿼리 플랜을 바탕으로 최소한 하나 이상의 실제 쿼리 플랜을 생성한다. 실제 각 쿼리 플랜에 대해 비용 모델을 계산하고 최적 비용을 기반으로 해 적절한 물리적 쿼리 플랜을 선택하며 최적화된 코드를 생성하여 RDD를 조작하기 위해 실행한다. 이것이 스파크가 데이터프레임의 모든 유형에 대해 일관된 쿼리 성능을 보장하는 비결이다. 같은 이유로 스칼라 및 자바, 파이썬, R과 같은 다양한 언어에서 데이터프레임 API를 호출해도 일관된 성능을 제공한다.

본격적으로 유스 케이스를 살펴보기 전에 어떤 것들이 논의되었는지 살펴보기 위해 그림 3에서 좀 더 큰 그림을 다시 한번 살펴보자.

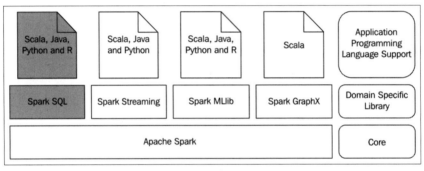

▲ 그림 3

곧 논의할 유스 케이스는 SQL 쿼리를 스파크 프로그램과 섞어서 사용하는 기능에 관한 것이다. 여러 데이터 소스를 선택해서 데이터프레임을 사용해 각 데이터 소스에서 데이터를 읽을 것이고 똑같은 데이터 액세스가 가능한지 보여줄 것이다. 실험에 사용할 프로그래밍 언어는 여전히 스칼라와 파이썬이다. 데이터프레임을 조작하기 위한 R의 사용법은 책의 아젠다에 있으며, 전체 장은 같은 내용을 다루고 있다.

## ▌데이터프레임 프로그래밍

데이터프레임을 위한 스파크 SQL 프로그래밍 방식을 설명하기 위해 선택한 유스 케이스는 다음과 같다.

- 거래 레코드는 쉼표로 구분된 값으로 제공된다.
- 목록에서 올바른 거래 레코드만 필터링한다. 계좌 번호는 SB로 시작해야 하며 거래 금액은 0보다 커야 한다.
- 거래 금액이 1000보다 큰 많은 모든 거래 레코드를 찾는다.
- 계좌 번호가 잘못된 모든 거래 기록을 찾는다.
- 거래 금액이 0보다 작거나 같은 모든 거래 레코드를 찾는다.
- 모든 잘못된 거래 기록 목록을 찾는다.
- 모든 거래 금액의 합계를 찾는다.
- 모든 거래 금액 합계 중 최댓값을 찾는다.
- 모든 거래 금액 중 최솟값을 찾는다.
- 모든 올바른 계좌 번호를 찾는다.

이전 장에서 사용된 것과 똑같은 유스 케이스 집합이지만 프로그래밍 모델은 완전히 다르다. 이 유스 케이스 집합을 사용하여 두 가지 유형의 프로그래밍 모델을 보여준다. 하나는 SQL 쿼리를 사용하고 다른 하나는 데이터프레임 API를 사용한다.

### SQL 프로그래밍

스칼라 REPL 프롬프트에서 아래 명령문을 실행하자.

```scala
scala> // 데이터프레임과 함께 사용할 케이스 클래스를 정의한다.
scala> case class Trans(accNo: String, tranAmount: Double)
defined class Trans
scala> // 스트링 문자열을 케이스 클래스에 정의한 객체로 변환하는 함수
```

```
scala> def toTrans =  (trans: Seq[String]) => Trans(trans(0),
trans(1).trim.toDouble)
toTrans: Seq[String] => Trans
scala> // RDD를 생성할 자료에서 리스트 생성
scala> val acTransList = Array("SB10001,1000", "SB10002,1200",
"SB10003,8000", "SB10004,400", "SB10005,300", "SB10006,10000",
"SB10007,500", "SB10008,56", "SB10009,30","SB10010,7000", "CR10001,7000",
"SB10002,-10")
acTransList: Array[String] = Array(SB10001,1000, SB10002,1200,
SB10003,8000, SB10004,400, SB10005,300, SB10006,10000, SB10007,500,
SB10008,56, SB10009,30, SB10010,7000, CR10001,7000, SB10002,-10)
scala> // RDD 생성
scala> val acTransRDD =
sc.parallelize(acTransList).map(_.split(",")).map(toTrans(_))
acTransRDD: org.apache.spark.rdd.RDD[Trans] = MapPartitionsRDD[2] at map at
<console>:30
scala> // RDD를 데이터프레임으로 변환
scala> val acTransDF = spark.create dataFrame (acTransRDD)
acTransDF: org.apache.spark.sql. dataFrame = [accNo: string, tranAmount:
double]
scala> // SQL에서 사용하기 위해 데이터프레임에서 임시 뷰 등록
scala> acTransDF.createOrReplaceTempView("trans")
scala> // 뷰의 내부 구조 프린트
scala> acTransDF.printSchema
root
 |-- accNo: string (nullable = true)
 |-- tranAmount: double (nullable = false)
scala> // 데이터프레임 출력
scala> acTransDF.show
+-------+----------+
|  accNo|tranAmount|
+-------+----------+
|SB10001|    1000.0|
|SB10002|    1200.0|
|SB10003|    8000.0|
|SB10004|     400.0|
|SB10005|     300.0|
|SB10006|   10000.0|
|SB10007|     500.0|
```

```
|SB10008|      56.0|
|SB10009|      30.0|
|SB10010|    7000.0|
|CR10001|    7000.0|
|SB10002|     -10.0|
+-------+----------+
```

scala> // SQL을 이용해 올바른 거래 레코드를 가지고있는 데이터프레임 생성

scala> val goodTransRecords = spark.sql("SELECT accNo, tranAmount FROM trans WHERE accNo like 'SB%' AND tranAmount > 0")

goodTransRecords: org.apache.spark.sql. dataFrame = [accNo: string, tranAmount: double]

scala> // SQL에서 사용하기 위해 데이터프레임에서 임시 뷰 등록

scala> goodTransRecords.createOrReplaceTempView("goodtrans")

scala> // 데이터프레임 출력

scala> goodTransRecords.show

```
+-------+----------+
|  accNo|tranAmount|
+-------+----------+
|SB10001|    1000.0|
|SB10002|    1200.0|
|SB10003|    8000.0|
|SB10004|     400.0|
|SB10005|     300.0|
|SB10006|   10000.0|
|SB10007|     500.0|
|SB10008|      56.0|
|SB10009|      30.0|
|SB10010|    7000.0|
+-------+----------+
```

scala> // 높은 거래 내역 레코드를 가지고 있는 데이터프레임을 생성하기 위해 SQL 사용

scala> val highValueTransRecords = spark.sql("SELECT accNo, tranAmount FROM goodtrans WHERE tranAmount > 1000")

highValueTransRecords: org.apache.spark.sql. dataFrame = [accNo: string, tranAmount: double]

scala> // 데이터프레임 출력

scala> highValueTransRecords.show

```
+-------+----------+
|  accNo|tranAmount|
+-------+----------+
```

```
|SB10002|    1200.0|
|SB10003|    8000.0|
|SB10006|   10000.0|
|SB10010|    7000.0|
+-------+----------+
```

scala> // SQL을 이용해서 불량 계좌 레코드를 가지고있는 데이터프레임 생성

scala> val badAccountRecords = spark.sql("SELECT accNo, tranAmount FROM trans WHERE accNo NOT like 'SB%'")

badAccountRecords: org.apache.spark.sql. dataFrame = [accNo: string, tranAmount: double]

scala> // 데이터프레임 출력

scala> badAccountRecords.show

```
+-------+----------+
|  accNo|tranAmount|
+-------+----------+
|CR10001|    7000.0|
+-------+----------+
```

scala> // 불량 잔고 레코드를 가지고있는 데이터프레임을 생성하기 위해 SQL 이용

scala> val badAmountRecords = spark.sql("SELECT accNo, tranAmount FROM trans WHERE tranAmount < 0")

badAmountRecords: org.apache.spark.sql.dataFrame = [accNo: string, tranAmount: double]

scala> // 데이터프레임 출력

scala> badAmountRecords.show

```
+-------+----------+
|  accNo|tranAmount|
+-------+----------+
|SB10002|     -10.0|
+-------+----------+
```

scala> // 두 데이터프레임 결합해서 또 다른 데이터프레임 생성

scala> val badTransRecords = badAccountRecords.union(badAmountRecords)

badTransRecords: org.apache.spark.sql.Dataset[org.apache.spark.sql.Row] = [accNo: string, tranAmount: double]

scala> // 데이터프레임 출력

scala> badTransRecords.show

```
+-------+----------+
|  accNo|tranAmount|
+-------+----------+
|CR10001|    7000.0|
```

```
|SB10002|     -10.0|
+-------+----------+
scala> // 총 합 계산
scala> val sumAmount = spark.sql("SELECT sum(tranAmount) as sum FROM
goodtrans")
sumAmount: org.apache.spark.sql. dataFrame = [sum: double]
scala> // 데이터프레임 출력
scala> sumAmount.show
+-------+
|    sum|
+-------+
|28486.0|
+-------+
scala> // 최고 잔액 계산
scala> val maxAmount = spark.sql("SELECT max(tranAmount) as max FROM
goodtrans")
maxAmount: org.apache.spark.sql.dataFrame = [max: double]
scala> // 데이터프레임 출력
scala> maxAmount.show
+-------+
|    max|
+-------+
|10000.0|
+-------+
scala> // 최소 잔액 계산
scala> val minAmount = spark.sql("SELECT min(tranAmount) as min FROM
goodtrans")
minAmount: org.apache.spark.sql.dataFrame = [min: double]
scala> // 데이터프레임 출력
scala> minAmount.show
+----+
| min|
+----+
|30.0|
+----+
scala> // 정상 계좌 번호를 가지고있는 데이터프레임 생성을 위해 SQL 사용
scala> val goodAccNos = spark.sql("SELECT DISTINCT accNo FROM trans WHERE
accNo like 'SB%' ORDER BY accNo")
goodAccNos: org.apache.spark.sql.dataFrame = [accNo: string]
```

```
scala> // 데이터프레임 출력
scala> goodAccNos.show
+-------+
|  accNo|
+-------+
|SB10001|
|SB10002|
|SB10003|
|SB10004|
|SB10005|
|SB10006|
|SB10007|
|SB10008|
|SB10009|
|SB10010|
+-------+
scala> // RDD와 데이터프레임을 함께 합산해서 계산
scala> val sumAmountByMixing = goodTransRecords.map(trans =>
trans.getAs[Double]("tranAmount")).reduce(_ + _)
sumAmountByMixing: Double = 28486.0
scala> val maxAmountByMixing = goodTransRecords.map(trans =>
trans.getAs[Double]("tranAmount")).reduce((a, b) => if (a > b) a else b)
maxAmountByMixing: Double = 10000.0
scala> val minAmountByMixing = goodTransRecords.map(trans =>
trans.getAs[Double]("tranAmount")).reduce((a, b) => if (a < b) a else b)
minAmountByMixing: Double = 30.0
```

소매 금융 거래 기록은 계좌 번호 및 거래 금액을 포함하며 스파크 SQL을 사용해 유스 케이스에서 원하는 결과를 얻는다. 다음은 앞의 스크립트가 수행한 작업을 요약한 것이다.

- 데이터프레임에 저장될 거래 레코드 구조를 묘사하기 위해 스칼라 케이스 클래스를 정의한다.
- 필요한 거래 레코드의 집합을 저장하기 위해 배열을 정의한다.
- RDD는 배열에서 생성되고 쉼표로 분리된 값을 쪼개서 앞 스크립트의 첫 단계에서 정의한 스칼라 케이스 클래스를 사용해 객체를 만들기 위해 맵핑되며 또한

데이터프레임으로 변환된다. 이것은 RDD와 데이터프레임 간의 상호 운용성을 활용한 예이다.

- 테이블은 데이터프레임에 이름과 함께 등록된다. 이 등록된 테이블 이름은 SQL 쿼리가 참조할 수 있다.

- 그 후 다른 모든 활동은 spark.sql 메서드를 사용하여 SQL 명령문을 발행한다. 여기서 **spark** 객체는 SparkSession 타입이다.

- 이러한 모든 SQL 명령문의 결과는 데이터프레임으로 저장되며 RDD의 collect 액션과 마찬가지로 데이터프레임의 show 메소드를 사용하여 스파크 드라이버 프로그램에서 값을 추출한다.

- 집계aggregation 값 계산은 두 가지 다른 방법으로 수행한다. 하나는 가장 쉬운 방법인 SQL 명령문을 활용하는 것이다. 다른 하나는 정규 RDD 스타일의 스파크 변환 및 스파크 액션을 사용하는 것이다. 이것은 데이터프레임이 RDD처럼 작동할 수 있고 스파크 변환과 스파크 동작이 데이터프레임에 적용될 수 있음을 보여준다.

- 때론 함수를 사용하여 함수 스타일 연산을 통해 데이터 조작을 쉽게 수행할 수 있다. 따라서 SQL 및 RDD, 데이터프레임을 혼합하여 데이터를 처리할 때 매우 쉽게 프로그래밍 모델을 활용할 수 있는 유연성이 있다.

- 데이터프레임 내용은 데이터프레임의 show 메서드를 사용하여 테이블 형식으로 표시된다.

- 데이터프레임의 구조에 대한 자세한 뷰는 printSchema 메서드를 사용하여 표시된다. 이는 데이터베이스 테이블의 describe 명령과 유사하다.

파이썬 REPL 프롬프트에서 아래 명령문을 실행하자.

```
>>> from pyspark.sql import Row
>>> # RDD를 생성할 자료에서 리스트 생성
>>> acTransList = ["SB10001,1000", "SB10002,1200", "SB10003,8000",
"SB10004,400", "SB10005,300", "SB10006,10000", "SB10007,500", "SB10008,56",
```

"SB10009,30","SB10010,7000", "CR10001,7000", "SB10002,-10"]
```
>>> # 데이터프레임 생성
>>> acTransDF = sc.parallelize(acTransList).map(lambda trans:
trans.split(",")).map(lambda p: Row(accNo=p[0],
tranAmount=float(p[1]))).toDF()
>>> # SQL에서 사용하기 위해 데이터프레임에서 임시 뷰 등록
>>> acTransDF.createOrReplaceTempView("trans")
>>> # 데이터프레임 내부구조 프린트
>>> acTransDF.printSchema()
root
 |-- accNo: string (nullable = true)
 |-- tranAmount: double (nullable = true)
>>> # 데이터프레임 출력
>>> acTransDF.show()
+-------+----------+
|  accNo|tranAmount|
+-------+----------+
|SB10001|    1000.0|
|SB10002|    1200.0|
|SB10003|    8000.0|
|SB10004|     400.0|
|SB10005|     300.0|
|SB10006|   10000.0|
|SB10007|     500.0|
|SB10008|      56.0|
|SB10009|      30.0|
|SB10010|    7000.0|
|CR10001|    7000.0|
|SB10002|     -10.0|
+-------+----------+
>>> # SQL을 이용해 올바른 거래 레코드를 가지고있는 데이터프레임 생성
>>> goodTransRecords = spark.sql("SELECT accNo, tranAmount FROM trans WHERE
accNo like 'SB%' AND tranAmount > 0")
>>> # SQL에서 사용하기 위해 데이터프레임에서 임시 뷰 등록
>>> goodTransRecords.createOrReplaceTempView("goodtrans")
>>> # 데이터프레임 출력
>>> goodTransRecords.show()
+-------+----------+
|  accNo|tranAmount|
```

```
+-------+----------+
|SB10001|    1000.0|
|SB10002|    1200.0|
|SB10003|    8000.0|
|SB10004|     400.0|
|SB10005|     300.0|
|SB10006|   10000.0|
|SB10007|     500.0|
|SB10008|      56.0|
|SB10009|      30.0|
|SB10010|    7000.0|
+-------+----------+
```

```
>>> # 높은 거래 내역 레코드를 가지고 있는 데이터프레임을 생성하기 위해 SQL 사용
>>> highValueTransRecords = spark.sql("SELECT accNo, tranAmount FROM
goodtrans WHERE tranAmount > 1000")
>>> # 데이터프레임 출력
>>> highValueTransRecords.show()
+-------+----------+
|  accNo|tranAmount|
+-------+----------+
|SB10002|    1200.0|
|SB10003|    8000.0|
|SB10006|   10000.0|
|SB10010|    7000.0|
+-------+----------+
```

```
>>> # SQL을 이용해서 불량 계좌 레코드를 가지고있는 데이터프레임 생성
>>> badAccountRecords = spark.sql("SELECT accNo, tranAmount FROM trans
WHERE accNo NOT like 'SB%'")
>>> # 데이터프레임 출력
>>> badAccountRecords.show()
+-------+----------+
|  accNo|tranAmount|
+-------+----------+
|CR10001|    7000.0|
+-------+----------+
```

```
>>> # SQL을 이용해서 불량 계좌 레코드를 가지고있는 또 다른 데이터프레임 생성
>>> badAmountRecords = spark.sql("SELECT accNo, tranAmount FROM trans WHERE
tranAmount < 0")
>>> # 데이터프레임 출력
```

```
>>> badAmountRecords.show()
+-------+----------+
|  accNo|tranAmount|
+-------+----------+
|SB10002|     -10.0|
+-------+----------+
>>> # 두 데이터프레임 결합해서 또 다른 데이터프레임
>>> badTransRecords = badAccountRecords.union(badAmountRecords)
>>> # 데이터프레임 출력
>>> badTransRecords.show()
+-------+----------+
|  accNo|tranAmount|
+-------+----------+
|CR10001|    7000.0|
|SB10002|     -10.0|
+-------+----------+
>>> # 총 합 계산
>>> sumAmount = spark.sql("SELECT sum(tranAmount)as sum FROM goodtrans")
>>> # 데이터프레임 출력
>>> sumAmount.show()
+-------+
|    sum|
+-------+
|28486.0|
+-------+
>>> # Calculate the maximum
>>> maxAmount = spark.sql("SELECT max(tranAmount) as max FROM goodtrans")
>>> # 데이터프레임 출력
>>> maxAmount.show()
+-------+
|    max|
+-------+
|10000.0|
+-------+
>>> # 최소 잔액 계산
>>> minAmount = spark.sql("SELECT min(tranAmount)as min FROM goodtrans")
>>> # 데이터프레임 출력
>>> minAmount.show()
+----+
```

```
| min|
+----+
|30.0|
+----+
>>> # 정상 계좌 번호를 가지고있는 데이터프레임 생성을 위해 SQL 사용
>>> goodAccNos = spark.sql("SELECT DISTINCT accNo FROM trans WHERE accNo
like 'SB%' ORDER BY accNo")
>>> # 데이터프레임
>>> goodAccNos.show()
+-------+
|  accNo|
+-------+
|SB10001|
|SB10002|
|SB10003|
|SB10004|
|SB10005|
|SB10006|
|SB10007|
|SB10008|
|SB10009|
|SB10010|
+-------+
>>> # RDD와 데이터프레임을 함께 사용해서 총 합 계산
>>> sumAmountByMixing = goodTransRecords.rdd.map(lambda trans:
trans.tranAmount).reduce(lambda a,b : a+b)
>>> sumAmountByMixing
28486.0
>>> # RDD와 데이터프레임을 함께 사용해서 최고 잔액 계산
>>> maxAmountByMixing = goodTransRecords.rdd.map(lambda trans:
trans.tranAmount).reduce(lambda a,b : a if a > b else b)
>>> maxAmountByMixing
10000.0
>>> # RDD와 데이터프레임을 함께 사용해서 최고 잔액 계산
>>> minAmountByMixing = goodTransRecords.rdd.map(lambda trans:
trans.tranAmount).reduce(lambda a,b : a if a < b else b)
>>> minAmountByMixing
30.0
```

위의 파이썬 코드에서 라이브러리 가져오기 및 람다 함수 정의와 같은 몇 가지 파이썬 언어 고유의 코드를 빼면 대부분 프로그래밍 스타일은 스칼라와 거의 같다. 이것은 스파크 유니폼 프로그래밍 모델의 장점이다. 앞에서 설명한 것처럼 비즈니스 분석가나 데이터 분석가가 데이터 액세스를 위해 SQL을 제공할 때 이를 스파크의 데이터 처리 코드와 통합하는 일은 매우 쉽다. 이러한 일관된 프로그래밍 스타일은 조직이 스파크에서 데이터 처리 애플리케이션을 개발할 때 선택한 프로그래밍 언어를 쉽게 활용할 수 있도록 돕는다.

 데이터프레임에서 스파크 변환을 적용 가능한 경우 데이터프레임 대신 데이터셋(Dataset)이 반환된다. 3장의 끝에서 데이터셋 개념을 소개할 것이다. 데이터프레임과 데이터셋은 매우 밀접한 관계가 있으며 데이터셋 관련 섹션에서 이를 설명한다. 애플리케이션을 개발하는 동안 특정 상황에서는 조심해야 한다. 예를 들어 위 코드에서 스칼라 REPL에서 다음 변환을 시도하면 데이터셋을 반환한다.

```
val amount = goodTransRecords.map (trans => trans.getAs [Double] (
"tranAmount")) amount : org .apache.spark.sql.Dataset [Double] =
[value : double]
```

## 데이터프레임 API 프로그래밍

이 섹션에서 예제 코드는 데이터 및 기타 초기화 설정을 반복하지 않도록 앞 섹션과 마찬가지로 적절한 언어의 REPL로 실행한다. 앞 코드와 마찬가지로 초기에는 일부 데이터프레임 관련 기본 명령을 실행한다. 이것들은 주기적으로 내용을 파악하고 데이터프레임과 내용에 대한 온전성sanity 테스트를 하기 위해 사용한다. 이러한 명령은 일반적으로 데이터 분석의 탐색 단계에서 사용하는 명령으로, 기본 데이터의 구조와 내용에 대한 더 많은 통찰력을 얻기 위해 사용한다.

스칼라 REPL 프롬프트에서 아래 명령문을 실행하자.

```
scala> acTransDF.show
+-------+----------+
```

```
|  accNo|tranAmount|
+-------+----------+
|SB10001|    1000.0|
|SB10002|    1200.0|
|SB10003|    8000.0|
|SB10004|     400.0|
|SB10005|     300.0|
|SB10006|   10000.0|
|SB10007|     500.0|
|SB10008|      56.0|
|SB10009|      30.0|
|SB10010|    7000.0|
|CR10001|    7000.0|
|SB10002|     -10.0|
+-------+----------+
scala> // 올바른 거래 기록을 가진 데이터프레임 생성
scala> val goodTransRecords = acTransDF.filter("accNo like
'SB%'").filter("tranAmount > 0")
goodTransRecords: org.apache.spark.sql.Dataset[org.apache.spark.sql.Row] =
[accNo: string, tranAmount: double]
scala> // 데이터프레임 처음 일부분 출력
scala> goodTransRecords.show
+-------+----------+
|  accNo|tranAmount|
+-------+----------+
|SB10001|    1000.0|
|SB10002|    1200.0|
|SB10003|    8000.0|
|SB10004|     400.0|
|SB10005|     300.0|
|SB10006|   10000.0|
|SB10007|     500.0|
|SB10008|      56.0|
|SB10009|      30.0|
|SB10010|    7000.0|
+-------+----------+
scala> // 높은 금액 거래 내역 가진 데이터프레임 생성
scala> val highValueTransRecords = goodTransRecords.filter("tranAmount >
1000")
```

```
highValueTransRecords:
org.apache.spark.sql.Dataset[org.apache.spark.sql.Row] = [accNo: string,
tranAmount: double]
scala> // 데이터프레임 처음 일부분 출력
scala> highValueTransRecords.show
+-------+----------+
|  accNo|tranAmount|
+-------+----------+
|SB10002|    1200.0|
|SB10003|    8000.0|
|SB10006|   10000.0|
|SB10010|    7000.0|
+-------+----------+

scala> // 불량 거래 기록 가진 계좌 데이터프레임 생성
scala> val badAccountRecords = acTransDF.filter("accNo NOT like 'SB%'")
badAccountRecords: org.apache.spark.sql.Dataset[org.apache.spark.sql.Row] =
[accNo: string, tranAmount: double]
scala> // 데이터프레임 첫 부분 출력
scala> badAccountRecords.show
+-------+----------+
|  accNo|tranAmount|
+-------+----------+
|CR10001|    7000.0|
+-------+----------+

scala> // 불량 거래 기록 가진 계좌 데이터프레임 생성
scala> val badAmountRecords = acTransDF.filter("tranAmount < 0")
badAmountRecords: org.apache.spark.sql.Dataset[org.apache.spark.sql.Row] =
[accNo: string, tranAmount: double]
scala> // 데이터프레임 첫 부분 출력
scala> badAmountRecords.show
+-------+----------+
|  accNo|tranAmount|
+-------+----------+
|SB10002|     -10.0|
+-------+----------+

scala> // 두 데이터프레임 합치기 (union)
scala> val badTransRecords = badAccountRecords.union(badAmountRecords)
badTransRecords: org.apache.spark.sql.Dataset[org.apache.spark.sql.Row] =
[accNo: string, tranAmount: double]
```

```
scala> // 데이터프레임 첫 부분 출력
scala> badTransRecords.show
+-------+----------+
|  accNo|tranAmount|
+-------+----------+
|CR10001|    7000.0|
|SB10002|     -10.0|
+-------+----------+

scala> // 거래 총액을 합계 저장
scala> val aggregates = goodTransRecords.agg(sum("tranAmount"),
max("tranAmount"), min("tranAmount"))
aggregates: org.apache.spark.sql.DataFrame = [sum(tranAmount): double,
max(tranAmount): double ... 1 more field]
scala> // 데이터프레임 첫 부분 출력
scala> aggregates.show
+---------------+---------------+---------------+
|sum(tranAmount)|max(tranAmount)|min(tranAmount)|
+---------------+---------------+---------------+
|        28486.0|        10000.0|           30.0|
+---------------+---------------+---------------+

scala> // 올바른 거래 내역 계좌번호 데이터프레임 생성
scala> val goodAccNos = acTransDF.filter("accNo like
'SB%'").select("accNo").distinct().orderBy("accNo")
goodAccNos: org.apache.spark.sql.Dataset[org.apache.spark.sql.Row] =
[accNo: string]
scala> // 데이터프레임 첫 부분 출력
scala> goodAccNos.show
+-------+
|  accNo|
+-------+
|SB10001|
|SB10002|
|SB10003|
|SB10004|
|SB10005|
|SB10006|
|SB10007|
|SB10008|
|SB10009|
```

```
|SB10010|
+-------+
scala> // Parquet 파일에 데이터프레임 데이터 저장
scala> acTransDF.write.parquet("scala.trans.parquet")
scala> // 저장한 파일로부터 데이터 읽기
scala> val acTransDFfromParquet = spark.read.parquet("scala.trans.parquet")
acTransDFfromParquet: org.apache.spark.sql.DataFrame = [accNo: string,
tranAmount: double]
scala> // 데이터프레임 첫 부분 출력
scala> acTransDFfromParquet.show
+-------+----------+
|  accNo|tranAmount|
+-------+----------+
|SB10002|    1200.0|
|SB10003|    8000.0|
|SB10005|     300.0|
|SB10006|   10000.0|
|SB10008|      56.0|
|SB10009|      30.0|
|CR10001|    7000.0|
|SB10002|     -10.0|
|SB10001|    1000.0|
|SB10004|     400.0|
|SB10007|     500.0|
|SB10010|    7000.0|
+-------+----------+
```

다음은 데이터프레임 API 관점에서 위 스크립트가 수행한 작업을 요약한 것이다.

- 이전 섹션에서 사용된 데이터의 상위 집합을 포함시키기 위해 데이터프레임을
  사용한다.
- 레코드 필터링에 관해 설명한다. 주목해야 할 가장 중요한 측면은 필터 술어가
  SQL 문의 술어와 똑같이 주어져야 한다는 것이다. 필터는 여러 개를 서로 연결
  할 수 있다.
- 집계 메소드는 데이터프레임 결과에서 한번에 3개 열을 묶어서 계산한다.

116

- 이 데이터 집합의 마지막 명령문은 1개의 체인 명령문으로 선택 및 필터링, 별개의 레코드 선택, 정렬을 연쇄적으로 수행한다.
- 마지막으로 거래 레코드는 Parquet 포맷으로 지속적으로 저장하고 Parquet 저장소에서 거래 레코드를 읽어서 데이터프레임을 생성한다. 저장persistence 포맷에 대한 자세한 내용은 다음 절에서 설명한다.
- 이 코드에서 Parquet 포맷 데이터는 해당 REPL을 실행한 현재 디렉터리에 저장한다. 스파크 프로그램으로 실행하면 스파크가 호출된 디렉터리가 현재 디렉터리가 된다.

파이썬 REPL 프롬프트에서 다음 명령문을 실행하자.

```
>>> acTransDF.show()
+-------+----------+
|  accNo|tranAmount|
+-------+----------+
|SB10001|    1000.0|
|SB10002|    1200.0|
|SB10003|    8000.0|
|SB10004|     400.0|
|SB10005|     300.0|
|SB10006|   10000.0|
|SB10007|     500.0|
|SB10008|      56.0|
|SB10009|      30.0|
|SB10010|    7000.0|
|CR10001|    7000.0|
|SB10002|     -10.0|
+-------+----------+
>>> # 데이터프레임 구조 출력
>>> acTransDF.printSchema()
root
 |-- accNo: string (nullable = true)
 |-- tranAmount: double (nullable = true)
>>> # 올바른 계좌 레코드 데이터프레임 생성
```

```
>>> goodTransRecords = acTransDF.filter("accNo like
'SB%'").filter("tranAmount > 0")
>>> # 데이터프레임 첫 부분 출력
>>> goodTransRecords.show()
+-------+----------+
|  accNo|tranAmount|
+-------+----------+
|SB10001|    1000.0|
|SB10002|    1200.0|
|SB10003|    8000.0|
|SB10004|     400.0|
|SB10005|     300.0|
|SB10006|   10000.0|
|SB10007|     500.0|
|SB10008|      56.0|
|SB10009|      30.0|
|SB10010|    7000.0|
+-------+----------+

>>> # 높은 거래 내역 가진 계좌 데이터프레임 생성
>>> highValueTransRecords = goodTransRecords.filter("tranAmount > 1000")
>>> # 데이터프레임 첫 부분 출력
>>> highValueTransRecords.show()
+-------+----------+
|  accNo|tranAmount|
+-------+----------+
|SB10002|    1200.0|
|SB10003|    8000.0|
|SB10006|   10000.0|
|SB10010|    7000.0|
+-------+----------+

>>> # 불량 계좌 레코드 데이터프레임 생성
>>> badAccountRecords = acTransDF.filter("accNo NOT like 'SB%'")
>>> # 데이터프레임 첫 부분 출력
>>> badAccountRecords.show()
+-------+----------+
|  accNo|tranAmount|
+-------+----------+
|CR10001|    7000.0|
+-------+----------+
```

```
>>> # 불량 계좌 레코드 데이터프레임 생성
>>> badAmountRecords = acTransDF.filter("tranAmount < 0")
>>> # 데이터프레임 첫 부분 출력
>>> badAmountRecords.show()
|   accNo|
+-------+
|SB10001|
|SB10002|
|SB10003|
|SB10004|
|SB10005|
|SB10006|
|SB10007|
|SB10008|
|SB10009|
|SB10010|
+-------+
>>> # Parquet file에 데이터프레임 데이터 저장
>>> acTransDF.write.parquet("python.trans.parquet")
>>> # 파일에 저장된 데이터 읽기
>>> acTransDFfromParquet = spark.read.parquet("python.trans.parquet")
>>> # 데이터프레임 첫 부분 읽기
>>> acTransDFfromParquet.show()
+-------+----------+
|   accNo|tranAmount|
+-------+----------+
|SB10002|    1200.0|
|SB10003|    8000.0|
|SB10005|     300.0|
|SB10006|   10000.0|
|SB10008|      56.0|
|SB10009|      30.0|
|CR10001|    7000.0|
|SB10002|     -10.0|
|SB10001|    1000.0|
|SB10004|     400.0|
|SB10007|     500.0|
|SB10010|    7000.0|
+-------+----------+
```

위의 파이썬 코드의 집계 계산 중간의 매우 큰 차이 한 가지만 제외하면 전반적인 프로그래밍 구조는 스칼라와 비슷하다.

이전 스칼라 및 파이썬 섹션의 마지막 명령문은 데이터프레임 컨텐츠 미디어 저장에 관한 것이다. 모든 종류의 데이터 처리 작업은 쓰기 및 읽기 작업이 필수지만 대부분 도구는 일관된 읽기 및 쓰기 방법이 없다. 스파크 SQL은 다르다. 데이터프레임 API는 다양한 저장 메커니즘을 제공한다. 데이터프레임의 내용을 스파크가 지원하는 수많은 저장소에 쓰는 것은 매우 쉽다. 이러한 모든 읽기 및 쓰기 작업은 매우 간단한 DSL 스타일 인터페이스를 가지고 있다. 다음은 데이터프레임에 읽고 쓸 수 있는 스파크 기본 제공 포맷 중 일부다.

이 외에도 써드파티 패키지를 통해 수많은 외부 데이터 소스를 지원한다.

- JSON
- Parquet
- Hive
- MySQL
- PostgreSQL
- HDFS
- Plain Text
- Amazon S3
- ORC
- JDBC

Parquet에 대한 데이터프레임의 읽기 및 쓰기는 앞 코드에서 설명했다. 기본적으로 지원하는 모든 데이터 저장소는 데이터 유지 및 읽기를 지원하기 위해 매우 간단한 DSL 스타일 구문을 사용하므로 비슷한 프로그래밍 스타일을 유지하도록 한다. 데이터프레임 API을 참조하는 것은 각 데이터 저장소를 다루는 세부 사항을 파악할 수 있는 좋은 방법이다.

이번 장의 샘플 코드는 Parquet 및 JSON 포맷으로 데이터를 저장한다. 선택한 데이터 저장소 위치 이름은 python.trans.parquet, scala.trans.parquet 등이다. 이는 단지 어떤 프로그래밍 언어를 사용하고 데이터 포맷이 어떤 것인지 나타내는 표시에 불과하다. 이것은 정해진 규칙이 아니라 그냥 편하기 때문이다. 프로그램 실행을 완료하면 디렉터리를 생성한다. 다음에 똑같은 프로그램을 실행하면 똑같은 위치에 같은 디렉터리를 생성하려고 시도할 것이고 오류가 발생할 것이다. 이럴 때 해결 방법은 프로그램 실행 전에 디렉터리를 수동으로 제거한 후 진행하면 된다. 적절한 오류 처리 메커니즘과 훌륭한 프로그래밍에 관한 내용은 원래 이 책에서 논의하려고 하는 논점을 흐릴 수 있으므로 여기에서는 의도적으로 다루지 않는다.

## ▌ 스파크 SQL 집계

SQL에서 데이터 집계$^{aggregation}$는 매우 유연하다. 스파크 SQL에서도 마찬가지다. 스파크 SQL은 SQL 명령문을 단일 시스템에 있는 하나의 데이터 소스에서 실행하는 것과 마찬가지로 분산 데이터 소스에서도 같은 작업을 수행할 수 있다. 이전 장에서는 데이터 집계를 수행하기 위해 맵리듀스 유스 케이스를 논의했고 이번에는 스파크 SQL의 집계 기능을 보여주기 위해 마찬가지로 맵리듀스를 이용한다. 이번 장에서도 SQL 쿼리와 데이터 프레임 API 방식으로 유스 케이스에 접근한다.

맵리듀스 류의 데이터에 관한 데이터 처리를 설명하기 위해 선택한 유스 케이스는 다음과 같다.

- 소매 금융 거래 레코드는 계좌 번호와 거래 금액을 쉼표로 구분된 문자열로 가지고 있다.
- 계좌 잔액을 얻기 위해 모든 거래에 대한 정보를 계좌 별로 요약한다.

스칼라 REPL 프롬프트에서 다음 명령문을 실행하자.

---

```
scala> // 데이터프레임과 함께 사용할 케이스 클래스 정의
scala> case class Trans(accNo: String, tranAmount: Double)
defined class Trans
scala> // 스트링을 케이스 클래스로 정의한 객체로 변환하는 함수
scala> def toTrans =  (trans: Seq[String]) => Trans(trans(0),
trans(1).trim.toDouble)
toTrans: Seq[String] => Trans
scala> // RDD를 생성할 데이터를 바탕으로 리스트 생성
scala> val acTransList = Array("SB10001,1000",
"SB10002,1200","SB10001,8000", "SB10002,400", "SB10003,300",
"SB10001,10000","SB10004,500","SB10005,56",
"SB10003,30","SB10002,7000","SB10001,-100", "SB10002,-10")
acTransList: Array[String] = Array(SB10001,1000, SB10002,1200,
SB10001,8000, SB10002,400, SB10003,300, SB10001,10000, SB10004,500,
SB10005,56, SB10003,30, SB10002,7000, SB10001,-100, SB10002,-10)
scala> // 데이터프레임 생성
scala> val acTransDF =
sc.parallelize(acTransList).map(_.split(",")).map(toTrans(_)).toDF()
acTransDF: org.apache.spark.sql.DataFrame= [accNo: string, tranAmount:
double]
scala> // 데이터프레임 첫 부분 출력
scala> acTransDF.show
+-------+----------+
| accNo|tranAmount|
+-------+----------+
|SB10001|    1000.0|
|SB10002|    1200.0|
|SB10001|    8000.0|
|SB10002|     400.0|
|SB10003|     300.0|
|SB10001|   10000.0|
|SB10004|     500.0|
|SB10005|      56.0|
|SB10003|      30.0|
|SB10002|    7000.0|
|SB10001|    -100.0|
```

```
|SB10002|     -10.0|
+-------+----------+
```

scala> // SQL에서 사용할 수 있도록 데이터프레임에 임시 뷰 등록

scala> acTransDF.createOrReplaceTempView("trans")

scala> // 계좌 금액 총합 정보 데이터프레임을 생성하기 SQL to create another DataFrame containing the account질의 실행

scala> val acSummary = spark.sql("SELECT accNo, sum(tranAmount) as TransTotal FROM trans GROUP BY accNo")

acSummary: org.apache.spark.sql.DataFrame = [accNo: string, TransTotal: double]

scala> // 데이터프레임 첫 부분 출력

scala> acSummary.show

```
+-------+----------+
|  accNo|TransTotal|
+-------+----------+
|SB10005|      56.0|
|SB10004|     500.0|
|SB10003|     330.0|
|SB10002|    8590.0|
|SB10001|   18900.0|
+-------+----------+
```

scala> // 계좌 거래 금액 총합 정보 데이터프레임 생성

scala> val acSummaryViaDFAPI =
acTransDF.groupBy("accNo").agg(sum("tranAmount") as "TransTotal")

acSummaryViaDFAPI: org.apache.spark.sql.DataFrame = [accNo: string, TransTotal: double]

scala> // 데이터프레임 첫 부분 출력

scala> acSummaryViaDFAPI.show

```
+-------+----------+
|  accNo|TransTotal|
+-------+----------+
|SB10005|      56.0|
|SB10004|     500.0|
|SB10003|     330.0|
|SB10002|    8590.0|
|SB10001|   18900.0|
+-------+----------+
```

위 코드는 모든 것이 2장의 코드와 매우 유사하다. 유일한 차이점은 데이터프레임 API뿐만 아니라 SQL 쿼리에서도 집계를 사용한다는 것이다.

파이썬 REPL 프롬프트에서 다음 명령문을 실행하자.

```
>>> from pyspark.sql import Row
>>> # RDD를 생성할 데이터를 바탕으로 리스트 생성
>>> acTransList = ["SB10001,1000", "SB10002,1200",
"SB10001,8000","SB10002,400", "SB10003,300",
"SB10001,10000","SB10004,500","SB10005,56","SB10003,30","SB10002,7000",
"SB10001,-100","SB10002,-10"]
>>> # 데이터프레임 생성
>>> acTransDF = sc.parallelize(acTransList).map(lambda trans:
trans.split(",")).map(lambda p: Row(accNo=p[0],
tranAmount=float(p[1]))).toDF()
>>> # SQL에서 사용할 수 있도록 데이터프레임에 임시 뷰 등록
>>> acTransDF.createOrReplaceTempView("trans")
>>> # 계좌 금액 총합 정보 데이터프레임을 생성하기 SQL 질의 실행
>>> acSummary = spark.sql("SELECT accNo, sum(tranAmount) as transTotal FROM trans
GROUP BY accNo")
>>> # 데이터프레임 첫 부분 출력
>>> acSummary.show()
+-------+----------+
|  accNo|transTotal|
+-------+----------+
|SB10005|      56.0|
|SB10004|     500.0|
|SB10003|     330.0|
|SB10002|    8590.0|
|SB10001|   18900.0|
+-------+----------+
>>> # 계좌 거래 금액 총합 정보 데이터프레임 생성
>>> acSummaryViaDFAPI = acTransDF.groupBy("accNo").agg({"tranAmount":
"sum"}).selectExpr("accNo", "`sum(tranAmount)` as transTotal")
>>> # 데이터프레임 첫 부분 출력
>>> acSummaryViaDFAPI.show()
+-------+----------+
```

```
|  accNo|transTotal|
+-------+----------+
|SB10005|      56.0|
|SB10004|     500.0|
|SB10003|     330.0|
|SB10002|    8590.0|
|SB10001|   18900.0|
+-------+----------+
```

파이썬 데이터프레임 API은 스칼라와 비교해서 약간의 문법 차이가 있다.

# 스파크 SQL을 사용한 다중 데이터 소스 연결

2장에서는 키를 기반으로 여러 RDD를 결합하는 방법에 관해 설명했다. 3장에서는 스파크 SQL을 이용하여 같은 유스 케이스를 구현한다. 여러 데이터셋에 대해 키를 사용한 조인을 설명하기 위해 선택한 유스 케이스를 살펴보자.

첫 번째 데이터셋은 계좌 번호 및 이름, 성을 포함한 소매 금융 마스터 레코드 요약 정보를 가지고 있다. 두 번째 데이터셋은 계좌 번호와 잔액 금액이 있는 소매 금융 계좌 잔액을 가지고 있다. 계좌 번호가 각각 두 데이터셋의 키다. 두 데이터셋을 조인하고 계좌 번호, 이름, 성 및 잔액을 포함하는 하나의 데이터셋을 작성하자. 여기에서 잔액 금액으로 상위 3개의 계좌를 선택하자.

이 섹션에서는 여러 데이터 원본의 데이터를 조인하는 개념도 설명한다. 먼저 두 개의 배열에서 데이터프레임을 만든다. 각각 Parquet 및 JSON 형식으로 유지된다. 그 후 디스크에서 이를 읽어 데이터프레임을 형성하고 조인한다.

스칼라 REPL 프롬프트에서 다음 명령문을 실행하자.

```
scala> // 데이터프레임과 함께 사용할 케이스 클래스 정의
scala> case class AcMaster(accNo: String, firstName: String, lastName:
```

```
String)
defined class AcMaster
scala> case class AcBal(accNo: String, balanceAmount: Double)
defined class AcBal
scala> // 스트링을 케이스 클래스로 정의한 객체로 변환하는 함수
scala> def toAcMaster =  (master: Seq[String]) => AcMaster(master(0),
master(1), master(2))
toAcMaster: Seq[String] => AcMaster
scala> def toAcBal =  (bal: Seq[String]) => AcBal(bal(0),
bal(1).trim.toDouble)
toAcBal: Seq[String] => AcBal
scala> // RDD를 생성할 데이터를 바탕으로 리스트 생성
scala> val acMasterList =
Array("SB10001,Roger,Federer","SB10002,Pete,Sampras",
"SB10003,Rafael,Nadal","SB10004,Boris,Becker", "SB10005,Ivan,Lendl")
acMasterList: Array[String] = Array(SB10001,Roger,Federer,
SB10002,Pete,Sampras, SB10003,Rafael,Nadal, SB10004,Boris,Becker,
SB10005,Ivan,Lendl)
scala> // RDD를 생성할 데이터를 바탕으로 리스트 생성
scala> val acBalList = Array("SB10001,50000",
"SB10002,12000","SB10003,3000", "SB10004,8500", "SB10005,5000")
acBalList: Array[String] = Array(SB10001,50000, SB10002,12000,
SB10003,3000, SB10004,8500, SB10005,5000)
scala> // 데이터프레임 생성
scala> val acMasterDF =
sc.parallelize(acMasterList).map(_.split(",")).map(toAcMaster(_)).toDF()
acMasterDF: org.apache.spark.sql.DataFrame = [accNo: string, firstName:
string ... 1 more field]
scala> // 데이터프레임 생성
scala> val acBalDF =
sc.parallelize(acBalList).map(_.split(",")).map(toAcBal(_)).toDF()
acBalDF: org.apache.spark.sql.DataFrame = [accNo: string, balanceAmount:
double]
scala> // Parquet 파일에 데이터프레임 데이터 저장
scala> acMasterDF.write.parquet("scala.master.parquet")
scala> // JSON 파일에 데이터프레임 데이터 저장
scala> acBalDF.write.json("scalaMaster.json")
scala> // Parquet 파일에서 데이터 읽어서 데이터프레임에 저장
scala> val acMasterDFFromFile = spark.read.parquet("scala.master.parquet")
```

```
acMasterDFFromFile: org.apache.spark.sql.DataFrame = [accNo: string,
firstName: string ... 1 more field]
scala> // SQL에서 사용할 수 있도록 데이터프레임에 임시 뷰 등록
scala> acMasterDFFromFile.createOrReplaceTempView("master")
scala> // Read the data into a DataFrame from the JSON file
scala> val acBalDFFromFile = spark.read.json("scalaMaster.json")
acBalDFFromFile: org.apache.spark.sql.DataFrame = [accNo: string,
balanceAmount: double]
scala> // SQL에서 사용할 수 있도록 데이터프레임에 임시 뷰 등록
scala> acBalDFFromFile.createOrReplaceTempView("balance")
scala> // 데이터프레임 첫 부분 출력
scala> acMasterDFFromFile.show
+-------+---------+--------+
|  accNo|firstName|lastName|
+-------+---------+--------+
|SB10001|    Roger| Federer|
|SB10002|     Pete| Sampras|
|SB10003|   Rafael|   Nadal|
|SB10004|    Boris|  Becker|
|SB10005|     Ivan|   Lendl|
+-------+---------+--------+

scala> acBalDFFromFile.show
+-------+-------------+
|  accNo|balanceAmount|
+-------+-------------+
|SB10001|      50000.0|
|SB10002|      12000.0|
|SB10003|       3000.0|
|SB10004|       8500.0|
|SB10005|       5000.0|
+-------+-------------+

scala> // 계좌 금액 총합 정보 데이터프레임을 생성하기 SQL 질의 실행
scala> val acDetail = spark.sql("SELECT master.accNo, firstName, lastName,
balanceAmount FROM master, balance WHERE master.accNo = balance.accNo ORDER
BY balanceAmount DESC")
acDetail: org.apache.spark.sql.DataFrame = [accNo: string, firstName:
string ... 2 more fields]
scala> // 데이터프레임 첫 부분 출력
scala> acDetail.show
```

```
+-------+---------+--------+-------------+
|  accNo|firstName|lastName|balanceAmount|
+-------+---------+--------+-------------+
|SB10001|    Roger| Federer|      50000.0|
|SB10002|     Pete| Sampras|      12000.0|
|SB10004|    Boris|  Becker|       8500.0|
|SB10005|     Ivan|   Lendl|       5000.0|
|SB10003|   Rafael|   Nadal|       3000.0|
+-------+---------+--------+-------------+
```

같은 스칼라 REPL 세션에서 이어서 실행하자. 다음 코드는 데이터프레임 API를 통해 같은 실행 결과를 얻는다.

```scala
scala> // 데이터프레임 생성
scala> val acDetailFromAPI = acMasterDFFromFile.join(acBalDFFromFile,
acMasterDFFromFile("accNo") === acBalDFFromFile("accNo"),
"inner").sort($"balanceAmount".desc).select(acMasterDFFromFile("accNo"),
acMasterDFFromFile("firstName"), acMasterDFFromFile("lastName"),
acBalDFFromFile("balanceAmount"))
acDetailFromAPI: org.apache.spark.sql.DataFrame = [accNo: string,
firstName: string ... 2 more fields]
scala> // 데이터프레임 첫 부분 출력
scala> acDetailFromAPI.show
+-------+---------+--------+-------------+
|  accNo|firstName|lastName|balanceAmount|
+-------+---------+--------+-------------+
|SB10001|    Roger| Federer|      50000.0|
|SB10002|     Pete| Sampras|      12000.0|
|SB10004|    Boris|  Becker|       8500.0|
|SB10005|     Ivan|   Lendl|       5000.0|
|SB10003|   Rafael|   Nadal|       3000.0|
+-------+---------+--------+-------------+
scala> // SQL 쿼리를 사용해서 제일 처음 3개 계좌의 거래 세부 내역을 포함하는 데이터프레임 생성
scala> val acDetailTop3 = spark.sql("SELECT master.accNo, firstName,
lastName, balanceAmount FROM master, balance WHERE master.accNo =
balance.accNo ORDER BY balanceAmount DESC").limit(3)
acDetailTop3: org.apache.spark.sql.Dataset[org.apache.spark.sql.Row] =
```

```
[accNo: string, firstName: string ... 2 more fields]
scala> // 데이터프레임 첫 부분 출력
scala> acDetailTop3.show
+-------+---------+--------+-------------+
|  accNo|firstName|lastName|balanceAmount|
+-------+---------+--------+-------------+
|SB10001|    Roger| Federer|      50000.0|
|SB10002|     Pete| Sampras|      12000.0|
|SB10004|    Boris|  Becker|       8500.0|
+-------+---------+--------+-------------+
```

앞서 선택된 조인 유형은 이너 조인<sup>inner join</sup>이다. SQL 쿼리 방식이나 데이터프레임 API 방식을 통해 다른 유형의 조인을 사용할 수도 있다. 이 특별한 유스 케이스에서는 데이터프레임 API가 다소 복잡하고 SQL 쿼리는 매우 단순해 보인다. 요점은 상황에 따라 애플리케이션 코드에서 SQL 쿼리 방법과 데이터프레임 API 방법을 혼합하여 원하는 결과를 얻을 수 있다는 것이다. 다음 스크립트에서 제공하는 데이터프레임 acDetailTop3이 그 예다.

파이썬 REPL 프롬프트에서 다음 명령문을 실행하자.

```
>>> from pyspark.sql import Row
>>> # RDD를 생성할 데이터를 바탕으로 리스트 생성
>>> AcMaster = Row('accNo', 'firstName', 'lastName')
>>> AcBal = Row('accNo', 'balanceAmount')
>>> acMasterList = ["SB10001,Roger,Federer","SB10002,Pete,Sampras",
"SB10003,Rafael,Nadal","SB10004,Boris,Becker", "SB10005,Ivan,Lendl"]
>>> acBalList = ["SB10001,50000", "SB10002,12000","SB10003,3000",
"SB10004,8500", "SB10005,5000"]
>>> # 데이터프레임 생성
>>> acMasterDF = sc.parallelize(acMasterList).map(lambda trans:
trans.split(",")).map(lambda r: AcMaster(*r)).toDF()
>>> acBalDF = sc.parallelize(acBalList).map(lambda trans:
trans.split(",")).map(lambda r: AcBal(r[0], float(r[1]))).toDF()
>>> # Parquet 파일에 데이터프레임 데이터 저장
>>> acMasterDF.write.parquet("python.master.parquet")
```

```
>>> # JSON 파일에 데이터프레임 데이터 저장
>>> acBalDF.write.json("pythonMaster.json")
>>> # Parquet 파일에서 데이터 읽어서 데이터프레임에 저장
>>> acMasterDFFromFile = spark.read.parquet("python.master.parquet")
>>> # Register temporary table in the DataFrame for using it in SQL
>>> acMasterDFFromFile.createOrReplaceTempView("master")
>>> # Register temporary table in the DataFrame for using it in SQL
>>> acBalDFFromFile = spark.read.json("pythonMaster.json")
>>> # Register temporary table in the DataFrame for using it in SQL
>>> acBalDFFromFile.createOrReplaceTempView("balance")
>>> # 데이터프레임 첫 부분 출력
>>> acMasterDFFromFile.show()
+-------+---------+--------+
|  accNo|firstName|lastName|
+-------+---------+--------+
|SB10001|    Roger| Federer|
|SB10002|     Pete| Sampras|
|SB10003|   Rafael|   Nadal|
|SB10004|    Boris|  Becker|
|SB10005|     Ivan|   Lendl|
+-------+---------+--------+
>>> # 데이터프레임 첫 부분 출력
>>> acBalDFFromFile.show()
+-------+-------------+
|  accNo|balanceAmount|
+-------+-------------+
|SB10001|      50000.0|
|SB10002|      12000.0|
|SB10003|       3000.0|
|SB10004|       8500.0|
|SB10005|       5000.0|
+-------+-------------+
>>> # 계좌 금액 총합 정보 데이터프레임을 생성하기 SQL 질의 실행
>>> acDetail = spark.sql("SELECT master.accNo, firstName, lastName,
balanceAmount FROM master, balance WHERE master.accNo = balance.accNo ORDER
BY balanceAmount DESC")
>>> # S데이터프레임 첫 부분 출력
>>> acDetail.show()
+-------+---------+--------+-------------+
```

```
|  accNo|firstName|lastName|balanceAmount|
+-------+---------+--------+-------------+
|SB10001|    Roger| Federer|       5000.0|
|SB10002|     Pete| Sampras|      12000.0|
|SB10004|    Boris|  Becker|       8500.0|
|SB10005|     Ivan|   Lendl|       5000.0|
|SB10003|   Rafael|   Nadal|       3000.0|
+-------+---------+--------+-------------+
```

```
>>> # 데이터프레임 생성
>>> acDetailFromAPI = acMasterDFFromFile.join(acBalDFFromFile,
acMasterDFFromFile.accNo ==
acBalDFFromFile.accNo).sort(acBalDFFromFile.balanceAmount,
ascending=False).select(acMasterDFFromFile.accNo,
acMasterDFFromFile.firstName, acMasterDFFromFile.lastName,
acBalDFFromFile.balanceAmount)
>>> # 데이터프레임 첫 부분 출력
>>> acDetailFromAPI.show()
```

```
+-------+---------+--------+-------------+
|  accNo|firstName|lastName|balanceAmount|
+-------+---------+--------+-------------+
|SB10001|    Roger| Federer|       5000.0|
|SB10002|     Pete| Sampras|      12000.0|
|SB10004|    Boris|  Becker|       8500.0|
|SB10005|     Ivan|   Lendl|       5000.0|
|SB10003|   Rafael|   Nadal|       3000.0|
+-------+---------+--------+-------------+
```

```
>>> # SQL 쿼리를 사용해서 제일 처음 3개 계좌의 거래 세부 내역을 포함하는 데이터프레임 생성
>>> acDetailTop3 = spark.sql("SELECT master.accNo, firstName, lastName,
balanceAmount FROM master, balance WHERE master.accNo = balance.accNo ORDER
BY balanceAmount DESC").limit(3)
>>> # 데이터프레임 첫 부분 출력
>>> acDetailTop3.show()
```

```
+-------+---------+--------+-------------+
|  accNo|firstName|lastName|balanceAmount|
+-------+---------+--------+-------------+
|SB10001|    Roger| Federer|       5000.0|
|SB10002|     Pete| Sampras|      12000.0|
|SB10004|    Boris|  Becker|       8500.0|
+-------+---------+--------+-------------+
```

이전 섹션에서 RDD 작업을 데이터프레임에 적용하는 방법을 설명했다. 이것은 스파크 SQL이 RDD와 상호 작용할 수 있는 능력을 보여준다. 같은 방식으로 SQL 쿼리와 데이터프레임 API를 혼합하여 애플리케이션에서 실제 유스 케이스를 해결할 때 가장 쉬운 계산 방법을 선택할 수 있다.

## ▌ 데이터셋

스파크 프로그래밍 패러다임은 데이터 처리 애플리케이션을 개발을 위해 많은 추상화를 가지고 있다. 스파크 프로그래밍의 기본은 구조가 없는 데이터, 반 구조화 및 구조화된 데이터를 쉽게 처리할 수 있는 RDD로 시작한다. 스파크 SQL 라이브러리는 구조화된 데이터를 처리할 때 매우 최적화된 성능을 제공한다. 이렇게 하면 기본 RDD가 성능 측면에서 부족해 보인다. 스파크 1.6부터 이 격차를 메우기 위해 RDD 기반 스파크 프로그래밍 모델을 보완하는 데이터셋<sup>Dataset</sup>이라는 새로운 추상화가 도입되었다. 스파크 변환 및 스파크 액션과 관련하여 RDD와 거의 같은 방식으로 작동하며 동시에 스파크 SQL과 같이 매우 최적화되어 있다. 데이터셋 API는 프로그램 작성 시 강력한 컴파일 타임 포맷 안전장치를 제공하므로 데이터 집합 API는 스칼라 및 자바에서만 사용할 수 있다.

이 프로그래밍 모델은 RDD 기반 프로그래밍과 매우 흡사하기 때문에 스파크 프로그래밍 모델을 다루는 장에서 논의된 은행 거래 유스 케이스를 여기에서 다시 사용해 데이터셋 기반 프로그래밍 모델을 설명할 것이다. 이 유스 케이스는 주로 은행 거래 레코드와 레코드에서 다양한 정보를 뽑아내기 위해 이용된 데이터 처리 방식을 다룬다. 유스 케이스 설명은 여기서 반복하지 않으며 주석과 코드를 보면 이해하기 쉬울 것이다.

다음 코드는 데이터셋 사용법 및 RDD에서 데이터프레임으로 변환, 데이터프레임에서 데이터셋으로 변환과 함께 데이터 집합을 만드는 데 사용된 메서드를 보여준다. RDD에서 데이터프레임으로 변환은 이미 논의되었지만 개념을 잊지 않기 위해 여기서 다시 언급한다. 이것은 주로 스파크의 다양한 프로그래밍 모델과 데이터 추상화가 상호 운용성이 뛰어나다는 것을 증명하기 위한 것이다.

스칼라 REPL프롬프트에서 아래 명령문을 실행하자.

```
scala> // 데이터프레임과 함께 사용할 케이스 클래스 정의
scala> case class Trans(accNo: String, tranAmount: Double) defined class Trans
scala> // 거래내역 리스트 생성
scala> val acTransList = Seq(Trans("SB10001", 1000), Trans("SB10002",1200),
Trans("SB10003", 8000), Trans("SB10004",400), Trans("SB10005",300),
Trans("SB10006",10000), Trans("SB10007",500), Trans("SB10008",56),
Trans("SB10009",30),Trans("SB10010",7000), Trans("CR10001",7000),
Trans("SB10002",-10))
acTransList: Seq[Trans] = List(Trans(SB10001,1000.0),
Trans(SB10002,1200.0), Trans(SB10003,8000.0), Trans(SB10004,400.0),
Trans(SB10005,300.0), Trans(SB10006,10000.0), Trans(SB10007,500.0),
Trans(SB10008,56.0), Trans(SB10009,30.0), Trans(SB10010,7000.0),
Trans(CR10001,7000.0), Trans(SB10002,-10.0))
scala> // 데이터셋 생성
scala> val acTransDS = acTransList.toDS()
acTransDS: org.apache.spark.sql.Dataset[Trans] = [accNo: string,
tranAmount: double]
scala> acTransDS.show()
+-------+----------+
|  accNo|tranAmount|
+-------+----------+
|SB10001|    1000.0|
|SB10002|    1200.0|
|SB10003|    8000.0|
|SB10004|     400.0|
|SB10005|     300.0|
|SB10006|   10000.0|
|SB10007|     500.0|
|SB10008|      56.0|
|SB10009|      30.0|
|SB10010|    7000.0|
|CR10001|    7000.0|
|SB10002|     -10.0|
```

```
+-------+----------+
scala> // 필터를 적용해 올바른 거래 레코드 생성
scala> val goodTransRecords = acTransDS.filter(_.tranAmount > 0).filter(_.accNo.
startsWith("SB"))
goodTransRecords: org.apache.spark.sql.Dataset[Trans] = [accNo: string,
tranAmount: double]
scala> goodTransRecords.show()
+-------+----------+
|  accNo|tranAmount|
+-------+----------+
|SB10001|    1000.0|
|SB10002|    1200.0|
|SB10003|    8000.0|
|SB10004|     400.0|
|SB10005|     300.0|
|SB10006|   10000.0|
|SB10007|     500.0|
|SB10008|      56.0|
|SB10009|      30.0|
|SB10010|    7000.0|
+-------+----------+
scala> // 필터를 적용해 높은 거래 레코드 생성
scala> val highValueTransRecords = goodTransRecords.filter(_.tranAmount > 1000)
highValueTransRecords: org.apache.spark.sql.Dataset[Trans] = [accNo:
string, tranAmount: double]
scala> highValueTransRecords.show()
+-------+----------+
|  accNo|tranAmount|
+-------+----------+
|SB10002|    1200.0|
|SB10003|    8000.0|
|SB10006|   10000.0|
|SB10010|    7000.0|
+-------+----------+
scala> // 불량 잔고 레코드를 찾아내는 함수
scala> val badAmountLambda = (trans: Trans) => trans.tranAmount <= 0
badAmountLambda: Trans => Boolean = <function1>
scala> // 불량 계좌를 찾아내는 함수
```

```
scala> val badAcNoLambda = (trans: Trans) => trans.accNo.startsWith("SB")
== false
badAcNoLambda: Trans => Boolean = <function1>
scala> // 필터를 적용해 불량 잔고 레코드 데이터셋 생성
scala> val badAmountRecords = acTransDS.filter(badAmountLambda)
badAmountRecords: org.apache.spark.sql.Dataset[Trans] = [accNo: string,
tranAmount: double]
scala> badAmountRecords.show()
+-------+----------+
| accNo|tranAmount|
+-------+----------+
|SB10002|     -10.0|
+-------+----------+

scala> // 필터를 적용해 불량 계좌 레코드 데이터셋 생성
scala> val badAccountRecords = acTransDS.filter(badAcNoLambda)
badAccountRecords: org.apache.spark.sql.Dataset[Trans] = [accNo: string,
tranAmount: double]
scala> badAccountRecords.show()
+-------+----------+
| accNo|tranAmount|
+-------+----------+
|CR10001|    7000.0|
+-------+----------+

scala> // 두 데이터셋을 결합 해 새로운 데이터셋 생성
scala> val badTransRecords  = badAmountRecords.union(badAccountRecords)
badTransRecords: org.apache.spark.sql.Dataset[Trans] = [accNo: string,
tranAmount: double]
scala> badTransRecords.show()
+-------+----------+
| accNo|tranAmount|
+-------+----------+
|SB10002|     -10.0|
|CR10001|    7000.0|
+-------+----------+

scala> // 총합 계산
scala> val sumAmount = goodTransRecords.map(trans =>
trans.tranAmount).reduce(_ + _)
sumAmount: Double = 28486.0
```

```
scala> // 최고 거래 금액 계산
scala> val maxAmount = goodTransRecords.map(trans =>
trans.tranAmount).reduce((a, b) => if (a > b) a else b)
maxAmount: Double = 10000.0
scala> // 최소 거래 금액 계산
scala> val minAmount = goodTransRecords.map(trans =>
trans.tranAmount).reduce((a, b) => if (a < b) a else b)
minAmount: Double = 30.0
scala> // 데이터셋을 데이터프레임으로 변환
scala> val acTransDF = acTransDS.toDF()
acTransDF: org.apache.spark.sql.DataFrame= [accNo: string, tranAmount:
double]
scala> acTransDF.show()
+-------+----------+
| accNo|tranAmount|
+-------+----------+
|SB10001|    1000.0|
|SB10002|    1200.0|
|SB10003|    8000.0|
|SB10004|     400.0|
|SB10005|     300.0|
|SB10006|   10000.0|
|SB10007|     500.0|
|SB10008|      56.0|
|SB10009|      30.0|
|SB10010|    7000.0|
|CR10001|    7000.0|
|SB10002|     -10.0|
+-------+----------+
scala> // SQL 쿼리를 이용해 불량 거래 레코드 탐지
scala> acTransDF.createOrReplaceTempView("trans")
scala> val invalidTransactions = spark.sql("SELECT accNo, tranAmount FROM
trans WHERE (accNo NOT LIKE 'SB%') OR tranAmount <= 0")
invalidTransactions: org.apache.spark.sql.DataFrame = [accNo: string,
tranAmount: double]
scala> invalidTransactions.show()
+-------+----------+
| accNo|tranAmount|
```

```
+-------+----------+
|CR10001|    7000.0|
|SB10002|     -10.0|
+-------+----------+
scala> // 데이터프레임과 데이터셋의 상호 호환
scala> // RDD 생성
scala> val acTransRDD = sc.parallelize(acTransList)
acTransRDD: org.apache.spark.rdd.RDD[Trans] = ParallelCollectionRDD[206] at
parallelize at <console>:28
scala> // RDD를 데이터프레임으로 변환
scala> val acTransRDDtoDF = acTransRDD.toDF()
acTransRDDtoDF: org.apache.spark.sql.DataFrame = [accNo: string,
tranAmount: double]
scala> // 타입 체킹 후 데이터프레임을 데이터셋으로 변환
scala> val acTransDFtoDS = acTransRDDtoDF.as[Trans]
acTransDFtoDS: org.apache.spark.sql.Dataset[Trans] = [accNo: string,
tranAmount: double]
scala> acTransDFtoDS.show()
+-------+----------+
|  accNo|tranAmount|
+-------+----------+
|SB10001|    1000.0|
|SB10002|    1200.0|
|SB10003|    8000.0|
|SB10004|     400.0|
|SB10005|     300.0|
|SB10006|   10000.0|
|SB10007|     500.0|
|SB10008|      56.0|
|SB10009|      30.0|
|SB10010|    7000.0|
|CR10001|    7000.0|
|SB10002|     -10.0|
+-------+----------+
```

데이터셋 기반 프로그래밍은 많은 데이터 처리 유스 케이스에서 높은 응용성을 가지고 있다. 동시에 스파크 자체 내에서 다른 데이터 처리 추상화와의 상호 운용성도 좋다.

> **TIP** 앞의 코드에서 데이터프레임은 타입 명세 acTransRDDToDF.as [Trans]를 사용하여 데이 터셋으로 변환되었다. 이러한 유형의 변환은 JSON 또는 Avro, Parquet 파일과 같은 외부 데이터 소스에서 데이터를 읽을 때 실제로 필요하다. 그것은 강력한 타입 검사가 필요할 때이 다. 일반적으로 구조화된 데이터는 데이터프레임으로 읽어 들여 다음과 같이 강력한 포맷 세 이프티 검사를 사용하여 데이터셋으로 변환할 수 있다.
>
> ```
> spark.read.json ( "/ transaction.json"). [Trans]
> ```

스칼라를 검사할 때 데이터프레임 객체를 반환하는 대신 데이터프레임에서 일부 메서드를 호출하면 org.apache.spark.sql.Dataset [org.apache.spark.sql 유형의 객체 .Row 가 반환된다. 이것은 데이터프레임과 데이터셋의 중요한 관계를 보여준다. 즉, 데이터프레임은 org.apache.spark.sql.Row 유형의 데이터셋이다. 필요한 경우 toDF( ) 메소드를 사용하여 org.apache.spark.sql.Dataset [org.apache.spark.sql.Row] 유형의 이 객체를 데이터프레임으로 명시적으로 변환할 수 있다.

선택이 너무 많으면 모두를 혼란스럽게 한다. 스파크 프로그래밍 모델에서도 같은 문제가 발생한다. 그러나 다른 많은 프로그래밍 패러다임만큼 혼란스럽지는 않다. 데이터 처리 요구 사항 측면에서 매우 높은 유연성을 지니고 라이브러리 개발과 같은 가장 낮은 로우 레벨 API 컨트롤을 필요로 할 때 RDD 기반 프로그래밍 모델은 매우 적절한 선택이다. 지원하는 모든 프로그래밍 언어에서 유연성과 더불어 최적화된 성능으로 구조화된 데이터에 접근하고 이를 처리하기 위해서는 데이터프레임 기반 스파크 SQL 프로그래밍 모델이 가장 이상적이다.

컴파일 타임 타입 세이프티를 제공하면서 동시에 그렇게 복잡하지 않은 스파크 변환과 스파크 액션 사용 요구가 있을 때 또는 최적화된 성능 요구와 함께 구조화되지 않은 데이터를 처리해야 할 필요가 있을 때, 데이터셋 기반 프로그래밍 모델은 매우 적절한 방법이다. 데이터 처리 애플리케이션 개발에서 선택한 프로그래밍 언어가 데이터셋 및 데이터프레임을 지원한다면 성능 향상을 위해 이를 사용하는 것이 더 낫다.

# 데이터 카탈로그

이전 섹션에서는 데이터프레임 및 데이터셋을 사용한 프로그래밍 모델에 대해 설명했다. 이 두 프로그래밍 모델 모두 구조화된 데이터를 처리할 수 있다. 구조화된 데이터는 메타 데이터 또는 데이터 구조를 설명하는 데이터를 함께 가지고 있다. 스파크 SQL은 데이터 처리 애플리케이션을 위해 카탈로그<sup>Catalog</sup> API라는 최소한의 API를 제공하여 애플리케이션에서 메타 데이터를 쿼리하고 사용할 수 있도록 지원한다. 카탈로그 API는 다수의 데이터베이스를 지원하기 위해 카탈로그 추상화를 제공한다. 일반 SparkSession의 경우 기본으로 데이터베이스가 하나만 있다. 그러나 스파크를 하이브와 함께 사용하면 카탈로그 API를 이용하여 하이브 메타 스토어 전체를 활용할 수 있다. 다음 코드는 스칼라와 파이썬 카탈로그 API를 사용하는 방법을 보여준다.

스칼라 REPL 프롬프트에서 다음 명령문을 시도해 보자.

```
scala> // 객체로부터 catalog 객체 생성
scala> val catalog = spark.catalog
catalog: org.apache.spark.sql.catalog.Catalog =
org.apache.spark.sql.internal.CatalogImpl@14b8a751
scala> // 데이터베이스 리스트 생성
scala> val dbList = catalog.listDatabases()
dbList: org.apache.spark.sql.Dataset[org.apache.spark.sql.catalog.Database]
= [name: string, description: string ... 1 more field]
scala> // 데이터베이스 세부사항 출력
scala> dbList.select("name", "description", "locationUri").show()
 +-------+----------------+-------------------+
 | name| description| locationUri|
 +-------+----------------+-------------------+
 |default|default database|file:/Users/RajT/...|
 +-------+----------------+-------------------+
scala> // 데이터베이스에 저장된 테이블 세부사항 출력
scala> val tableList = catalog.listTables()
tableList: org.apache.spark.sql.Dataset[org.apache.spark.sql.catalog.Table]
  = [name: string, database: string ... 3 more fields]
```

```
scala> tableList.show()
+-----+--------+-----------+---------+-----------+
| name|database|description|tableType|isTemporary|
+-----+--------+-----------+---------+-----------+
|trans|    null|       null|TEMPORARY|       true|
+-----+--------+-----------+---------+-----------+
scala> // 위 리스트는 이전 섹션에서 논의한 데이터셋 유스 케이스에서 생성한 임시 뷰를 포함한다.
scala> // 애플리케이션에서 생성한 뷰는 Catalog API를 이용해서 데이터베이스에서 제거 가능하다.
scala> catalog.dropTempView("trans")
// 임시 뷰 제거 후 테이블 리스트 출력
scala> val latestTableList = catalog.listTables()
latestTableList:
org.apache.spark.sql.Dataset[org.apache.spark.sql.catalog.Table] = [name:
string, database: string ... 3 more fields]
scala> latestTableList.show()
+----+--------+-----------+---------+-----------+
|name|database|description|tableType|isTemporary|
+----+--------+-----------+---------+-----------+
+----+--------+-----------+---------+-----------+
```

마찬가지로 파이썬에서도 카탈로그API를 호출할 수 있다. 데이터셋 예제는 파이썬에 적용 할 수 없으므로 테이블 목록은 비어 있다. 파이썬 REPL 프롬프트에서 다음 명령문을 실행하자.

```
>>> # SparkSession 객체로부터 catalog 객체 생성
>>> catalog = spark.catalog
>>> # 데이터베이스 세부 사항 출력
>>> catalog.listDatabases()
   [Database(name='default', description='default database', locationUri='
   file:/Users/RajT/source-code/spark-source/spark-2.0/spark-warehouse')]
// Display the details of the tables in the database
>>> catalog.listTables()
>>> []
```

카탈로그API는 메타 저장소의 내용을 기반으로 데이터를 동적으로 처리할 수 있는 기능을 가진 데이터 처리 애플리케이션을 구현할 때 매우 유용하고 특히 하이브와 함께 사용하면 더욱 편리하다.

## ▌ 참고문헌

좀 더 많은 정보를 위해서 아래를 참고하자.

- https://amplab.cs.berkeley.edu/wp-content/uploads/2015/03/SparkSQLSigmod2015.pdf
- http://pandas.pydata.org/

## ▌ 요약

스파크 SQL은 스파크 코어 인프라에서 사용하기에 매우 유용한 라이브러리이다. 이 라이브러리는 명령형 스타일 프로그래밍에 능숙하지만 함수 프로그래밍에 익숙하지 않은 대다수 프로그래머 그룹이 좀 더 쉽게 스파크 프로그래밍에 접근할 수 있도록 돕는다. 스파크 SQL은 스파크 계열의 데이터 처리 라이브러리에서 구조화된 데이터 처리를 위한 최상의 라이브러리다. 스파크 SQL 기반 데이터 처리 애플리케이션은 SQL과 유사한 쿼리 또는 데이터프레임 API의 DSL 스타일 명령형 프로그램을 사용하여 작성할 수 있다. 3장에서는 RDD와 데이터프레임을 혼합하고 SQL과 유사한 쿼리와 데이터프레임 API를 혼합하는 다양한 전략을 설명했다. 이러한 놀라운 유연성을 바탕으로 애플리케이션 개발자는 성능에 관한 타협 없이 가장 편한 개발 방식 또는 주어진 유스 케이스에 가장 적합한 방법으로 데이터 처리 애플리케이션을 개발할 수 있다.

데이터셋 API는 스파크의 데이터셋을 기반으로 하는 차세대 프로그래밍 모델로서 최적화된 성능 및 컴파일 타임 타입 세이프티를 제공한다.

카탈로그 API는 메타 저장소의 내용을 기반으로 동적으로 데이터를 처리하는 매우 편리한 도구다.

R은 데이터 과학자의 언어다. 스파크 SQL이 R을 지원하기 전에는 주요 분산 데이터 처리가 쉽지 않았다. 이제는 R을 스파크 프로그래밍 언어로 사용하여 마치 개별 컴퓨터에서 R 데이터프레임을 사용하는 것처럼 분산 데이터 처리 애플리케이션을 완벽하게 개발할 수 있다. 다음 장에서는 스파크 SQL에서 R을 사용하여 데이터 처리를 수행하는 방법을 설명한다.

# 04

# 스파크 R 프로그래밍

R은 GNU <sup>General Public License</sup>에 따라 자유롭게 사용할 수 있고 많은 사람들이 널리 사용하는 통계 컴퓨팅 프로그래밍 언어다. R은 John Chambers가 만든 프로그래밍 언어 S에서 유래했다. R은 Ross Ihaka와 Robert Gentleman에 의해 개발되었다. 많은 데이터 과학자가 계산 작업을 할 때 R을 사용한다. R은 기본적으로 많은 통계 함수와 스칼라 데이터 타입을 지원하며 통계 계산을 위해 벡터, 행렬, 데이터프레임 등을 위한 복합 데이터 구조로 되어 있다. R은 확장성이 뛰어나므로 외부 패키지를 만들 수 있다. 외부 패키지를 일단 생성하면 프로그램에서 이를 활용하기 위해 설치 및 로드해야 한다. 디렉터리에 이러한 패키지들을 묶어서 보관하면 R 라이브러리가 된다. 다시 말해, R은 사용자가 원하는 컴퓨팅 요구 사항에 필요한 라이브러리를 구성하기 위해 기본 패키지 셋과 추가 패키지를 함께 제공한다. 함수뿐 아니라 데이터셋도 패키지화할 수 있다.

이번 장에서는 아래 주제를 다룬다.

- SparkR의 필요성
- R 언어의 정수
- 데이터프레임
- 집계
- SparkR을 이용한 멀티 데이터베이스 조인

## SparkR의 필요성

기본 R 설치 버전은 스파크와 상호작용을 할 수 없다. 대신 SparkR 패키지가 R이 스파크 생태계와 상호작용하는 데 필요한 모든 객체와 함수를 제공한다. R을 이용한 스파크 프로그래밍은 스칼라 및 자바, 파이썬을 이용하는 것과 다르며 SparkR 패키지는 주로 데이터프레임 기반 스파크 SQL 프로그래밍을 위해 R API를 제공한다. 현재 R은 스파크의 RDD를 직접 조작할 수 없다. 실용적인 목적을 위해 스파크 R API는 스파크 SQL 추상화 계층에만 접근할 수 있다. 스파크 MLlib 또한 데이터프레임을 사용하기 때문에 R을 이용해서 프로그래밍할 수 있다.

SparkR은 어떻게 데이터 과학자들이 좀 더 데이터 처리를 잘 하도록 도와줄까? 기본 R 설치는 반드시 모든 데이터를 R이 설치된 컴퓨터에 저장하거나 또는 설치된 컴퓨터에서 접근할 수 있도록 저장할 것을 요구한다. 데이터 처리는 R이 설치된 컴퓨터에서 수행된다. 컴퓨터의 메인 메모리보다 처리해야 할 데이터 크기가 클 경우 R이 필요한 처리를 완벽히 수행할 수 없다. 반면에 SparkR 패키지를 사용하면 데이터 저장 및 데이터 처리를 위해 새로운 세계인 클러스터 기반 데이터 처리를 할 수 있다. 또한, SparkR 패키지를 이용해 R을 사용하여 R 데이터프레임뿐 아니라 스파크 데이터프레임에 접근할 수 있다.

R 데이터프레임과 스파크 데이터프레임의 차이를 아는 것은 매우 중요하다. R 데이터프레임은 완벽하게 로컬에 저장되는 R 데이터 구조다. 스파크 데이터프레임은 스파크가 관

리하는 잘 구조화된 병렬 데이터 컬렉션이다.

R 데이터프레임은 스파크 데이터프레임으로 변환할 수 있고 마찬가지로 스파크 데이터프레임 또한 R 데이터프레임으로 변환할 수 있다.

스파크 데이터프레임을 R 데이터프레임으로 변환할 때, 변환을 수행하는 컴퓨터 메인 메모리와 적절히 호환되어야 한다. 이 변환은 SparkR의 중요한 장점이고 실제로 변환을 수행해야하는 경우가 있다. R 데이터프레임을 스파크 데이터프레임으로 변환하면 데이터를 분산시킬 수 있고 병렬로 처리할 수 있다. 스파크 데이터프레임을 R 데이터프레임으로 변환하면 다른 R 함수가 제공하는 수많은 계산 및 차트 작성, 그래프 그리기 작업이 가능하다. 요약하면 SparkR 패키지는 분산 및 병렬 처리 컴퓨팅 기능을 R 언어에 제공한다.

가끔 R로 데이터 처리를 수행할 때 데이터의 크기 자체와 컴퓨터 메인 메모리와 호환 문제 때문에 데이터 처리를 다중 배치 작업으로 나누어 수행하고 결과를 통합해 최종 결과를 계산하는 방법도 있다. 스파크 R을 사용해 데이터를 처리하면 이러한 다중 배치 작업을 할 필요가 전혀 없다.

종종 보고서 및 차트 작성, 그래프 그리기는 집계와 요약이 끝난 로우<sup>raw</sup>데이터를 바탕으로 수행한다. 로우 데이터 크기는 매우 커질 수 있으므로 컴퓨터 한 대의 크기에 굳이 맞출 필요 없다. 이러한 경우 스파크와 R 언어를 활용하여 전체 로우 데이터를 처리하고 마지막으로 집계 및 요약 된 데이터를 사용해 보고서 또는 차트, 그래프를 생성할 수 있다.

ETL 도구는 방대한 양의 데이터를 처리할 수 없고 데이터 분석에 R을 활용할 수 없는 단점 때문에 대부분 데이터 전처리나 로우 데이터 변환 목적으로만 활용되고 마지막 단계에서는 R을 이용하여 데이터 분석을 수행한다. 스파크는 데이터를 대규모로 처리할 수 있으므로 R과 함께 전체 ETL 파이프라인을 대체하고 원하는 데이터 분석을 수행할 수 있다.

많은 R 사용자는 데이터셋을 조작하기 위해 dplyr R 패키지를 사용한다. 이 패키지는 R 데이터프레임을 이용한 빠른 데이터 조작 기능을 제공한다. 이 패키지를 이용하면 마치 로컬 R 데이터프레임을 조작하는 것처럼 일부 RDBMS 테이블 데이터에 접근할 수 있다.

하지만 이러한 로우 데이터 조작 기능을 제외하면 dplyr 패키지는 스파크가 지원하는 수많은 데이터 처리 기능이 없다. 따라서 스파크를 R과 함께 활용하는 것이 dplyr와 같은 패키지를 이용하는 것보다 더 나은 대안이다.

SparkR 패키지는 아직 또 다른 R 패키지 중 하나에 불과하지만 이미 사용 중인 R 패키지와 함께 사용할 수도 있다. 스파크의 거대한 데이터 처리 기능을 활용하여 R 매니폴드<sup>manifold</sup>의 데이터 처리 기능을 보완한다.

## ▎R 언어의 기초

이 책은 R 프로그래밍에 대한 가이드가 아니다. 하지만 R에 익숙하지 않은 사람들에게 4장에서 어떠한 내용이 다뤄지는지 감을 잡는 데 도움을 주기 위해 R 언어 기초에 대해 간략하게 짚고 넘어가려고 한다. 따라서 이번 챕터에서는 매우 기초적인 R 언어 특징을 소개한다.

R은 숫자 및 문자, 부울 값을 포함해 몇 가지 기본적으로 지원하는 데이터 형식을 가지고 있다. 또한, 복합 데이터 구조도 사용 가능하고 지원 데이터 형식 중 가장 중요한 것들은 벡터 및 리스트, 행렬, 데이터프레임이다. 벡터는 정렬된 특정 타입의 값으로 구성된다. 리스트는 여러 타입의 값을 포함한 정렬된 엘리먼트의 모음이다. 예를 들어 리스트 한 개에 숫자를 포함하는 벡터와 부울 값을 포함하는 벡터 2개를 저장하는 것도 가능하다. 행렬은 행과 열에 숫자 값이 들어있는 2차원 데이터 구조다. 데이터프레임은 행과 열을 포함하는 2차원 데이터 구조다. 여기서 여러 열은 다른 데이터 타입을 가질 수 있지만 하나의 열은 다른 데이터 타입을 가질 수 없다.

변수(벡터의 특수한 경우), 숫자 벡터, 문자 벡터, 목록, 행렬, 데이터프레임을 사용하고 데이터프레임에 열 이름을 지정하는 코드 샘플은 아래와 같다. 변수 이름은 독자가 추가 설명 없이 이해할 수 있도록 가능한 한 이름 자체가 변수의 역할을 모두 설명할 수 있도록 지었다. 일반 R REPL에서 실행되는 다음 코드는 R의 데이터 구조에 대한 통찰을 제공한다.

```
$ r
R version 3.2.2 (2015-08-14) -- "Fire Safety"
Copyright (C) 2015 The R Foundation for  Statistical Computing Platform: x86_64-
apple-darwin13.4.0 (64-bit)

R is free software and comes with ABSOLUTELY NO WARRANTY.
You are welcome to redistribute it under certain conditions.
Type 'license()' or 'licence()' for distribution details.

  Natural language support but running in an English locale

R is a collaborative project with many contributors.
Type 'contributors()' for more information and
'citation()' on how to cite R or R packages in publications.

Type 'demo()' for some demos, 'help()' for on-line help, or
'help.start()' for an HTML browser interface to help.
Type 'q()' to quit R.

Warning: namespace 'SparkR' is not available and has been replaced
by .GlobalEnv when processing object 'goodTransRecords'
[Previously saved workspace restored]
>
> x <- 5?>x?[1] 5?> aNumericVector <- c(10,10.5,31.2,100) > aNumericVector
[1]  10.0  10.5  31.2 100.0
> aCharVector <- c("apple", "orange", "mango")
> aCharVector
[1] "apple"  "orange" "mango"
> aBooleanVector <- c(TRUE, FALSE, TRUE, FALSE, FALSE)
> aBooleanVector
[1]  TRUE FALSE  TRUE FALSE FALSE
> aList <- list(aNumericVector, aCharVector)
> aList
[[1]]
[1]  10.0  10.5  31.2 100.0
[[2]]
[1] "apple"  "orange" "mango"
```

```
> aMatrix <- matrix(c(100, 210, 76, 65, 34, 45),nrow=3,ncol=2,byrow = TRUE)
> aMatrix
     [,1] [,2]
[1,]  100  210
[2,]   76   65
[3,]   34   45
> bMatrix <- matrix(c(100, 210, 76, 65, 34, 45),nrow=3,ncol=2,byrow =
FALSE)
> bMatrix
     [,1] [,2]
[1,]  100   65
[2,]  210   34
[3,]   76   45
> ageVector <- c(21, 35, 52)
> nameVector <- c("Thomas", "Mathew", "John")
> marriedVector <- c(FALSE, TRUE, TRUE)
> aDataFrame <- data.frame(ageVector, nameVector, marriedVector)
> aDataFrame
  ageVector nameVector marriedVector
1        21
2        35
3        52
> colnames(aDataFrame) <- c("Age","Name", "Married")
> aDataFrame
  Age   Name Married
1  21 Thomas   FALSE
2  35 Mathew    TRUE
3  52   John    TRUE
```

여기에서 이야기할 주요 주제는 데이터프레임이다. 데이터프레임과 함께 사용하는 기능 중 일부는 여기에서 예제로 소개한다. 모든 명령어는 위 코드를 실행된 세션에 이어서 일반 R REPL에서 실행한다.

```
> # 데이터프레임 처음 부분과 2개 열을 리턴
> head(aDataFrame,2)
  Age   Name Married
```

```
1  21 Thomas    FALSE
2  35 Mathew    TRUE

> # 데이터프레임 마지막 부분과 2개 열을 리턴
> tail(aDataFrame,2)
   Age   Name Married
2  35 Mathew    TRUE
3  52   John    TRUE
> # 데이터프레임의 row 개수
> nrow(aDataFrame)
[1] 3
> # 데이터프레임의 열 개수
> ncol(aDataFrame)
[1] 3
> # 데이터프레임의 첫 번째 열 리턴. 리턴 값은 첫 번째 열의 데이터다.
frame
> aDataFrame[1]
   Age
1   21
2   35
3   52
> # 데이터프레임의 두 번째 열 리턴. 리턴 값은 두 번째 열의 데이터다.
frame
> aDataFrame[2]
     Name
1 Thomas
2 Mathew
3   John
> # 데이터프레임의 Age, Name 열 리턴. 리턴 값은 두 열의 데이터다.
frame
> aDataFrame[c("Age", "Name")]
   Age   Name
1   21 Thomas
2   35 Mathew
3   52   John
> # 데이터프레임의 두 번째 열의 내용 벡터 포맷으로 리턴
> aDataFrame[[2]]
[1] Thomas Mathew John
Levels: John Mathew Thomas
```

```
> # 열 단위로 데이터프레임의 슬라이스 (slice) 리턴
> aDataFrame[2,]
  Age    Name Married
2  35 Mathew    TRUE
> # 데이터프레임의 여러 row 슬라이스 리턴
> aDataFrame[c(1,2),]
  Age    Name Married
1  21 Thomas   FALSE
2  35 Mathew    TRUE
```

# ▌ R 데이터프레임과 스파크

R을 스파크와 함께 사용할 때 데이터프레임 데이터 구조를 이해하기 어려울 수도 있다. 앞서 언급했듯이, 데이터프레임은 R과 스파크 SQL에서 사용 가능하다. 아래 코드는 R 데이터프레임을 스파크 데이터프레임 또는 그 반대로 변환하는 코드다. 이는 스파크 R 프로그래밍을 할 때 매우 일반적인 동작이다.

아래 코드는 R REPL에서 실행된다. 지금부터 이 책에서 언급하는 R REPL은 모두 스파크 R REPL을 뜻한다.

```
$ cd $SPARK_HOME
$ ./bin/sparkR

R version 3.2.2 (2015-08-14) -- "Fire Safety"
Copyright (C) 2015 The R Foundation for Statistical Computing
Platform: x86_64-apple-darwin13.4.0 (64-bit)

R is free software and comes with ABSOLUTELY NO WARRANTY.
You are welcome to redistribute it under certain conditions.
Type 'license()' or 'licence()' for distribution details.

  Natural language support but running in an English locale
```

```
R is a collaborative project with many contributors.
Type 'contributors()' for more information and
'citation()' on how to cite R or R packages in publications.

Type 'demo()' for some demos, 'help()' for on-line help, or
'help.start()' for an HTML browser interface to help.
Type 'q()' to quit R.


[Previously saved workspace restored]


Launching java with spark-submit command /Users/RajT/source-code/spark-
source/spark-2.0/bin/spark-submit   "sparkr-shell"
/var/folders/nf/trtmyt9534z03kq8p8zgbnxh0000gn/T//RtmpmuRsTC/backend_port2d
121acef4
Using Spark's default log4j profile: org/apache/spark/log4j-
defaults.properties
Setting default log level to "WARN".
To adjust logging level use sc.setLogLevel(newLevel).
16/07/16 21:08:50 WARN NativeCodeLoader: Unable to load native-hadoop
library for your platform... using builtin-java classes where applicable

 Welcome to

    ____              __
   / __/__  ___ _____/ /__
  _\ \/ _ \/ _ `/ __/  '_/
 /___/ .__/\_,_/_/ /_/\_\   version  2.0.1-SNAPSHOT
    /_/


 Spark context is available as sc, SQL context is available as sqlContext
During startup - Warning messages:
1: 'SparkR::sparkR.init' is deprecated.

Use 'sparkR.session' instead.
See help("Deprecated")
2: 'SparkR::sparkRSQL.init' is deprecated.
Use 'sparkR.session' instead.
See help("Deprecated")
>
> # faithful은 데이터셋과 R 데이터프레임이다.
```

```
> # R 데이터프레임이다.
> head(faithful)
  eruptions waiting
1     3.600      79
2     1.800      54
3     3.333      74
4     2.283      62
5     4.533      85
6     2.883      55
> tail(faithful)
    eruptions waiting
267     4.750      75
268     4.117      81
269     2.150      46
270     4.417      90
271     1.817      46
272     4.467      74
> # R 데이터프레임을 스파크 데이터프레임으로 변환
> sparkFaithful <- createDataFrame(faithful)
> head(sparkFaithful)
  eruptions waiting
1     3.600      79
2     1.800      54
3     3.333      74
4     2.283      62
5     4.533      85
6     2.883      55
> showDF(sparkFaithful)
+---------+-------+
|eruptions|waiting|
+---------+-------+
|      3.6|   79.0|
|      1.8|   54.0|
|    3.333|   74.0|
|    2.283|   62.0|
|    4.533|   85.0|
|    2.883|   55.0|
|      4.7|   88.0|
|      3.6|   85.0|
|     1.95|   51.0|
```

```
|     4.35|   85.0|
|    1.833|   54.0|
|    3.917|   84.0|
|      4.2|   78.0|
|     1.75|   47.0|
|      4.7|   83.0|
|    2.167|   52.0|
|     1.75|   62.0|
|      4.8|   84.0|
|      1.6|   52.0|
|     4.25|   79.0|
+---------+-------+
only showing top 20 rows
> # R 데이터프레임을 인자로 SparkR 함수 showDF()를 부른다. 아래 에러 메시지가 출력될 것이다.
> showDF(faithful)
Error in (function (classes, fdef, mtable)  :
  unable to find an inherited method for function 'showDF' for signature
'"data.frame"'
> # 스파크 데이터프레임을 R 데이터프레임으로 변환
> rFaithful <- collect(sparkFaithful)
> head(rFaithful)
  eruptions waiting
1     3.600      79
2     1.800      54
3     3.333      74
4     2.283      62
5     4.533      85
6     2.883      55
```

지원하는 기능 측면에서 R 데이터프레임과 스파크 데이터프레임 사이의 완벽한 호환성과 상호운용성은 아직까지는 보장하지 않는다.

R 데이터프레임과 스파크 데이터프레임 두 가지 타입을 구별하기 위해 R 프로그램에서 사용하는 컨벤션을 바탕으로 데이터프레임의 이름을 지정하는 것이 좋다. R 데이터프레임이 지원하는 모든 기능이 스파크 데이터프레임에서 지원되는 것은 아니며 그 반대도 마찬가지다. 따라서 스파크 R API를 사용할 때 늘 적절한 버전인지 확인하자.

차트 및 그래프 작성 기능을 자주 사용하는 사람들은 R 데이터프레임을 스파크 데이터프레임과 함께 사용할 때 특별히 주의해야 한다. R의 차트 및 그래프 작성 기능은 R 데이터프레임만 활용할 수 있다. 따라서 스파크를 이용해 데이터 처리를 하거나 스파크 데이터프레임에서 사용할 수 있는 데이터를 이용하여 차트 또는 그래프를 생성할 때는 데이터프레임을 R 데이터프레임으로 변환해야 한다. 다음 코드는 이 부분에 대한 설명을 다루고 있다. 명확한 설명을 위해 스파크 R REPL에서 앞서 사용했었던 faithful 데이터셋을 다시 활용할 것이다.

```
head(faithful)
  eruptions waiting
1    3.600      79
2    1.800      54
3    3.333      74
4    2.283      62
5    4.533      85
6    2.883      55
> # faithful R 데이터프레임을 스파크 데이터프레임으로 변환
> sparkFaithful <- createDataFrame(faithful)
> # 히스토그램을 생성하지 못하는 스파크 데이터프레임 sparkFaithful
> hist(sparkFaithful$eruptions,main="Distribution of
Eruptions",xlab="Eruptions")
Error in hist.default(sparkFaithful$eruptions, main = "Distribution of
Eruptions",  :
  'x' must be numeric
> # 히스토그램을 생성하는 R 데이터프레임 faithful
> hist(faithful$eruptions,main="Distribution of
Eruptions",xlab="Eruptions")
```

아래 그림은 앞서 설명했듯이 스파크 데이터프레임으로는 차트 작성을 할 수 없고 R 데이터프레임을 사용해야 한다는 것을 보여주기 위한 예제다.

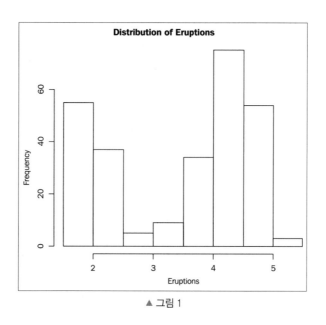

▲ 그림 1

위 예제 코드 결과를 보면 스파크 데이터프레임을 사용했을 때 호환성 문제 때문에 차트 및 그래프 생성 라이브러리가 에러를 출력한 것을 볼 수 있다.

R 데이터프레임을 사용할 때 가장 주의할 점은 스파크 데이터프레임은 병렬 데이터셋 컬렉션 이기 때문에 클러스터의 여러 노드에 걸쳐 분산되어 있는 반면에 R 데이터프레임은 인메모리 데이터 구조라는 것이다. 따라서 R 데이터프레임을 사용하는 모든 기능이 스파크 데이터프레 임과 모두 제대로 호환된다는 보장이 없으며 그 반대도 마찬가지다.

다른 유스 케이스를 살펴보기 전에 여기에서 논의할 내용을 이해하고 문맥을 설정하기 위해 그림 2에서 주어진 큰 그림을 다시 한번 살펴보자. 3장에서 같은 주제에 대해 스칼 라와 파이썬 프로그래밍 언어를 사용해 소개했다. 4장에서는 R을 이용해 똑같은 유스 케이스를 구현한다.

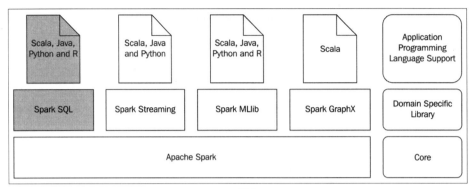

▲ 그림 2

여기에서 논의할 유스 케이스는 R을 이용해 스파크 프로그램과 SQL 쿼리를 섞는 방법이 가능하다는 것을 보여주는 예제다. 데이터베이스를 여러 개 선택할 것이고 데이터프레임을 이용해서 소스에서 데이터를 읽을 것이다. 또한, 스파크의 장점인 유니폼 데이터 액세스도 보여줄 것이다.


## ▌ R을 이용한 스파크 데이터프레임 프로그래밍

데이터프레임을 활용하는 스파크 SQL 프로그래밍을 설명하기 위한 유스 케이스는 아래와 같다.

- 거래 레코드는 쉼표로 구분된 값이다.
- 리스트에서 오직 올바른 거래 레코드만 골라낸다. 계좌 번호는 SB로 시작해야 하고 거래 총합은 반드시 0보다 커야 한다.
- 1000보다 큰 거래 총합을 가진 거래 레코드를 찾는다.
- 계좌 번호가 잘못된 거래 레코드를 찾는다.
- 거래 총합이 0보다 작거나 같은 거래 레코드를 찾는다.
- 모든 잘못된 거래 레코드 리스트를 찾는다.
- 모든 거래 총합의 합계를 찾는다.

- 모든 거래 총합 중에서 최댓값을 찾는다.
- 모든 거래 총합 중에서 최솟값을 찾는다.
- 올바른 계좌번호를 모두 찾는다.

3장에서 다뤘던 유스 케이스와 같지만 프로그래밍은 완전히 다르다. 이 장에서 사용하는 프로그래밍 모델은 R이다. 이 유스 케이스를 사용하여 다른 두 가지 형태의 프로그래밍 모델을 여기서 보여줄 것이다. 하나는 SQL 쿼리를 활용한 모델이고 다른 하나는 데이터 프레임 API를 사용하는 모델이다.

 아래 코드를 실행하기 위한 데이터 파일은 R 코드가 있는 디렉터리에 있다.

아래 코드에서 데이터는 파일시스템에 있는 파일에서 읽는다. 모든 코드가 R REPL에서 실행되기 때문에 모든 데이터 파일은 $SPARK_HOME 디렉터리에 저장된다.

## SQL 프로그래밍

R REPL 프롬프트에서 아래 명령문을 실행하자.

```
> # TODO - 데이터 디렉토리를 프로그램을 실행할 위치로 변경
> DATA_DIR <- "/Users/RajT/Documents/CodeAndData/R/"
> # JSON 파일에서 데이터를 읽어서 데이터프레임 생성
> acTransDF <- read.json(paste(DATA_DIR, "TransList1.json", sep = ""))
> # 데이터프레임 구조 출력
> print(acTransDF)
SparkDataFrame[AccNo:string, TranAmount:bigint]
> # 데이터프레임에서 샘플 레코드 출력
> showDF(acTransDF)
+-------+----------+
|  AccNo|TranAmount|
+-------+----------+
```

```
|SB10001|      1000|
|SB10002|      1200|
|SB10003|      8000|
|SB10004|       400|
|SB10005|       300|
|SB10006|     10000|
|SB10007|       500|
|SB10008|        56|
|SB10009|        30|
|SB10010|      7000|
|CR10001|      7000|
|SB10002|       -10|
+-------+----------+
```

> # SQL 쿼리를 활용하기 위해 임시 뷰 정의를 데이터프레임에 등록

> createOrReplaceTempView(acTransDF, "trans")

> # SQL을 이용해서 올바른 거래 레코드를 포함하는 데이터프레임

> goodTransRecords <- sql("SELECT AccNo, TranAmount FROM trans WHERE AccNo
like 'SB%' AND TranAmount > 0")

> # SQL 쿼리를 사용하기 위해 데이터프레임에 임시 테이블 정의 등록


> createOrReplaceTempView(goodTransRecords, "goodtrans")

> # 데이터프레임에서 샘플 레코드 읽어서 출력

> showDF(goodTransRecords)

```
+-------+----------+
|  AccNo|TranAmount|
+-------+----------+
|SB10001|      1000|
|SB10002|      1200|
|SB10003|      8000|
|SB10004|       400|
|SB10005|       300|
|SB10006|     10000|
|SB10007|       500|
|SB10008|        56|
|SB10009|        30|
|SB10010|      7000|
+-------+----------+
```

> # SQL을 이용해서 높은 거래 레코드를 가진 데이터프레임 생성

> highValueTransRecords <- sql("SELECT AccNo, TranAmount FROM goodtrans

```
WHERE TranAmount > 1000")
> # 데이터프레임에서 샘플 레코드 읽어서 출력
> showDF(highValueTransRecords)
+-------+----------+
|  AccNo|TranAmount|
+-------+----------+
|SB10002|      1200|
|SB10003|      8000|
|SB10006|     10000|
|SB10010|      7000|
+-------+----------+
> # SQL을 이용해서 불량 계좌 레코드를 포함하는 데이터프레임 생성
> badAccountRecords <- sql("SELECT AccNo, TranAmount FROM trans WHERE AccNo
NOT like 'SB%'")
> # 데이터프레임에서 샘플 레코드 읽어서 출력
> showDF(badAccountRecords)
+-------+----------+
|  AccNo|TranAmount|
+-------+----------+
|CR10001|      7000|
+-------+----------+
> # SQL을 사용해서 불량 거래 내역 레코드를 가지고 있는 데이터프레임 생성
> badAmountRecords <- sql("SELECT AccNo, TranAmount FROM trans WHERE
TranAmount < 0")
> # 데이터프레임에서 샘플 레코드 읽어서 출력
> showDF(badAmountRecords)
+-------+----------+
|  AccNo|TranAmount|
+-------+----------+
|SB10002|       -10|
+-------+----------+
> # 두 데이터프레임을 결합해서 새 데이터프레임 생성
> badTransRecords <- union(badAccountRecords, badAmountRecords)
> # 데이터프레임에서 샘플 레코드 읽어서 출력
> showDF(badTransRecords)
+-------+----------+
|  AccNo|TranAmount|
+-------+----------+
|CR10001|      7000|
```

```
|SB10002|       -10|
+-------+----------+
```
> # SQL을 이용해서 총 잔액을 포함하는 데이터프레임 생성
> sumAmount <- sql("SELECT sum(TranAmount) as sum FROM goodtrans")
> # 데이터프레임에서 샘플 레코드 읽어서 출력
> showDF(sumAmount)
```
+-----+
|  sum|
+-----+
|28486|
+-----+
```
> # SQL을 이용해서 최대 거래 레코드 데이터프레임 생성
> maxAmount <- sql("SELECT max(TranAmount) as max FROM goodtrans")
> # 데이터프레임에서 샘플 레코드 읽어서 출력
> showDF(maxAmount)
```
+-----+
|  max|
+-----+
 10000|
+-----+
```
> # SQL을 이용해서 최소 거래 레코드 데이터프레임 생성
DataFrame containing minimum amount using SQL
> minAmount <- sql("SELECT min(TranAmount)as min FROM goodtrans")
> # 데이터프레임에서 샘플 레코드 읽어서 출력
> showDF(minAmount)
```
+---+
|min|
+---+
| 30|
+---+
```
> # SQL을 이용해서 올바른 계좌 번호 레코드 데이터프레임 생성
> goodAccNos <- sql("SELECT DISTINCT AccNo FROM trans WHERE AccNo like
'SB%' ORDER BY AccNo")
> # 데이터프레임에서 샘플 레코드 읽어서 출력
> showDF(goodAccNos)
```
+-------+
|  AccNo|
+-------+
|SB10001|
```

```
|SB10002|
|SB10003|
|SB10004|
|CR10005|
|SB10006|
|SB10007|
|SB10008|
|SB10009|
|SB10010|
+-------+
```

위 유스 케이스에서 희망하는 결과를 얻기 위해 계좌번호, 거래 총합과 함께 제공되는 소매 금융 거래 레코드를 SparkSQL을 이용해서 처리한다. 위 스크립트의 작업 내용을 요약해서 아래에서 살펴보자.

- 스파크는 R 언어에 대해 RDD 프로그래밍을 지원하지 않는다. 따라서 컬렉션에서 RDD를 직접 구축할 수 없으므로 거래 레코드를 저장하고 있는 JSON 파일에서 데이터를 읽는다.
- 스파크 데이터프레임은 JSON 파일로부터 생성한다.
- 데이터프레임과 함께 등록한 테이블은 이름을 가진다. 등록된 테이블 이름은 SQL 명령문에서 사용된다.
- 그 후 다른 액티비티는 모두 SparkR 패키지에서 SQL 함수를 이용해 SQL 명령문을 생성한다.
- 위 SQL 명령문 실행 결과는 스파크 데이터프레임에 저장되고 showDF 함수로 R 프로그램에서 원하는 값들을 추출할 수 있다.
- 집계 값 계산 역시 SQL 명령문으로 처리한다.
- 데이터프레임 콘텐츠는 SparkR의 showDF 함수를 이용해서 테이블 포맷으로 표시한다.
- 데이터프레임 구조의 상세 내용은 print 함수를 이용해서 표시한다. 데이터베이스 테이블의 describe 명령어와 비슷하다.

앞 R 예제 코드의 스타일은 스칼라와 다르다. R 프로그램이기 때문이다. 예제에서는 SparkR 라이브러리를 이용해서 스파크의 장점을 활용한다. 함수와 다른 추상화 기능들은 스칼라 스타일과 그렇게 다르지 않다.

 4장 전체에 걸쳐서 데이터프레임을 사용하는 예제를 언급할 것이다. 언급된 데이터프레임이 R 데이터프레임을 가리키는 것인지 스파크 데이터프레임인지 헷갈리기 쉽다. 따라서 R 데이터프레임과 스파크 데이터프레임을 잘 구분해서 구체적으로 언급할 필요가 있다.

## R 데이터프레임 API를 이용한 프로그래밍

이번 섹션에서 R REPL에서 코드 예제를 실행할 것이다. 앞 코드와 마찬가지로 처음에 데이터프레임에 따른 기본 명령어가 주어진다. 이 명령어들은 일반적으로 데이터 분석의 탐색 단계에서 자주 사용되는 명령으로 이를 활용하여 데이터의 구조와 내용에 대해 더 많은 통찰력을 얻을 수 있다.

R REPL 프롬프트에서 아래 명령문을 실행하자.

```
> # JSON 파일에서 데이터 읽어서 데이터프레임 생성
> acTransDF <- read.json(paste(DATA_DIR, "TransList1.json", sep = ""))
> print(acTransDF)
SparkDataFrame[AccNo:string, TranAmount:bigint]
> # 데이터프레임에서 샘플 레코드 읽어서 출력
> showDF(acTransDF)
+-------+----------+
|  AccNo|TranAmount|
+-------+----------+
|SB10001|      1000|
|SB10002|      1200|
|SB10003|      8000|
|SB10004|       400|
|SB10005|       300|
|SB10006|     10000|
```

```
|SB10007|       500|
|SB10008|        56|
|SB10009|        30|
|SB10010|      7000|
|CR10001|      7000|
|SB10002|       -10|
+-------+----------+
```

> # API를 이용해서 올바른 거래 레코드를 포함한 데이터프레임 생성
> goodTransRecordsFromAPI <- filter(acTransDF, "AccNo like 'SB%' AND
TranAmount > 0")
> # 데이터프레임에서 샘플 레코드 읽어서 출력
> showDF(goodTransRecordsFromAPI)

```
+-------+----------+
|  AccNo|TranAmount|
+-------+----------+
|SB10001|      1000|
|SB10002|      1200|
|SB10003|      8000|
|SB10004|       400|
|SB10005|       300|
|SB10006|     10000|
|SB10007|       500|
|SB10008|        56|
|SB10009|        30|
|SB10010|      7000|
+-------+----------+
```

> # API를 이용해서 높은금액 거래 레코드 데이터프레임 생성
> highValueTransRecordsFromAPI = filter(goodTransRecordsFromAPI,
"TranAmount > 1000")
> # 데이터프레임에서 샘플 레코드 읽어서 출력
> showDF(highValueTransRecordsFromAPI)

```
+-------+----------+
|  AccNo|TranAmount|
+-------+----------+
|SB10002|      1200|
|SB10003|      8000|
|SB10006|     10000|
|SB10010|      7000|
+-------+----------+
```

```
> # API를 이용해서 불량 계좌 레코드를 포함한 데이터프레임 생성
> badAccountRecordsFromAPI <- filter(acTransDF, "AccNo NOT like 'SB%'")
> # 데이터프레임에서 샘플 레코드 읽어서 출력
> showDF(badAccountRecordsFromAPI)
+-------+----------+
|  AccNo|TranAmount|
+-------+----------+
|CR10001|      7000|
+-------+----------+
> # API를 이용해서 불량 총액 레코드를 포함한 데이터프레임 생성
> badAmountRecordsFromAPI <- filter(acTransDF, "TranAmount < 0")
> # 데이터프레임에서 샘플 레코드 읽어서 출력
> showDF(badAmountRecordsFromAPI)
+-------+----------+
|  AccNo|TranAmount|
+-------+----------+
|SB10002|       -10|
+-------+----------+
> # 두 데이터프레임을 결합해서 새 데이터프레임 생성
> badTransRecordsFromAPI <- union(badAccountRecordsFromAPI,
badAmountRecordsFromAPI)
> # 데이터프레임에서 샘플 레코드 읽어서 출력
> showDF(badTransRecordsFromAPI)
+-------+----------+
|  AccNo|TranAmount|
+-------+----------+
|CR10001|      7000|
|SB10002|       -10|
+-------+----------+
> # API를 이용해서 총합을 포함한 데이터프레임 생성
> sumAmountFromAPI <- agg(goodTransRecordsFromAPI, sumAmount =
sum(goodTransRecordsFromAPI$TranAmount))
> # 데이터프레임에서 샘플 레코드 읽어서 출력
> showDF(sumAmountFromAPI)
+---------+
|sumAmount|
+---------+
|    28486|
+---------+
```

```
> # API를 이용해서 최대 잔고 레코드 포함한 데이터프레임 생성
DataFrame containing maximum amount using API
> maxAmountFromAPI <- agg(goodTransRecordsFromAPI, maxAmount =
max(goodTransRecordsFromAPI$TranAmount))
> # 데이터프레임에서 샘플 레코드 읽어서 출력
> showDF(maxAmountFromAPI)
+---------+
|maxAmount|
+---------+
|    10000|
+---------+
> # API를 이용해서 최소 잔액을 포함한 데이터프레임 생성
> minAmountFromAPI <- agg(goodTransRecordsFromAPI, minAmount =
min(goodTransRecordsFromAPI$TranAmount))
> # 데이터프레임에서 샘플 레코드 읽어서 출력
> showDF(minAmountFromAPI)
+---------+
|minAmount|
+---------+
|       30|
+---------+
> # API를 이용해서 올바른 계좌 번호 레코드를 가진 데이터프레임 생성
> filteredTransRecordsFromAPI <- filter(goodTransRecordsFromAPI, "AccNo like
'SB%'")
> accNosFromAPI <- select(filteredTransRecordsFromAPI, "AccNo")
> distinctAccNoFromAPI <- distinct(accNosFromAPI)
> sortedAccNoFromAPI <- arrange(distinctAccNoFromAPI, "AccNo")
> # 데이터프레임에서 샘플 레코드 읽어서 출력
> showDF(sortedAccNoFromAPI)
+-------+
|  AccNo|
+-------+
|SB10001|
|SB10002|
|SB10003|
|SB10004|
|SB10005|
|SB10006|
|SB10007|
```

```
|SB10008|
|SB10009|
|SB10010|
+-------+
> # Parquet 파일에 데이터프레임 저장
> write.parquet(acTransDF, "r.trans.parquet")
> # Parquet 파일에서 데이터 읽어서 저장
> acTransDFFromFile <- read.parquet("r.trans.parquet")
> # 데이터프레임에서 샘플 레코드 읽어서 출력
> showDF(acTransDFFromFile)
+-------+----------+
|  AccNo|TranAmount|
+-------+----------+
|SB10007|       500|
|SB10008|        56|
|SB10009|        30|
|SB10010|      7000|
|CR10001|      7000|
|SB10002|       -10|
|SB10001|      1000|
|SB10002|      1200|
|SB10003|      8000|
|SB10004|       400|
|SB10005|       300|
|SB10006|     10000|
+-------+----------+
```

위 스크립트에서 어떤 작업을 완료했는지 데이터프레임 API 측면에서 요약한 내용을 살펴보자.

- 앞 섹션에서 사용된 데이터의 상위 데이터셋을 포함하는 데이터프레임을 사용한다.
- 레코드 필터링은 다음에 시연할 것이다. 여기서 가장 중요한 점은 필터 서술어는 SQL 명령문의 서술어와 정확하게 같다는 것이다. 필터는 여러 개를 연결해서 사용할 수 없다.

- 집계 메소드는 다음에 계산된다.
- 데이터셋의 최종 명령문은 선택 및 필터링, 레코드 선택 및 정렬을 수행한다.
- 마침내 거래 레코드는 Parquet 포맷으로 유지되고 Parquet store에서 읽어내고 스파크 데이터프레임으로 생성된다. 유지 포맷에 대한 좀 더 상세한 예제는 이전 장에서부터 다뤄져 왔고 같다. 데이터프레임 API 문법만 다르다.
- 이 코드 예제에서 Parquet 포맷 데이터는 사용하는 REPL이 실행된 현재 디렉터리에 저장된다. 스파크 프로그램으로 실행될 때 다시 스파크 submit이 실행된 곳이 현재 디렉터리가 된다.

마지막 명령문들은 미디어 포맷으로 저장되는 데이터프레임에 관한 것이다. 3장에서 다루었던 스칼라와 파이썬을 이용한 저장 메커니즘과 역시 비슷한 방식이다.

## ▌ 스파크 R을 이용한 집계

SQL을 활용한 데이터 집계는 매우 유연하다. 스파크 SQL도 마찬가지다. 단일 머신의 데이터 소스 1개를 위해 SQL 명령문을 실행하는 대신 스파크 SQL은 똑같은 작업을 분산된 데이터 소스 기반으로 수행할 수 있다. RDD 프로그래밍을 다룬 3장에서 데이터 집계를 위한 맵리듀스 유스 케이스를 논의했고 마찬가지로 스파크 SQL의 집계 능력을 보여주기 위해 4장에서도 맵 리듀스 유스 케이스를 사용한다. 또한 유스 케이스들을 처리할 때 데이터프레임 API 아니라 SQL 쿼리도 사용한다.

맵 리듀스 종류의 데이터 처리 방식을 설명하는 유스 케이스는 아래와 같다.

- 소매 은행 거래 레코드는 쉼표로 구분된 스트링 형태로 계좌 번호와 거래 총합을 포함한다.
- 계좌 잔액을 얻기 위해 모든 거래에 대해 계좌별 요약 정보를 찾는다.

R REPL 프롬프트에서 아래 명령문을 실행하자.

---

```
> # JSON 파일에서 데이터 읽어서 데이터프레임 생성
> acTransDFForAgg <- read.json(paste(DATA_DIR, "TransList2.json", sep = ""))
> # SQL 쿼리를 활용하기 위해 임시 뷰 정의를 데이터프레임에 등록
> createOrReplaceTempView(acTransDFForAgg, "transnew")
> # 데이터프레임에서 샘플 레코드 읽어서 출력
> showDF(acTransDFForAgg)
+-------+----------+
|  AccNo|TranAmount|
+-------+----------+
|SB10001|      1000|
|SB10002|      1200|
|SB10001|      8000|
|SB10002|       400|
|SB10003|       300|
|SB10001|     10000|
|SB10004|       500|
|SB10005|        56|
|SB10003|        30|
|SB10002|      7000|
|SB10001|      -100|
|SB10002|       -10|
+-------+----------+
> # API를 이용해서 계좌 총액 레코드 포함한 데이터프레임 생성
> acSummary <- sql("SELECT AccNo, sum(TranAmount) as TransTotal FROM transnew
GROUP BY AccNo")
> # 데이터프레임에서 샘플 레코드 읽어서 출력
> showDF(acSummary)
+-------+----------+
|  AccNo|TransTotal|
+-------+----------+
|SB10001|     18900|
|SB10002|      8590|
|SB10003|       330|
|SB10004|       500|
|SB10005|        56|
+-------+----------+
```

168

```
> # API를 이용해서 계좌 거래 요약 레코드를 포함한 데이터프레임 생성
> acSummaryFromAPI <- agg(groupBy(acTransDFForAgg, "AccNo"),TranAmount="sum")
> # 데이터프레임에서 샘플 레코드 읽어서 출력
> showDF(acSummaryFromAPI)
+-------+---------------+
|  AccNo|sum(TranAmount)|
+-------+---------------+
|SB10001|          18900|
|SB10002|           8590|
|SB10003|            330|
|SB10004|            500|
|SB10005|             56|
+-------+---------------+
```

R 데이터프레임 API를 스칼라나 파이썬 데이터프레임 API와 비교했을 때 약간의 문법 차이가 있는데, 이는 순전히 API 기반 프로그래밍 모델 때문이다.


## ▌ SparkR을 이용한 다중 데이터 소스 조인

3장에서부터 키를 기반으로 한 다중 데이터프레임 조인을 논의해 왔다. 이번 섹션에서는 스파크 SQL의 R API를 이용해 똑같은 유스 케이스를 구현한다. 아래 섹션에 키를 이용한 다중 데이터셋의 조인을 설명하기 위해 유스 케이스가 주어진다.

첫 번째 데이터셋은 계좌번호 및 이름, 성을 포함한 소매 금융 마스터 레코드 요약 정보를 포함한다. 두 번째 데이터셋은 계좌 잔액 총합과 계좌 번호를 가지고 있는 소매 금융 계좌 정보를 포함한다. 두 데이터셋의 키는 계좌 번호다. 두 데이터셋을 조인하고 계좌 번호 및 이름, 성, 잔액 총합을 포함하는 하나의 새 데이터셋을 생성한다. 이 보고서에서 잔액 총합이 가장 높은 3개 계좌를 뽑는다.

JSON 파일로부터 스파크 데이터프레임을 생성한다. JSON 파일뿐 아니라 어떤 형태의 파일도 지원한다. 데이터프레임을 형성하기 위해 디스크에서 읽어서 조인한다.

R REPL 프롬프트에서 아래 명령문을 시도해 보자.

---

```
> # JSON 파일에서 데이터 로드
> acMasterDF <- read.json(paste(DATA_DIR, "MasterList.json", sep = ""))
> # 데이터프레임에서 샘플 레코드 읽어서 출력
> showDF(acMasterDF)
+-------+---------+--------+
|  AccNo|FirstName|LastName|
+-------+---------+--------+
|SB10001|    Roger| Federer|
|SB10002|     Pete| Sampras|
|SB10003|   Rafael|   Nadal|
|SB10004|    Boris|  Becker|
|SB10005|     Ivan|   Lendl|
+-------+---------+--------+

> # SQL 쿼리를 활용하기 위해 임시 뷰 정의를 데이터프레임에 등록
> createOrReplaceTempView(acMasterDF, "master")
> acBalDF <- read.json(paste(DATA_DIR, "BalList.json", sep = ""))
> # 데이터프레임에서 샘플 레코드 읽어서 출력
> showDF(acBalDF)
+-------+---------+
|  AccNo|BalAmount|
+-------+---------+
|SB10001|    50000|
|SB10002|    12000|
|SB10003|     3000|
|SB10004|     8500|
|SB10005|     5000|
+-------+---------+

> # SQL 쿼리를 활용하기 위해 임시 뷰 정의를 데이터프레임에 등록
> createOrReplaceTempView(acBalDF, "balance")
> # SQL 쿼리로 여러 데이터프레임 컨텐츠를 조인해서 계좌 세부 레코드를 포함한 데이터프레임 생성
> acDetail <- sql("SELECT master.AccNo, FirstName, LastName, BalAmount FROM
master, balance WHERE master.AccNo = balance.AccNo ORDER BY BalAmount DESC")
> # 데이터프레임에서 샘플 레코드 읽어서 출력
> showDF(acDetail)
```

```
+-------+---------+--------+---------+
|  AccNo|FirstName|LastName|BalAmount|
+-------+---------+--------+---------+
|SB10001|    Roger| Federer|    50000|
|SB10002|     Pete| Sampras|    12000|
|SB10004|    Boris|  Becker|     8500|
|SB10005|     Ivan|   Lendl|     5000|
|SB10003|   Rafael|   Nadal|     3000|
+-------+---------+--------+---------+
```

```
> # Parquet 파일에 데이터프레임 데이터 저장
> write.parquet(acDetail, "r.acdetails.parquet")
> # Parquet 파일에서 데이터를 읽어서 데이터프레임에 저장

> acDetailFromFile <- read.parquet("r.acdetails.parquet")
> # 데이터프레임에서 샘플 레코드 읽어서 출력
> showDF(acDetailFromFile)
+-------+---------+--------+---------+
|  AccNo|FirstName|LastName|BalAmount|
+-------+---------+--------+---------+
|SB10002|     Pete| Sampras|    12000|
|SB10003|   Rafael|   Nadal|     3000|
|SB10005|     Ivan|   Lendl|     5000|
|SB10001|    Roger| Federer|    50000|
|SB10004|    Boris|  Becker|     8500|
+-------+---------+--------+---------+
```

같은 R REPL 세션에서 이어서 아래 코드를 실행하면 데이터프레임 API로부터 같은 결과를 얻는다.

```
> # 열 네임 변경
> acBalDFWithDiffColName <- selectExpr(acBalDF, "AccNo as AccNoBal",
"BalAmount")
> # 데이터프레임에서 샘플 레코드 읽어서 출력
> showDF(acBalDFWithDiffColName)
+--------+---------+
```

```
|AccNoBal|BalAmount|
+--------+---------+
| SB10001|    50000|
| SB10002|    12000|
| SB10003|     3000|
| SB10004|     8500|
| SB10005|     5000|
+--------+---------+
```

> # 여러 데이터프레임 컨텐츠를 조인해서 계좌 세부 레코드를 포함하는 데이터프레임 생성
> acDetailFromAPI <- join(acMasterDF, acBalDFWithDiffColName, acMasterDF$AccNo ==
acBalDFWithDiffColName$AccNoBal)
> # 데이터프레임에서 샘플 레코드 읽어서 출력
> showDF(acDetailFromAPI)

```
+-------+---------+--------+--------+---------+
|  AccNo|FirstName|LastName|AccNoBal|BalAmount|
+-------+---------+--------+--------+---------+
|SB10001|    Roger |Federer|SB10001|    50000|
|SB10002|     Pete| Sampras|SB10002|    12000|
|SB10003|   Rafael|   Nadal|SB10003|     3000|
|SB10004|    Boris|  Becker|SB10004|     8500|
|SB10005|     Ivan|   Lendl|SB10005|     5000|
+-------+---------+--------+--------+---------+
```

> # 특정 필드를 선택하는 SQL 쿼리를 사용해서 계좌 세부 레코드를 포함하는 데이터프레임 생성
> acDetailFromAPIRequiredFields <- select(acDetailFromAPI, "AccNo", "FirstName",
"LastName", "BalAmount")
> # 데이터프레임에서 샘플 레코드 읽어서 출력
> showDF(acDetailFromAPIRequiredFields)

```
+-------+---------+--------+---------+
|  AccNo|FirstName|LastName|BalAmount|
+-------+---------+--------+---------+
|SB10001|    Roger| Federer|    50000|
|SB10002|     Pete| Sampras|    12000|
|SB10003|   Rafael|   Nadal|     3000|
|SB10004|    Boris|  Becker|     8500|
|SB10005|     Ivan|   Lendl|     5000|
+-------+---------+--------+---------+
```

이전 섹션에서 선택한 조인 유형은 이너 조인이다. 또한, SQL 쿼리 방식이나 데이터프레임 API 방식을 통해 다른 타입의 조인도 얼마든지 사용할 수 있다. 데이터프레임 API를 이용한 조인을 사용하기 전에 한 가지 주의해야 할 점은 스파크 데이터프레임 결과의 모호함을 피하기 위해 스파크 데이터프레임의 열 이름을 서로 다르게 지어야 한다는 것이다. 이 특수한 유스 케이스에서 SQL 쿼리 방식은 매우 직관적으로 보이지만 데이터프레임 API는 점점 다루기가 어려워지고 있는 듯하다.

이전 섹션에서부터 스파크 SQL용 R API를 다뤄 왔다. 일반적으로 가능하다면 SQL 쿼리를 많이 사용하는 방향으로 코드를 작성하는 것이 더 낫다. 데이터프레임 API는 점차 개선되고 있지만, 스칼라나 파이썬에서 지원하는 만큼은 아직 유연하지 않다.

이 책의 다른 장과는 다르게 이번 장은 스파크를 R 프로그래머에게 소개하는 내용이 포함된 장이다. 이번 장에서 논의한 모든 유스 케이스는 스파크의 R REPL에서 실행한다. 그러나 실제 애플리케이션에서 이 방법은 이상적이지 않다. R 명령어는 스크립트 파일에 잘 정돈되어 있어야 하고 실행을 위해 스파크 클러스터에 서밋submit해야 하기 때문이다. 가장 쉬운 방법은 이미 존재하는 $ SPARK_HOME/bin/spark−submit 〈R 스크립트 파일 경로〉 스크립트를 사용하는 것이다. 이 스크립트에는 명령어가 실행된 현재 디렉토리와 관련해서 완전히 R 문법에 맞는 파일 이름이 주어진다.

## ▌ 참고문헌

좀 더 많은 정보를 얻기 위해서 아래 링크를 참고하자.

- https://spark.apache.org/docs/latest/api/R/index.html

# 요약

4장에서는 R 언어를 전반적으로 살펴본 후 R 데이터프레임과 스파크 데이터프레임의 차이점을 구분해야 필요성에 대해 특별히 언급했다. 그 후 R을 사용한 기본 스파크 프로그래밍은 3장에서 다룬 것과 같은 유스 케이스를 이용해 설명했다. 또한, 스파크 R API를 다뤘으며 SQL 쿼리와 데이터프레임 API를 활용해 유스 케이스를 구현했다. 4장은 데이터 과학자들이 스파크의 힘을 이해하고 스파크와 함께 제공되는 SparkR 패키지를 사용해 R 애플리케이션에서 이를 활용하도록 돕는다. 즉, 스파크 R을 활용해 구조화된 데이터를 처리하는 빅데이터 처리 시대를 열었다고 할 수 있다.

다양한 언어를 이용한 스파크 기반 데이터 처리를 논의했으며 차트 및 그래프 작성과 함께 데이터 분석에 중점을 두었다. 파이썬은 출판이 가능할 정도의 고품질의 그림을 생성하는 수많은 차트 및 그래프 라이브러리를 많이 가지고 있다. 다음 장에서는 스파크에서 처리한 데이터를 바탕으로 도표 및 그래프 작성에 관해 설명한다.

# 05

# 파이썬을 활용한
# 스파크 데이터 분석

데이터 처리의 궁극적인 목표는 비즈니스 질의에 대응하기 위해 처리 결과를 활용하는 것이다. 따라서 비즈니스 질의에 대응하기 위해 사용하는 데이터 자체를 이해하는 것은 매우 중요하고 이를 위해 다양한 집계 방법, 차트 및 그래프 작성 테크닉을 사용한다. 또한, 데이터 시각화는 데이터 아래 숨어있는 의미를 이해하도록 돕는다. 이 때문에 데이터 시각화는 데이터 분석에 광범위하게 사용된다.

다양한 논문 및 책에서 비즈니스 질의에 대응하기 위한 데이터 분석을 정의하기 위해 사용하는 용어가 있다. 데이터 분석 및 데이터 애널리틱스, 비즈니스 인텔리전스는 그 중 일부다. 5장에서는 이러한 용어의 의미 또는 유사점, 차이점에 대해 논의하지는 않을 것이다. 대신에 데이터 과학자 또는 데이터 분석가가 일반적으로 수행하는 두 가지 주요 활동을 어떻게 연결시킬 것인지 집중적으로 논의할 것이다. 첫 번째는 데이터 처리다. 두 번째는 처리된 데이터를 사용한 차트 및 그래프 작성을 통한 분석이다. 데이터 분석은 데이터 분석가와 데이터 과학자들의 몫이다. 5장에서는 스파크 및 파이썬을 사용하여 데이터를 처리하고 차트 및 그래프를 생성하는 방법을 중점적으로 다룬다.

많은 데이터 분석 유스 케이스에서 데이터의 전체 집합$^{super-set}$을 먼저 처리하고 크기가 줄어든 소집합 데이터셋을 실제 데이터 분석에 사용한다. 이러한 방식은 처리한 데이터의 소집합을 빅데이터 분석에 사용하는 경우 특히 효과적이다. 유스 케이스에 따라 다양한 데이터 분석 요구를 수행하기 위해 적절한 데이터 처리를 먼저 수행하는 경우가 많다. 5장에서 다루게 될 대부분의 유스 케이스는 이러한 데이터 처리 방식을 사용하는데 첫 번째 단계는 필요한 데이터 처리 수행이고 두 번째 단계는 데이터 분석에 필요한 차트 및 그래프 작성이다.

일반적인 데이터 분석 유스 케이스에서 데이터 분석 체인은 보통 데이터 분석 플랫폼 또는 애플리케이션을 마지막 단계로 두는 넓은 범위의 다단계 **데이터 추출 작업 및 변환, 로드**$^{ETL}$ 파이프라인을 포함한다. 이러한 데이터 분석 체인의 최종 결과는 보통 데이터 요약 테이블 및 차트, 그래프 형식의 데이터에 대한 다양한 시각적 표현$^{representation}$을 포함한다. 스파크는 다양한 분산 데이터 소스의 데이터를 매우 효과적으로 처리할 수 있으므로 기존 데이터 분석 애플리케이션에 있던 거대한 ETL 파이프라인을 데이터 처리 및 데이터 분석을 수행하는 자체 포함 애플리케이션으로 통합할 수 있다.

5장에서는 다음 내용을 다룬다.

- 차트 및 그래프 작성 라이브러리
- 데이터셋 설정
- 데이터 분석 유스 케이스 상위 레벨 세부사항
- 다양한 차트 및 그래프

# ▌ 차트 및 그래프 작성 라이브러리

파이썬은 요즘 데이터 분석가와 데이터 과학자들이 많이 사용하는 프로그래밍 언어다. 파이썬은 수많은 과학 및 통계 데이터 처리 라이브러리뿐만 아니라 차트 및 그래프 작성 라이브러리도 지원한다. 또한, 파이썬은 스파크에서 데이터 처리 애플리케이션 개발 프로그래밍 언어로도 널리 사용된다. 덕분에 훌륭한 유연성을 통해 스파크에서 파이썬 및 파이썬 라이브러리를 활용한 통합된 데이터 처리 및 데이터 분석 프레임워크를 제공하고 과학적 통계 처리 및 차트, 그래프 작성도 가능하다. 수많은 라이브러리가 파이썬 버전을 지원하지만 이 중에서도 NumPy와 SciPy 라이브러리는 수치 및 통계, 과학 데이터 처리를 위해 널리 사용하고 있다. matplotlib 라이브러리는 2D 이미지를 생성하는 차트 및 그래프 작성을 위해 사용한다.

 **TIP** 5장에서 주어진 코드 샘플을 시도하기 전에 NumPy 및 SciPy, matplotlib Python 라이브러리가 Python 설치 후 잘 작동하는지 확인하는 것이 우선이다. 스파크 애플리케이션에서 라이브러리를 사용하기 전에 이를 먼저 테스트하고 검증해야 한다.

그림 1의 블록 다이어그램은 애플리케이션 스택의 전체 구조를 보여준다.

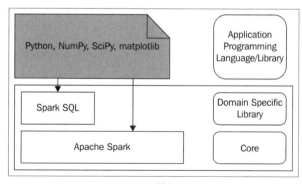

▲ 그림 1

# ▌데이터셋 설정

교육 및 연구, 개발 목적으로 사용 가능한 수많은 공용$^{public}$ 데이터셋이 있다. MovieLens 웹 사이트에서는 사용자가 영화 추천에 점수를 매기고 개인화할 수 있다. GroupLens Research는 MovieLens의 등급에 관한 데이터셋을 공개했다. 이 데이터셋은 웹 사이트 http://grouplens.org/datasets/movielens/에서 다운로드할 수 있다. 5장에서는 스파크에서 파이썬 및 NumPy, SciPy, matplotlib과 함께 분산 데이터 처리를 사용하는 방법을 보여주기 위해 MovieLens 100K 크기의 데이터 집합을 사용한다.

 위 데이터셋과는 별도로 GroupLens Research 웹 사이트에서는 MovieLens 1M 데이터셋 및 MovieLens 10M 데이터셋, MovieLens 20M 데이터셋, MovieLens 최신 데이터셋 등 다운로드 가능한 수많은 데이터셋이 있다. 일단 독자가 프로그램을 잘 활용하고 데이터를 다루는데 능숙한 단계까지 도달하면 직접 5장에서 얻은 지식을 바탕으로 독자적인 데이터 분석을 해 보길 추천한다.

MovieLens 100K 데이터셋은 여러 파일에 데이터가 나누어져 있다. 다음은 5장의 데이터 분석 유스 케이스에서 사용할 것들이다.

- u.user: 영화를 평가한 사용자에 대한 인구 통계 정보다. 데이터셋의 구조는 데이터셋과 함께 제공되는 README 파일에 기술된 것처럼 재작성되어 다음과 같이 표시된다.
  - User ID
  - Age
  - Gender
  - Occupation
  - Zip code

- **u.item**: 사용자가 평가한 영화에 대한 정보. 데이터셋의 구조는 데이터셋과 함께 제공되는 README 파일에 기술된 것처럼 재작성되어 다음과 같이 표시된다.
  - Movie ID
  - Movie title
  - Release date
  - Video release date
  - IMdb URL
  - Unknown
  - Action
  - Adventure
  - Animation
  - Children's
  - Comedy
  - Cri,e
  - Documentary
  - Drama
  - Fantasu
  - Film—Noir
  - Horror
  - Musical
  - Mystery
  - Romance
  - Sci—Fi
  - Thriller
  - War
  - Western

# 데이터 분석 유스 케이스

다음 목록은 데이터 분석 유스 케이스에 대한 상위 수준의 세부 사항을 포함한다. 대부분의 유스 케이스는 다양한 차트 및 그래프의 작성을 중심으로 구성되어 있다.

- 영화를 평가하기 위해 히스토그램을 이용한 사용자의 연령 분포 그래프를 그린다.

- 위 히스토그램을 그리는 데 사용된 데이터를 활용해 사용자의 연령 확률 밀도 차트를 그린다.

- 사용자 나이의 최솟값 및 25번째, 중간값, 75번째, 최댓값을 찾기 위해 연령 분포 데이터 요약 그래프를 그린다.

- 데이터를 나란히 비교하기 위해 여러 장의 차트 또는 그래프를 같은 화면에 그린다.

- 영화를 평가한 사용자 수를 기준으로 상위 10개의 직종을 보여주는 막대형 차트를 그린다.

- 영화를 평가한 사용자 중에서 직업별 남성 및 여성 사용자 수를 보여주는 누적 막대형 차트를 그린다.

- 영화를 평가한 사용자 수를 기준으로 하위 10개 직업을 보여주는 파이 차트를 그린다.

- 영화를 평가한 사용자 수를 기준으로 상위 10개 우편 번호를 보여주는 도넛 차트를 그린다.

- 세 가지 직업 구분을 사용하여 영화를 평가한 사용자의 요약 통계를 보여주는 박스 그래프를 그린다. 비교하기 쉽도록 모든 박스 그래프는 모두 한 화면에 그려야 한다.

- 장르별 영화 수를 나타내는 막대형 차트를 그린다.

- 매년 출시되는 영화 수를 기준으로 상위 10개 연도를 나타내는 산점도<sup>scatter graph</sup>를 그린다.

- 매년 출시되는 영화 수를 기준으로 상위 10개 연도를 나타내는 산점도를 그린다. 이 그래프에서 그래프의 점 대신 해당 연도에 출시된 영화의 수에 비례하여 커지는 원을 이용한다.
- 지난 10년 동안 출시된 액션 영화의 숫자를 포함한 데이터셋 하나와 비교를 쉽게 하기 위해 지난 10년 동안 출시된 드라마 영화의 숫자를 포함한 다른 데이터셋으로 구성된 두 개의 데이터셋으로 선 그래프를 그린다.

 앞의 모든 유스 케이스에서 구현과 관련하여 스파크는 데이터를 처리하고 필수 데이터셋을 준비한다. 필요한 처리가 완료된 데이터가 스파크 데이터프레임을 위해 준비되면 드라이버 프로그램이 이를 수집(collect)한다. 즉, 데이터는 차트 및 그래프를 생성을 위해 스파크의 분산 컬렉션에서 파이썬 프로그램의 튜플(tuple) 형태로 로컬 컬렉션으로 전송된다. 파이썬은 차트 및 그래프 생성 작업 시 데이터를 로컬로 접근한다. 스파크 데이터프레임을 직접 사용해 차트 및 그래프 작성을 수행하는 것은 불가능하다.

## ▌ 차트와 그래프

이번 예제에서는 앞 예제에서 설명한 유스 케이스와 관련된 MovieLens 100K 데이터셋의 다양한 측면을 시각적으로 나타내기 위해 다양한 차트 및 그래프를 그리는 데 중점을 둔다. 5장에서 설명하는 차트 및 그래프 그리기 과정은 하나의 패턴을 따른다. 다음은 패턴에서 중요한 각 단계다.

1. 스파크를 사용해 데이터 파일에서 데이터를 읽는다.
2. 스파크 데이터프레임에서 데이터를 사용할 수 있도록 한다.
3. 데이터프레임 API를 이용하여 필요한 데이터 처리를 한다.
4. 데이터 처리는 주로 차트 및 그래프 생성 시 필요한 최소한의 데이터만 사용할 수 있도록 한다.

5. 스파크 데이터프레임에서 처리한 데이터를 스파크 드라이버 프로그램의 로컬 파이썬 컬렉션 객체로 전송한다.

6. 차트 및 그래프 생성 라이브러리를 활용해 파이썬 컬렉션 객체에서 사용할 수 있는 데이터를 사용해 그린다.

## 히스토그램

히스토그램은 일반적으로 주어진 숫자 데이터셋이 연속되지만 겹치지 않고 일정한 크기의 간격$^{interval}$으로 어떻게 분포되어 있는지 보여주기 위해 사용한다. 간격 또는 빈$^{bin}$ 크기는 데이터셋을 기반으로 선택한다. 빈 또는 간격은 데이터 범위를 나타낸다. 이 유스케이스에서 데이터셋은 사용자의 연령으로 구성되는데 하나의 빈 크기가 100이면 아무런 의미가 없는데 전체 데이터셋이 하나의 빈으로 표시될 것이기 때문이다. 빈을 나타내는 막대의 높이는 해당 빈 또는 간격의 데이터 항목 빈도를 나타낸다.

아래 명령어 셋은 스파크 파이썬 REPL 및 차트 및 그래프 작성을 위한 데이터 처리 프로그램을 로드한다.

```
$ cd $SPARK_HOME
$ ./bin/pyspark
>>> # 필요한 라이브러리 import
>>> from pyspark.sql import Row
>>> import matplotlib.pyplot as plt
>>> import numpy as np
>>> import matplotlib.pyplot as plt
>>> import pylab as P
>>> plt.rcdefaults()
>>> # TODO - 아래 주소를 적절한 데이터 파일 주소로 변경해야 한다.
>>> dataDir = "/Users/RajT/Documents/Writing/SparkForBeginners/
SparkDataAnalysisWithPython/Data/ml-100k/"
>>> # 유저 데이터셋 데이터프레임 생성
>>> lines = sc.textFile(dataDir + "u.user")
>>> splitLines = lines.map(lambda l: l.split("|"))
```

```
>>> usersRDD = splitLines.map(lambda p: Row(id=p[0], age=int(p[1]), gender=p[2],
occupation=p[3], zipcode=p[4]))
>>> usersDF = spark.createDataFrame(usersRDD)
>>> usersDF.createOrReplaceTempView("users")
>>> usersDF.show()
  +---+------+---+-------------+-------+
  |age|gender| id|   occupation|zipcode|
  +---+------+---+-------------+-------+
  | 24|     M|  1|   technician|  85711|
  | 53|     F|  2|        other|  94043|
  | 23|     M|  3|       writer|  32067|
  | 24|     M|  4|   technician|  43537|
  | 33|     F|  5|        other|  15213|
  | 42|     M|  6|    executive|  98101|
  | 57|     M|  7|administrator|  91344|
  | 36|     M|  8|administrator|  05201|
  | 29|     M|  9|      student|  01002|
  | 53|     M| 10|       lawyer|  90703|
  | 39|     F| 11|        other|  30329|
  | 28|     F| 12|        other|  37212|
  | 47|     M| 13|     educator|  29206|
  | 45|     M| 14|    scientist|  55106|
  | 49|     F| 15|     educator|  97301|
  | 21|     M| 16|entertainment|  10309|
  | 30|     M| 17|   programmer|  06355|
  | 35|     F| 18|        other|  06405|
  | 40|     M| 19|     librarian|  02138|
  | 42|     F| 20|    homemaker|  95660|
  +---+------+---+-------------+-------+
  only showing top 20 rows
>>> # 유저 데이터셋 데이터프레임 생성
>>> ageDF = spark.sql("SELECT age FROM users")
>>> ageList = ageDF.rdd.map(lambda p: p.age).collect()
>>> ageDF.describe().show()
  +-------+-----------------+
  |summary|              age|
  +-------+-----------------+
  |  count|              943|
  |   mean|34.05196182396607|
```

```
| stddev|12.186273150937206|
|    min|                  7|
|    max|                 73|
+-------+-------------------+
```
```
>>> # 유저의 age 분포
>>> plt.hist(ageList)
>>> plt.title("Age distribution of the users\n")
>>> plt.xlabel("Age")
>>> plt.ylabel("Number of users")
>>> plt.show(block=False)
```

위 예제에서 사용자 데이터셋을 한 줄씩 읽어서 만든 RDD를 바탕으로 스파크 데이터프레임을 생성했다. 스파크 SQL을 사용해 age열만 포함한 또 다른 스파크 데이터프레임을 생성했다. 스파크 데이터프레임의 전체 내용을 요약해서 통계를 보여주기 위해 화면에 표시했고 그 내용은 로컬 파이썬 컬렉션 객체로 수집되었다. 수집된 데이터를 사용하여 그림 2와 같이 age열의 히스토그램을 그렸다.

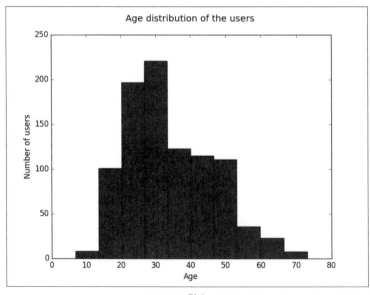

▲ 그림 2

## 밀도 그래프

히스토그램과 매우 비슷한 목적이지만 모양은 다른 그래프가 있다. 바로 밀도 그래프다. 주어진 유한 데이터 샘플의 확률 변수의 확률 밀도 함수를 추정할 때 밀도 그래프를 많이 사용한다. 히스토그램은 데이터가 부드럽게 이어져 분포되어 있거나 주어진 데이터의 데이터 포인트에 연속성이 많이 보이는 경우 히스토그램 대신에 밀도그래프를 사용한다.

 히스토그램 및 밀도 그래프는 유사한 목적으로 사용하지만 같은 데이터의 다른 측면을 보여주기 때문에 일반적으로 한 애플리케이션에 동시에 활용하는 경우가 많다.

그림 3은 히스토그램을 그리는 데 사용한 데이터셋을 가지고 그린 밀도 그래프다. 스파크 파이썬 REPL을 계속 사용하면서 다음 명령을 실행해 보자.

```
>>> # 밀도 그래프 그리기
>>> from scipy.stats import gaussian_kde
>>> density = gaussian_kde(ageList)
>>> xAxisValues = np.linspace(0,100,1000)
>>> density.covariance_factor = lambda : .5
>>> density._compute_covariance()
>>> plt.title("Age density plot of the users\n")
>>> plt.xlabel("Age")
>>> plt.ylabel("Density")
>>> plt.plot(xAxisValues, density(xAxisValues))
>>> plt.show(block=False)
```

위 예제에서 age열만 포함한 같은 스파크 데이터프레임을 사용하였으며 내용은 로컬 파이썬 컬렉션 객체에 저장되었다. 저장한 데이터를 사용하여 그림 3에서 age열의 밀도 그래프를 그렸다. 0에서 100까지 표시된 간격은 연령을 나타낸다.

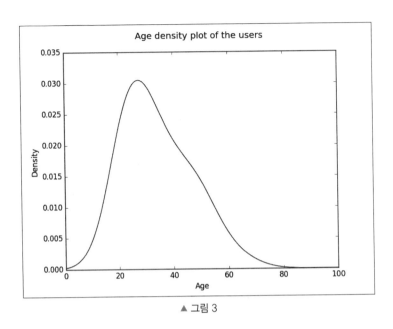

▲ 그림 3

여러 개의 차트 또는 그래프를 나란히 보고 싶으면 matplotlib 라이브러리에서 제공하는 기능을 이용하자. 그림 4는 히스토그램과 박스 그래프를 나란히 보여준다.

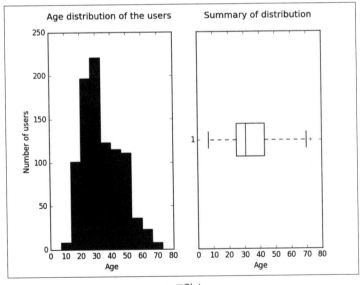

▲ 그림 4

스파크 파이썬 REPL을 계속 사용하면서 다음 명령을 실행하자.

```
>>> # 아래 예제는 여러 다이어그램을 한 figure에 그리는 예제다. 같은 열에 그래프 2개가 있다.
>>> # 첫 번째 그래프는 분포 히스토그램이다. 두 번째 그래프는 분포 정보 요약을 포함하는 박스 그래프다.
>>> plt.subplot(121)
>>> plt.hist(ageList)
>>> plt.title("Age distribution of the users\n")
>>> plt.xlabel("Age")
>>> plt.ylabel("Number of users")
>>> plt.subplot(122)
>>> plt.title("Summary of distribution\n")
>>> plt.xlabel("Age")
>>> plt.boxplot(ageList, vert=False)
>>> plt.show(block=False)
```

위 예제에서는 age열만 포함된 같은 스파크 데이터프레임을 사용했으며 내용은 로컬 파이썬 컬렉션 객체에 저장했다. 저장된 데이터를 사용해 그림 4에서 최솟값 및 25번째, 중앙값, 75번째, 최댓값에 대한 지표가 포함되어 있는 박스 그래프와 함께 age열의 막대 그래프를 그렸다. 여러 개의 차트 또는 그래프를 한 군데 그릴 때 레이아웃을 제어하기 위해 plt.subplot (121) 메서드 호출을 살펴보자. 파라미터 121은 한 행과 두 열에 배치된 그래프 중 첫 번째 행을 선택한다는 의미다. 같은 방식으로, plt.subplot (122)은 한 행과 두 열에 배치된 그래프 중 두 번째 열을 선택한다는 의미다.

## 막대 차트

막대 차트는 같은 데이터를 가지고 여러가지 방법으로 다르게 그릴 수 있다. 가장 일반적인 방법은 막대를 X 축에 수직으로 세우는 것이다. 또 다른 변형은 바를 Y축에 그리고 바를 수평으로 배치하는 것이다. 그림 5가 이와 같은 가로 막대형 차트를 보여준다.

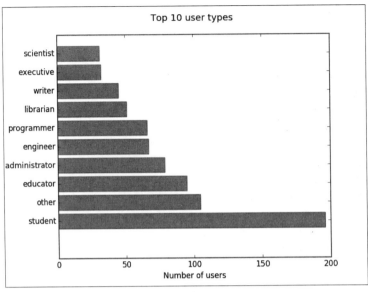

▲ 그림 5

 히스토그램과 막대형 차트가 헷갈리는 경우가 많다. 중요한 차이점은 히스토그램은 연속이고 유한한 수치 값을 표시하지만 막대형 차트는 범주형 데이터를 나타내는 데 사용된다는 것이다.

스파크 파이썬 REPL을 계속 사용하면서 다음 명령을 실행하자.

```
>>> occupationsTop10 = spark.sql("SELECT occupation, count(occupation) as
usercount FROM users GROUP BY occupation ORDER BY usercount DESC LIMIT 10")
    >>> occupationsTop10.show()
    +-------------+---------+
    |   occupation|usercount|
    +-------------+---------+
    |      student|      196|
    |        other|      105|
    |      educator|      95|
    |administrator|       79|
    |      engineer|      67|
```

```
|   programmer|      66|
|    librarian|      51|
|       writer|      45|
|    executive|      32|
|    scientist|      31|
+-------------+--------+
>>> occupationsTop10Tuple = occupationsTop10.rdd.map(lambda p:
(p.occupation,p.usercount)).collect()
>>> occupationsTop10List, countTop10List = zip(*occupationsTop10Tuple)
>>> occupationsTop10Tuple
>>> # 영화에 등급을 매긴 상위 10개 직업 (유저 수 기준)
>>> y_pos = np.arange(len(occupationsTop10List))
>>> plt.barh(y_pos, countTop10List, align='center', alpha=0.4)
>>> plt.yticks(y_pos, occupationsTop10List)
>>> plt.xlabel('Number of users')
>>> plt.title('Top 10 user types\n')
>>> plt.gcf().subplots_adjust(left=0.15)
>>> plt.show(block=False)
```

위 예제에서 영화 등급을 매긴 사용자 수를 기준으로 상위 10개 직종을 포함하는 스파크 데이터프레임을 만들었다. 막대형 차트를 그리기 위해 데이터는 파이 차트 컬렉션 객체에 저장했다.

## 누적 막대형 차트

앞선 예제에서 그린 가로 막대형 차트는 사용자 수를 기준으로 상위 10개 직업을 나타낸다. 그러나 직업별 성별까지는 자세히 설명하지는 않는다. 이럴 때는 성별 수가 표시된 누적 막대형 차트를 사용하는 것이 좋다. 그림 6은 누적 막대형 차트를 보여준다.

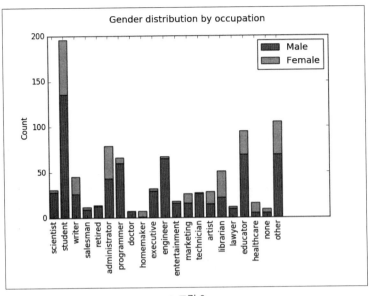

▲ 그림 6

스파크 파이썬 REPL을 계속 사용하면서 다음 명령을 실행하자.

---

```
>>> occupationsGender = spark.sql("SELECT occupation, gender FROM users")
>>> occupationsGender.show()
+-------------+------+
|   occupation|gender|
+-------------+------+
|   technician|     M|
|        other|     F|
|       writer|     M|
|   technician|     M|
|        other|     F|
|    executive|     M|
|administrator|     M|
|administrator|     M|
|      student|     M|
|       laywer|     M|
|        other|     F|
|        other|     F|
```

```
|    educator|    M|
|   scientist|    M|
|    educator|    F|
|entertainment|    M|
|  programmer|    M|
|       other|    F|
|    librarian|    M|
|    homemaker|    F|
+-------------+------+
only showing top 20 rows
>>> occCrossTab = occupationsGender.stat.crosstab("occupation", "gender")
>>> occCrossTab.show()
+----------------+---+---+
|occupation_gender|  M|  F|
+----------------+---+---+
|       scientist| 28|  3|
|         student|136| 60|
|          writer| 26| 19|
|        salesman|  9|  3|
|         retired| 13|  1|
|   administrator| 43| 36|
|      programmer| 60|  6|
|          doctor|  7|  0|
|       homemaker|  1|  6|
|       executive| 29|  3|
|        engineer| 65|  2|
|   entertainment| 16|  2|
|       marketing| 16| 10|
|       technician| 26|  1|
|          artist| 15| 13|
|        librarian| 22| 29|
|          lawyer| 10|  2|
|        educator| 69| 26|
|       healthcare|  5| 11|
|            none|  5|  4|
+----------------+---+---+
only showing top 20 rows
>>> occupationsCrossTuple = occCrossTab.rdd.map(lambda p:(p.occupation_gender,p.
M, p.F)).collect()
```

```
>>> occList, mList, fList = zip(*occupationsCrossTuple)
>>> N = len(occList)
>>> ind = np.arange(N)       # the x locations for the groups
>>> width = 0.75             # the width of the bars
>>> p1 = plt.bar(ind, mList, width, color='r')
>>> p2 = plt.bar(ind, fList, width, color='y', bottom=mList)
>>> plt.ylabel('Count')
>>> plt.title('Gender distribution by occupation\n')
>>> plt.xticks(ind + width/2., occList, rotation=90)
>>> plt.legend((p1[0], p2[0]), ('Male', 'Female'))
>>> plt.gcf().subplots_adjust(bottom=0.25)
>>> plt.show(block=False)
```

위 예제에서 만든 스파크 데이터프레임은 직업 및 성별 정보만 포함하고 있다. 직업과 남성 및 여성 사용자 수를 나타내는 열을 생성하는 또 다른 데이터프레임을 만들기 위해 아까 만든 데이터프레임에 크로스탭cross-tab 작업을 추가로 완료했다. 직업 및 성별 열을 포함하는 첫 번째 스파크 데이터프레임에서는 둘 다 숫자가 아닌 값이므로 데이터를 기반으로 차트 또는 그래프를 그리기 힘들다. 그러나 이 두 값에 대해 크로스 탭 작업이 수행되면 모든 직업 필드마다 각각 남성 및 여성 사용자 수를 계산할 수 있다. 이 방법으로 직업 필드는 범주형 변수로 변형 가능하고 이를 바탕으로 데이터와 함께 막대형 차트를 그릴 수 있다. 이 데이터에는 성별 값이 2개뿐이므로 누적 막대형 차트를 사용하여 각 직업 카테고리의 남성 및 여성 사용자 수의 비율을 나타낼 수 있다.

스파크 데이터프레임은 많은 통계 함수와 수학 함수를 가지고 있다. 스파크 데이터프레임의 크로스 탭 작업은 이러한 상황에서 매우 편리하다. 매우 큰 데이터셋을 사용할 때 크로스 탭 작업은 매우 프로세서 집약적이고 시간 소모적인 작업일 수 있지만, 스파크의 분산 처리 기능을 이용하면 이러한 작업이 매우 쉬워진다.

스파크 SQL에서 많은 수학적 및 통계적 데이터 처리 함수를 활용할 수 있다. 앞선 예제에서 스파크 데이터프레임 객체로 describe( ). show( ) 메서드를 호출했다. 스파크 데이터프레임에서 이 두 메서드는 숫자 열에 적용할 수 있다. 여러 개의 숫자 열이 있는 상황에서 이러한 메서드는 통계 요약 결과를 얻는 데 필요한 열을 선택할 수 있다. 마찬가지로 스파크 데이터프레임 데이터에서 공분산, 상관관계 등을 찾아주는 메서드도 있다. 다음 코드에서 이러한 메서드 사용 예를 보여준다.

```
>>> occCrossTab.describe('M', 'F').show()
+-------+------------------+------------------+
|summary|                 M|                 F|
+-------+------------------+------------------+
|  count|                21|                21|
|   mean|31.904761904761905|              13.0|
| stddev|31.595516200735347|15.491933384829668|
|    min|                 1|                 0|
|    max|               136|                60|
+-------+------------------+------------------+
>>> occCrossTab.stat.cov('M', 'F')
  381.15
>>> occCrossTab.stat.corr('M', 'F')
  0.7416099517313641
```

## 파이 차트

전체 데이터 간의 상관관계를 설명하기 위해 시각적으로 데이터 집합을 나타낼 필요가 있는 경우 일반적으로 파이 차트를 사용한다. 그림 7은 파이 차트를 보여준다.

스파크 파이썬 REPL을 계속 사용하면서 다음 명령을 실행하자.

```
>>> occupationsBottom10 = spark.sql("SELECT occupation, count(occupation) as
usercount FROM users GROUP BY occupation ORDER BY usercount LIMIT 10")
>>> occupationsBottom10.show()
+------------+---------+
|  occupation|usercount|
+------------+---------+
|   homemaker|        7|
```

```
|      doctor|       7|
|      none  |       9|
|   salesman|      12|
|     laywer|      12|
|    retired|      14|
|  healthcare|      16|
|entertainment|      18|
|   marketing|      26|
|   technician|      27|
+-------------+---------+
```

```
>>> occupationsBottom10Tuple = occupationsBottom10.rdd.map(lambda p: (p.
occupation,p.usercount)).collect()
>>> occupationsBottom10List, countBottom10List = zip(*occupationsBottom10Tuple)
>>> # 영화에 등급을 매긴 하위 10개 직업 (유저 수 기준)
>>> explode = (0, 0, 0, 0,0.1,0,0,0,0,0.1)
>>> plt.pie(countBottom10List, explode=explode, labels=occupationsBottom10List,
autopct='%1.1f%%', shadow=True, startangle=90)
>>> plt.title('Bottom 10 user types\n')
>>> plt.show(block=False)
```

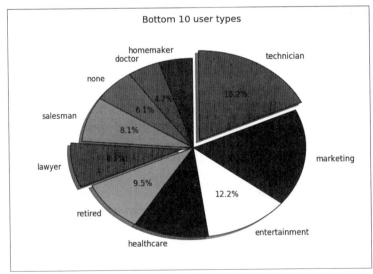

▲ 그림 7

194

위 예제에서는 영화 평가에 참여한 사용자 수를 기준으로 상위 10개 직업이 포함된 스파크 데이터프레임을 생성했다. 데이터는 파이썬 컬렉션 객체로 저장해 파이 차트를 그리기 위해 이용한다.

### 도넛 차트

파이 차트를 다른 형태로 그릴 수도 있다. 하나의 예로 요즘 주로 사용되는 도넛 차트가 있다. 그림 8은 파이 차트의 변형 중 하나인 도넛 차트를 보여준다.

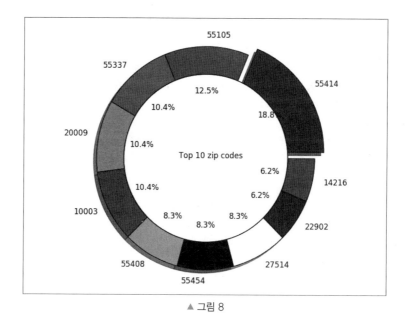

▲ 그림 8

같은 스파크 파이썬 REPL에서 아래 명령어를 실행하자.

```
>>> zipTop10 = spark.sql("SELECT zipcode, count(zipcode) as usercount FROM users
GROUP BY zipcode ORDER BY usercount DESC LIMIT 10")
>>> zipTop10.show()
+-------+---------+
|zipcode|usercount|
+-------+---------+
```

```
|  55414|        9|
|  55105|        6|
|  20009|        5|
|  55337|        5|
|  10003|        5|
|  55454|        4|
|  55408|        4|
|  27514|        4|
|  11217|        3|
|  14216|        3|
+-------+---------+
>>> zipTop10Tuple = zipTop10.rdd.map(lambda p: (p.zipcode,p.usercount)).collect()
>>> zipTop10List, countTop10List = zip(*zipTop10Tuple)
>>> # 영화에 등급을 매긴 상위 10개 우편번호 (유저 수 기준)
>>> explode = (0.1, 0, 0, 0,0,0,0,0,0,0)  # explode a slice if required
>>> plt.pie(countTop10List, explode=explode, labels=zipTop10List,
autopct='%1.1f%%', shadow=True)
>>> # 도넛 모양처럼 그리기 위해 차트 중간에 원 하나 그리기
>>> centre_circle = plt.Circle((0,0),0.75,color='black',
fc='white',linewidth=1.25)
>>> fig = plt.gcf()
>>> fig.gca().add_artist(centre_circle)
>>> # 비율을 정확히 같게 해서 정확히 파이 차트가 원모양이 되도록 한다.
>>> plt.axis('equal')
>>> plt.text(- 0.25,0,'Top 10 zip codes')
>>> plt.show(block=False)
```

위 예제에서 스파크 데이터프레임은 영화 점수를 매긴 사용자 수를 기준으로 특정 지역
에 살고 있는 사용자의 상위 10개 우편번호를 저장하도록 생성되었다. 데이터는 도넛 차
트를 그리기 위해 파이썬 컬렉션 객체로 저장했다.

이 책의 다른 그림과 다르게 그림 8의 title은 정중앙에 있다. 이는 title() 메서드가 아니라
text() 메서드를 사용했기 때문이다. 이 메서드는 차트나 그래프를 그릴 때 워터마크 텍스트를
넣기 위해 사용할 수 있다.

## 박스 그래프

같은 그림에 다른 데이터셋의 통계 요약을 그려서 서로 비교해야 하는 경우가 있다. 박스 그래프는 그러한 경우 직관적으로 데이터셋 통계 요약을 표시하기 위해 매우 흔하게 사용하는 그래프다. 아래 예제는 정확히 이와 같은 사례를 다룬다. 그림 9는 하나의 그림에 박스 그래프 여러 개를 한데 모아서 보여준다.

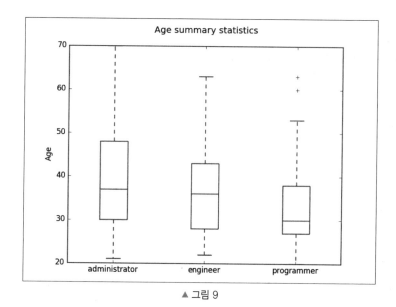

▲ 그림 9

같은 스파크 파이썬 REPL을 사용해서 아래 명령어를 실행하자.

```
>>> ages = spark.sql("SELECT occupation, age FROM users WHERE occupation
='administrator' ORDER BY age")
>>> adminAges = ages.rdd.map(lambda p: p.age).collect()
>>> ages.describe().show()
  +-------+------------------+
  |summary|               age|
  +-------+------------------+
  |  count|                79|
  |   mean| 38.74683544303797|
  | stddev|11.052771408491363|
```

```
|    min|                21|
|    max|                70|
  +-------+-----------------+
>>> ages = spark.sql("SELECT occupation, age FROM users WHERE occupation
='engineer' ORDER BY age")
>>> engAges = ages.rdd.map(lambda p: p.age).collect()
>>> ages.describe().show()
  +-------+-----------------+
  |summary|              age|
  +-------+-----------------+
  |  count|               67|
  |   mean| 36.38805970149254|
  | stddev|11.115345348003853|
  |    min|               22|
  |    max|               70|
  +-------+-----------------+
>>> ages = spark.sql("SELECT occupation, age FROM users WHERE occupation
='programmer' ORDER BY age")
>>> progAges = ages.rdd.map(lambda p: p.age).collect()
>>> ages.describe().show()
  +-------+-----------------+
  |summary|              age|
  +-------+-----------------+
  |  count|               66|
  |   mean|33.121212121212125|
  | stddev| 9.551320948648684|
  |    min|               20|
  |    max|               63|
  +-------+-----------------+

>>> # 작업에 따른 age 박스 그래프
>>> boxPlotAges = [adminAges, engAges, progAges]
>>> boxPlotLabels = ['administrator','engineer', 'programmer' ]
>>> x = np.arange(len(boxPlotLabels))
>>> plt.figure()
>>> plt.boxplot(boxPlotAges)
>>> plt.title('Age summary statistics\n')
>>> plt.ylabel("Age")
>>> plt.xticks(x + 1, boxPlotLabels, rotation=0)
>>> plt.show(block=False)
```

위 예제에서 관리자 및 엔지니어, 프로그래머 세 가지 직업과 각 작업의 나이 열을 포함한 스파크 데이터프레임을 생성했다. 박스 그래프는 각 데이터셋의 최솟값 및 25번째, 중간값, 75번째, 최댓값, 눈에 띄는 값을 나타내는 지표를 그림 한 개에 모아서 비교하기 쉽도록 생성했다. 프로그래머 직업을 나타내는 박스 그래프는 + 기호로 표시되는 두 점을 보여주는데 이들이 바로 눈에 띄는 값이다.

## 수직 막대 그래프

위 예제에서 다양한 차트와 그래프 유스 케이스를 보여주기 위해 사용한 데이터 셋은 사용자 데이터였고 수직 막대 그래프 예제에서는 영화 데이터셋을 사용할 것이다. 다양한 차트와 그래프를 생성하기 위해서 많은 데이터셋 중에서 적절한 데이터셋을 선택해 차트와 그래프에 맞게 데이터셋을 변형하는 작업이 필요하다. 스파크는 이러한 데이터 변형을 위해 다양한 기능을 제공한다.

아래 유스 케이스는 집계와 스파크 SQL을 이용한 데이터 사전 처리를 보여준다. 장르별 영화 수를 포함한 일반적인 막대 그래프를 그리기 위해 준비한 데이터셋을 이용한다. 그림 10은 집계 기능을 영화 데이터에 적용한 이후 막대 그래프를 보여준다.

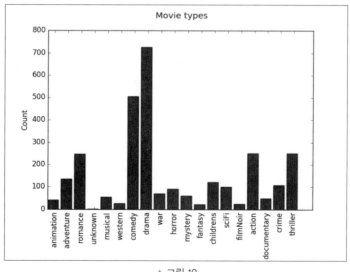

▲ 그림 10

스파크 파이썬 REPL을 계속해서 사용해서 아래 명령어를 실행하자.

```
>>> movieLines = sc.textFile(dataDir + "u.item")
>>> splitMovieLines = movieLines.map(lambda l: l.split("|"))
>>> moviesRDD = splitMovieLines.map(lambda p: Row(id=p[0], title=p[1],
releaseDate=p[2], videoReleaseDate=p[3], url=p[4],
unknown=int(p[5]),action=int(p[6]),adventure=int(p[7]),animation=int(p[8]),
childrens=int(p[9]),comedy=int(p[10]),crime=int(p[11]),documentary=int(p[12
]),drama=int(p[13]),fantasy=int(p[14]),filmNoir=int(p[15]),horror=int(p[16]
),musical=int(p[17]),mystery=int(p[18]),romance=int(p[19]),sciFi=int(p[20])
,thriller=int(p[21]),war=int(p[22]),western=int(p[23])))
>>> moviesDF = spark.createDataFrame(moviesRDD)
>>> moviesDF.createOrReplaceTempView("movies")
>>> genreDF = spark.sql("SELECT sum(unknown) as unknown, sum(action) as
action,sum(adventure) as adventure,sum(animation) as animation,
sum(childrens) as childrens,sum(comedy) as comedy,sum(crime) as
crime,sum(documentary) as documentary,sum(drama) as drama,sum(fantasy) as
fantasy,sum(filmNoir) as filmNoir,sum(horror) as horror,sum(musical) as
musical,sum(mystery) as mystery,sum(romance) as romance,sum(sciFi) as
sciFi,sum(thriller) as thriller,sum(war) as war,sum(western) as western
FROM movies")
>>> genreList = genreDF.collect()
>>> genreDict = genreList[0].asDict()
>>> labelValues = list(genreDict.keys())
>>> countList = list(genreDict.values())
>>> genreDict
   {'animation': 42, 'adventure': 135, 'romance': 247, 'unknown': 2,
'musical': 56, 'western': 27, 'comedy': 505, 'drama': 725, 'war': 71,
'horror': 92, 'mystery': 61, 'fantasy': 22, 'childrens': 122, 'sciFi': 101,
'filmNoir': 24, 'action': 251, 'documentary': 50, 'crime': 109, 'thriller':
251}
>>> # 영화 타입과 데이터 빈도 수
>>> x = np.arange(len(labelValues))
>>> plt.title('Movie types\n')
>>> plt.ylabel("Count")
>>> plt.bar(x, countList)
>>> plt.xticks(x + 0.5, labelValues, rotation=90)
>>> plt.gcf().subplots_adjust(bottom=0.20)
>>> plt.show(block=False)
```

위 예제에서 영화 데이터셋을 이용해 데이터프레임을 생성했다. 각 영화의 장르는 각각의 열에 저장했다. 데이터셋 전체에 걸쳐 스파크 SQL을 이용하여 집계를 수행하고 새로운 스파크 데이터프레임 요약 정보를 생성하고 데이터값은 파이썬 컬렉션 객체에 저장했다. 하나의 데이터셋에 너무 많은 열이 있기 때문에 파이썬 함수를 이용해서 데이터 구조를 열 이름을 키로 사용하고 선택한 한 개의 행을 키값으로 하는 사전dictionary 객체로 변경했다. 변경한 객체에서 두 개의 데이터셋을 새로 생성했고 막대 그래프를 그렸다.

스파크를 사용해 작업할 때 파이썬을 데이터 분석 애플리케이션 개발 언어로 사용하기 때문에 파이썬에서 제공하는 많은 차트와 그래프를 활용할 수 있을 것이다. 스파크 파이썬 REPL 대신에 IPython 노트북을 IDE로 사용하면 5장의 모든 코드 샘플을 실행 코드와 결과를 함께 볼 수 있다. 이 책의 다운로드 섹션에서는, 독자가 이를 직접 활용해 볼 수 있도록 코드와 실행결과를 포함한 IPython 노트를 제공한다.

## 산점도

산점도scatter plot는 일반적으로 X값과 Y값을 갖는 카테시안Cartesian 공간의 점과 같이 두 변수가 있는 값을 그래프로 보여주기 위해 사용한다. 영화 데이터셋에서 주어진 해에 발표된 영화의 수가 이 같은 패턴을 보여준다. 산점도에서는 일반적으로 X 좌표와 Y 좌표의 교차점에 표시된 값이 점이다. 최근의 기술 발전과 정교한 그래픽 패키지의 가용성으로 인해 많은 사람이 다양한 모양과 색상을 사용해 점을 표시한다. 그림 11에서 볼 수 있는 다음 산점도에서는 무작위 색상으로 균일한 영역을 갖는 작은 원이 값을 나타내기 위해 사용되었다. 산점도에서 점을 표시하기 위해 직관적이고 똑똑한 기술을 사용할 때 데이터의 의미를 전달하는 산점도 원래 목적을 잃어버리지 않도록 주의해야 한다. 점이 아닌 표현으로 데이터 값을 표시할때는 카테시안 공간을 망치지 않는 단순하고 우아한 모양이 가장 이상적이다.

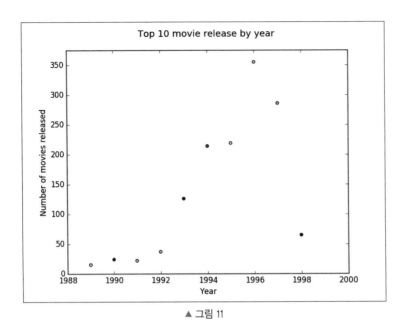

▲ 그림 11

스파크 파이썬 REPL을 계속 사용하면서 다음 명령을 실행하자.

---

```
>>> yearDF = spark.sql("SELECT substring(releaseDate,8,4) as releaseYear,
count(*) as movieCount FROM movies GROUP BY substring(releaseDate,8,4) ORDER BY
movieCount DESC LIMIT 10")
>>> yearDF.show()
+-----------+----------+
|releaseYear|movieCount|
+-----------+----------+
|       1996|       355|
|       1997|       286|
|       1995|       219|
|       1994|       214|
|       1993|       126|
|       1998|        65|
|       1992|        37|
|       1990|        24|
|       1991|        22|
|       1986|        15|
```

```
    +----------+---------+
>>> yearMovieCountTuple = yearDF.rdd.map(lambda p: (int(p.releaseYear),p.
movieCount)).collect()
>>> yearList,movieCountList = zip(*yearMovieCountTuple)
>>> countArea = yearDF.rdd.map(lambda p: np.pi * (p.movieCount/15)**2).collect()
>>> plt.title('Top 10 movie release by year\n')
>>> plt.xlabel("Year")
>>> plt.ylabel("Number of movies released")
>>> plt.ylim([0,max(movieCountList) + 20])
>>> colors = np.random.rand(10)
>>> plt.scatter(yearList, movieCountList,c=colors)
>>> plt.show(block=False)
```

위 예제에서 데이터프레임을 사용해 해당 연도에 출시 된 영화의 수를 기준으로 상위 10년의 데이터를 수집하고 그 값을 파이썬 컬렉션 객체로 수집해 산점도를 그렸다.

## 강화된 산점도

그림 11은 매우 간단하고 우아한 산점도지만 같은 공간에 있는 다른 값과 비교해서 특정 값이 가지는 의미를 파악하기 힘들다. 이를 위해 점을 고정 반경의 원으로 표시하기보다 점에 값의 크기에 비례하는 넓이를 가진 원으로 그리면 좀 더 다른 관점으로 분석할 수 있다. 그림 12는 같은 데이터를 가진 산점도를 보여 주지만 값의 크기에 비례하는 넓이를 가진 원으로 표시한다.

같은 스파크 파이썬 REPL을 계속해서 사용해서 아래 명령어를 실행하자.

```
>>> # 가장 많은 영화과 상영된 최근 10년
>>> plt.title('Top 10 movie release by year\n')
>>> plt.xlabel("Year")
>>> plt.ylabel("Number of movies released")
>>> plt.ylim([0,max(movieCountList) + 100])
>>> colors = np.random.rand(10)
>>> plt.scatter(yearList, movieCountList,c=colors, s=countArea)
>>> plt.show(block=False)
```

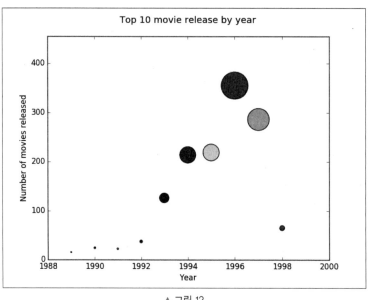

▲ 그림 12

위 예제에서는 그림 11에 사용되었던 데이터셋을 이용해서 같은 산점도를 그렸다. 같은 넓이의 원을 사용하는 대신에 주어진 값의 크기에 비례하는 넓이를 가진 원으로 값을 표시했다.

 모든 코드 예제는 show 메서드를 이용해서 차트와 그래프를 표시한다. Matplotlib는 그려진 차트와 그래프를 디스크에 저장하거나 이메일을 발송, 대쉬보드에 표시 또는 그 밖의 용도를 위한 메서드를 가지고 있다.

## 라인 그래프

산점도와 라인 그래프는 유사점이 있다. 산점도는 개별 데이터 포인트를 표현하는 데 이상적이지만 사실 모든 포인트를 함께 보여주면 데이터 트렌드를 관찰할 수 있다. 라인 그래프 역시 개별 데이터 포인트를 표현하지만 각 포인트는 서로 라인으로 연결되어 있고 따라서 한 포인트에서 다른 포인트로 이어지는 값 전환, 즉 트렌드를 관찰하는 데 이상적이다. 하나의 그림에 여러 개의 라인 그래프를 같이 그릴 수 있으므로 두 개의 데이터셋을 서로 비교할 수 있다. 이전 유스 케이스에서는 몇 년 동안 출시 된 영화의 수를 나타내기 위해 산점도를 사용했다. 산점도에서 값은 한 그림에 표현되는 분산된 데이터 포인트다. 영화 출시가 몇 년 동안 변하는 트렌드를 볼 필요가 있다면 산점도보다는 라인 그래프가 이상적이다. 마찬가지로 몇 년 동안 출시된 특정 2개 장르의 영화를 비교할 필요가 있다면 각 장르를 라인 그래프를 이용해 함께 표시해 트렌드를 살펴볼 수 있다. 그림 13은 여러 데이터셋이 함께 있는 라인 그래프를 보여준다.

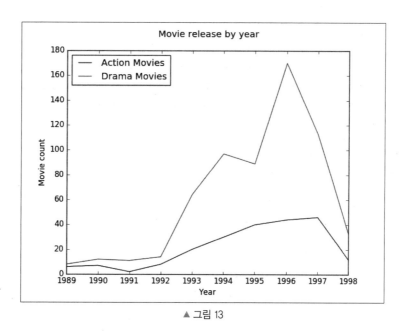

▲ 그림 13

같은 스파크 파이썬 REPL를 계속 사용해서 아래 명령어를 실행하자.

```
>>> yearActionDF = spark.sql("SELECT substring(releaseDate,8,4) as
actionReleaseYear, count(*) as actionMovieCount FROM movies WHERE action = 1
GROUP BY substring(releaseDate,8,4) ORDER BY actionReleaseYear DESC LIMIT 10")
>>> yearActionDF.show()
```

```
+-----------------+----------------+
|actionReleaseYear|actionMovieCount|
+-----------------+----------------+
|             1998|              12|
|             1997|              46|
|             1996|              44|
|             1995|              40|
|             1994|              30|
|             1993|              20|
|             1992|               8|
|             1991|               2|
|             1990|               7|
|             1989|               6|
+-----------------+----------------+
```

```
>>> yearActionDF.createOrReplaceTempView("action")
>>> yearDramaDF = spark.sql("SELECT substring(releaseDate,8,4) as
dramaReleaseYear, count(*) as dramaMovieCount FROM movies WHERE drama = 1 GROUP
BY substring(releaseDate,8,4) ORDER BY dramaReleaseYear DESC LIMIT 10")
>>> yearDramaDF.show()
```

```
+----------------+---------------+
|dramaReleaseYear|dramaMovieCount|
+----------------+---------------+
|            1998|             33|
|            1997|            113|
|            1996|            170|
|            1995|             89|
|            1994|             97|
|            1993|             64|
|            1992|             14|
|            1991|             11|
|            1990|             12|
|            1989|              8|
+----------------+---------------+
```

```
>>> yearDramaDF.createOrReplaceTempView("drama")
>>> yearCombinedDF = spark.sql("SELECT a.actionReleaseYear as releaseYear,
a.actionMovieCount, d.dramaMovieCount FROM action a, drama d WHERE
a.actionReleaseYear = d.dramaReleaseYear ORDER BY a.actionReleaseYear DESC LIMIT
10")
>>> yearCombinedDF.show()
```

```
+-----------+----------------+---------------+
|releaseYear|actionMovieCount|dramaMovieCount|
+-----------+----------------+---------------+
|       1998|              12|             33|
|       1997|              46|            113|
|       1996|              44|            170|
|       1995|             40l|             89|
|       1994|              30|             97|
|       1993|              20|             64|
|       1992|               8|             14|
|       1991|               2|             11|
|       1990|               7|             12|
|       1989|               6|              8|
+-----------+----------------+---------------+
```

```
>>> yearMovieCountTuple = yearCombinedDF.rdd.map(lambda p: (p.releaseYear,p.
actionMovieCount, p.dramaMovieCount)).collect()
>>> yearList,actionMovieCountList,dramaMovieCountList = zip(*yearMovieCountTuple)
>>> plt.title("Movie release by year\n")
>>> plt.xlabel("Year")
>>> plt.ylabel("Movie count")
>>> line_action, = plt.plot(yearList, actionMovieCountList)
>>> line_drama, = plt.plot(yearList, dramaMovieCountList)
>>> plt.legend([line_action, line_drama], ['Action Movies', 'Drama
Movies'],loc='upper left')
>>> plt.gca().get_xaxis().get_major_formatter().set_useOffset(False)
>>> plt.show(block=False)
```

위 예제에서 지난 10년 동안 출시 된 액션 영화 및 드라마 영화의 데이터셋을 얻기 위해
스파크 데이터프레임을 생성했다. 데이터는 파이썬 컬렉션 객체에 저장했으며 라인 그래
프는 같은 그림 위에 그렸다.

파이썬은 matplotlib 라이브러리의 도움으로 발행이 가능한 수준의 높은 퀄리티의 차트
와 그래프를 그릴 수 있도록 다양한 방법을 제공한다. 스파크는 여러 가지 데이터 소스에
서 가져온 데이터를 처리하는 데 사용할 수 있으며 결과를 다양한 데이터 포맷으로 저장
할 수도 있다.

파이썬 데이터 분석 라이브러리 Pandas를 사용하는 사람들은 스파크 데이터프레임이 처음에 R 데이터프레임과 pandas에서 영감을 얻어 디자인되었기 때문에 5장에서 다루는 내용을 쉽게 이해할 수 있다.

5장에서는 matplotlib 라이브러리를 사용해 만들 수 있는 몇 가지 샘플 차트와 그래프를 다뤘다. 5장의 주요 아이디어는 matplotlib로 차트 작업과 그래프 그리는 작업을 하고 스파크가 함께 데이터 처리를 수행할 때 이 라이브러리를 활용하는 방법을 독자가 이해할 수 있도록 돕는 것이다.

5장에서 사용한 데이터 파일은 로컬 파일 시스템에 저장된 것을 사용하지만, HDFS 또는 다른 스파크 지원 데이터 소스를 활용할 수도 있다.

스파크를 데이터 처리의 기본 프레임워크로 사용할 때 가장 중요한 점은 대부분의 경우에 스파크가 가장 효율적인 방법으로 데이터 처리를 수행할 수 있기 때문에 이를 믿고 가능한 모든 데이터 처리를 스파크를 활용해서 수행하는 것이다. 처리가 완료된 데이터는 차트 및 그래프 생성을 위해 스파크 드라이버 프로그램으로 전달한다.

## ▌ 참고문헌

더 많은 정보를 얻기 위해서 아래 링크를 참고하자.

- http://www.numpy.org/
- http://www.scipy.org/
- http://matplotlib.org/
- https://movielens.org/
- http://grouplens.org/datasets/movielens/
- http://pandas.pydata.org/

# ▍ 요약

처리가 끝난 데이터는 데이터 분석에 사용한다. 데이터 분석은 처리가 끝난 데이터에 대한 깊은 이해가 필요하다. 차트 및 그래프는 기본 데이터의 특성에 대한 이해를 돕는다. 본질적으로 데이터 분석 애플리케이션은 데이터 처리 및 차트 작성, 그래프 생성이 필수적이다. 5장에서는 파이썬 차트 작성 및 그래프 라이브러리와 함께 데이터 분석 애플리케이션 개발을 위해 파이썬과 함께 스파크를 사용하는 방법에 관해 설명했다.

대부분 조직에서 비즈니스 요구 사항 중 하나로 다양한 형태와 엄청난 속도로 생성되는 실시간 데이터 처리가 가능한 데이터 처리 애플리케이션을 요구하고 있다. 이를 위해서 입력되는 데이터 스트림을 조직의 데이터 처리 규모에 따라 처리할 필요가 있다. 다음 장에서는 스파크와 함께 작동하고 다양한 유형의 데이터 스트림을 처리할 수 있는 라이브러리인 스파크 스트리밍에 대해 논의할 것이다.

# 06

# 스파크 스트림 처리

데이터 처리 유스 케이스는 주로 두 가지 타입으로 나뉜다. 첫 번째 타입은 변하지 않는 데이터에 대해 데이터 처리를 한 유닛 단위로 한 번에 끝내든지 아니면 여러 개의 작은 배치batch로 나누어 처리한다. 배치 처리란 데이터 처리 중에 사용하는 데이터셋이 변하지 않는 다는 전제하에 새로 유입되는 데이터셋을 기존 처리 진행에 추가하지 않고 독립적으로 처리하는 처리 방식을 뜻한다.

두 번째 타입은 데이터가 스트림처럼 계속 생성되고 데이터 처리는 데이터가 생성될 때마다 즉각 완료하는 유스 케이스다. 이것이 스트림 처리다. 지금까지 앞 장에서 다룬 모든 데이터 처리 유스 케이스는 첫 번째 타입이었다. 6장은 두 번째 유스 케이스에 초점을 맞춰서 설명한다.

6장에서는 아래 주제를 다룬다.

- 데이터 스트림 처리
- 마이크로 배치 데이터 처리
- 로그 이벤트 처리기
- 데이터 처리와 다른 옵션
- 카프카[1] 스트림 처리
- 스트림 작업과 스파크

# ▌ 데이터 스트림 처리

데이터 소스는 스트림 데이터를 생성하며 실제 유스 케이스의 대부분은 데이터를 실시간[real time]으로 처리할 것을 요구한다. 실시간의 의미는 유스 케이스마다 다를 수 있다. 주어진 유스 케이스에서 실시간의 의미를 정의하는 큰 요인 중 하나는 마지막 데이터 처리 이후에 얼마나 빠르게 다시 데이터를 처리하는지 또는 데이터 처리 시간 간격이다. 예를 들어 큰 스포츠 이벤트가 있을 때 점수 이벤트를 처리하고 이를 구독하는 사용자에게 보내는 애플리케이션은 반드시 데이터 처리 속도가 가능한 빨라야 한다. 더 빨리 보낼수록 더 좋은 애플리케이션이라 할 수 있다.

그런데 여기서 '빠르다'의 정의는 무엇일까? 점수 이벤트 발생 1시간 이내에 점수 데이터를 처리하는 것도 괜찮을까? 아마도 아닐 것이다. 점수 이벤트 발생 후 1분 이내에 데이터를 처리해도 괜찮을까? 1시간 후에 처리하는 것보다는 확실히 좋을 것이다. 일어나는 점수 이벤트의 수 초 이내에 데이터를 처리하는 것이 좋을까? 아마도 그렇다. 1시간이나 1분보다는 확실히 좋을 것이다.

---

1     Kafka: 아파치 재단의 분산 스트림 처리 플랫폼 프로젝트

모든 데이터 스트림 처리 유스 케이스에서 이 시간 간격은 매우 중요한 개념이다. 데이터 처리 프레임워크는 올바른 비즈니스 가치를 제공하기 위해 적절한 시간 간격으로 데이터 스트림을 처리할 수 있어야 한다.

선택한 일정한 시간 간격으로 스트림 데이터를 처리할 때 하나의 시간 간격의 시작에서 끝 동안 데이터를 수집하고 마이크로 배치 단위로 묶어서 처리한다. 오랜 시간 동안 데이터 애플리케이션은 이러한 많은 마이크로 배치를 처리했을 것이다. 이러한 유형의 처리에서 데이터 처리 애플리케이션은 오직 특정 시점에서 처리하는 마이크로 배치만 볼 수 있다. 즉, 애플리케이션은 이미 처리가 끝난 마이크로 배치 데이터를 볼 수 없고 액세스 권한도 없다.

이러한 유형의 데이터 처리 방식의 다른 면을 살펴보자. 주어진 유스 케이스가 매분마다 데이터를 처리하는 기능과 주어진 마이크로 배치의 데이터를 처리하는 동안 지난 15분 내에 이미 처리된 데이터를 다시 살펴볼 수 있는 기능을 요구한다고 가정하자. 소매 금융 거래 처리 애플리케이션의 부정행위 탐지 모듈은 이러한 특정 비즈니스 요구 사항의 좋은 예다. 소매 금융 거래가 발생한 지 1밀리 초 이내에 처리가 완료된다는 것은 확실하다. ATM 현금 인출 거래를 처리할 때는 누군가가 지속적으로 현금을 인출하려고 하는지 확인하고 이를 발견한 경우 적절한 알림을 사용자에게 보내는 것이 좋다. 이를 위해 소액 현금 인출 거래를 처리할 때 애플리케이션은 지난 15분 동안 동일한 카드를 사용하여 동일한 ATM에서 다른 현금 인출이 있었는지 여부를 확인한다. 여기에 적용하는 비즈니스 규칙은 이러한 거래가 지난 15분 내에 2개 이상일 때 경고를 사용자에게 전송하는 것이다. 이 유스 케이스에서는 부정행위 탐지 애플리케이션이 15분 내에 발생한 모든 거래 내역을 볼 수 있어야 한다.

좋은 스트림 데이터 처리 프레임워크는 반드시 데이터 처리 시간 간격을 유연하게 조정할 수 있는 기능을 제공할 뿐 아니라 주어진 시간 간격 내에서 필요한 데이터를 뽑아낼 수 있는 능력도 갖추어야 한다. 스파크에서 동작하는 스파크 스트리밍 라이브러리는 이두 가지 능력을 모두 지닌 최고의 데이터 스트림 처리 프레임워크다.

지금까지 논의한 유스 케이스와 논의된 내용을 이해하기 위해 그림 1에서 좀 더 큰 그림으로 표현된 스파크 라이브러리 스택을 다시 한번 살펴보자.

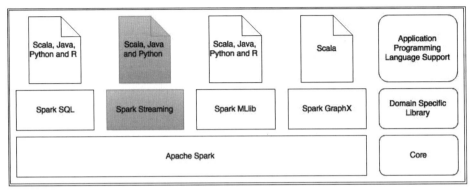

▲ 그림 1

## ▌마이크로 배치 데이터 처리

모든 스파크 스트리밍 데이터 처리 애플리케이션은 종료될 때까지 계속해서 동작하는 것이 기본이다. 이 애플리케이션은 입력 데이터 스트림을 처리하기 위해 계속해서 데이터 소스를 듣고 있을 것이다. 이를 위해 스파크 스트리밍 데이터 처리 애플리케이션은 아마 배치 간격을 미리 설정했을 것이다. 배치 간격 끝마다 스파크 RDD와 매우 비슷한 이산 스트림DStream-Discretized Stream으로 이름 붙여진 데이터 추상 객체를 생성할 것이다. RDD와 마찬가지로 DStream은 스파크 변환과 스파크 액션을 위해 사용되는 메소드를 지원한다.

 RDD처럼 DStream도 변형 불가능(immutable)하고 분산되어 있다.

그림 2는 DStream이 스파크 데이터 처리 애플리케이션에서 어떻게 생성되고 있는지 보여준다.

214

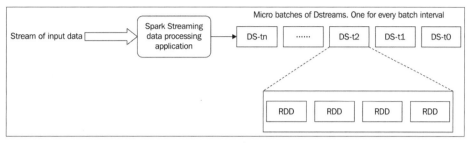

▲ 그림 2

그림 2는 스파크 스트리밍 애플리케이션의 가장 중요한 요소들을 보여준다. 배치 간격 설정을 위해서 애플리케이션은 DStream 하나를 생성한다. 매 Dstream은 하나의 배치 간격 내 수집된 데이터로 구성된 RDD의 컬렉션이다. 하나의 DStream 내 포함된 RDD 개수는 주어진 배치 간격에 따라 다르다.

 스파크 스트리밍 애플리케이션은 계속 동작하면서 데이터를 수집하는 애플리케이션이기 때문에 6장에서는 REPL에서 코드를 실행하기보다 완성된 애플리케이션의 컴파일 방법 및 포함된 패키지, 실행방법을 설명한다.

## DStream 프로그래밍

스파크 데이터 처리 애플리케이션에서 DStream 프로그래밍은 DStream이 하나 또는 다수의 RDD로 구성되어 있기 때문에 앞서 설명한 스파크 프로그래밍과 매우 비슷한 모델을 따른다. 스파크 변환이나 액션 메서드가 DStream에서 실행되었을 때, DStream을 구성하는 RDD에 같은 동작이 적용된다.

 DStream 프로그래밍에서 명심할 점은 모든 스파크 변환이나 액션이 DStream을 지원하는 것은 아니라는 점과 프로그래밍 언어 간 차이점이다. 스칼라와 자바 API는 일반적으로 스트리밍 데이터 처리 애플리케이션 개발을 위한 기능이 많기 때문에, 파이썬 API보다 좀더 앞서 있다.

그림 3은 DStream에 적용된 메서드가 어떻게 DStream을 구성하는 RDD까지 적용되는지 전 과정을 보여준다. DStream에 어떤 메서드를 적용하기 전에 스파크 스트리밍 프로그래밍 가이드를 참고할 수 있다. 스파크 스트리밍 프로그래밍 가이드는 간단하게 말해서 스칼라 또는 자바에 대응하는 파이썬 API를 다루는 문서라 볼 수 있다.

스파크 스트리밍 데이터 처리 애플리케이션의 주어진 배치 간격을 가정해 보자. DStream은 다수의 RDD를 구성하도록 생성된다. 필터 메서드가 DStream에 적용될 때 DStream을 구성하는 RDD에도 어떻게 적용되는지 그 예가 아래에 있다. 그림 3은 두 개의 RDD로 구성된 DStream에 필터 변환을 적용해 필터 조건에 따라 하나의 RDD만 가진 또 다른 DStream으로 걸러진 처리 과정 및 결과를 보여준다.

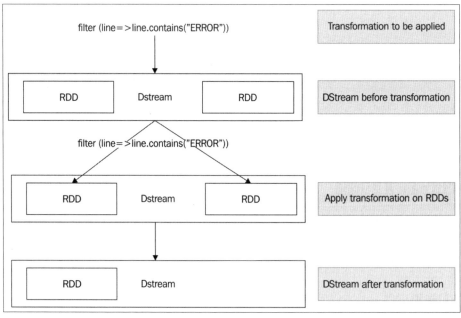

▲ 그림 3

216

# 로그 이벤트 처리기

요즘에는 많은 기업용 소프트웨어는 중앙저장소에 애플리케이션 로그를 저장하는 형태가 매우 일반적이다. 또한, 실시간으로 동작 중인 애플리케이션의 성능을 모니터링하기 위해 데이터 처리 애플리케이션에 로그 이벤트를 실시간으로 스트리밍으로 전송해서 적절한 액션을 취하기도 한다. 6장에서는 이러한 유스케이스를 이용해 스파크의 스트리밍 데이터 처리 애플리케이션을 이용하는 실시간 로그 이벤트 처리 능력을 설명할 것이다. 이 유스 케이스에서 라이브 애플리케이션 로그 이벤트는 TCP 소켓을 통해 전송된다. 스파크 스트리밍 데이터 처리 애플리케이션은 호스트에서 지정된 포트에서 로그 이벤트 스트림을 쉬지 않고 수집한다.

## 넷캣 서버 시작

대부분 유닉스 설치에 포함된 넷캣<sup>Netcat</sup> 유틸리티를 데이터 서버로 이용한다. 넷캣이 시스템에 설치되어 있는지 확인하기 위해 아래 스크립트에 포함된 명령어를 입력하자. 그리고 결과 확인 후 에러 메시지가 없는지도 체크하자. 일단 서버가 제대로 동작하기 시작하면 넷캣 서버 표준입력<sup>standard input</sup>에 무엇을 입력하든 단순함과 보여주기 목적을 위한 애플리케이션 로그 이벤트로 간주한다. 아래 명령어는 터미널에서 실행되고 넷캣 서버를 localhost port 9999에서 시작할 것이다.

```
$ man nc
NC(1)            BSD General Commands Manual
NC(1)
NAME
    nc -- arbitrary TCP and UDP connections and listens
SYNOPSIS
    nc [-46AcDCdhklnrtUuvz] [-b boundif] [-i interval] [-p source_port] [-
s source_ip_address] [-w timeout] [-X proxy_protocol] [-x
proxy_address[:port]]
        [hostname] [port[s]]
```

```
DESCRIPTION
     The nc (or netcat) utility is used for just about anything under the
sun involving TCP or UDP.  It can open TCP connections, send UDP packets,
listen on
     arbitrary TCP and UDP ports, do port scanning, and deal with both IPv4
and IPv6.  Unlike telnet(1), nc scripts nicely, and separates error
messages onto
     standard error instead of sending them to standard output, as
telnet(1) does with some.
     Common uses include:
          o    simple TCP proxies
          o    shell-script based HTTP clients and servers
          o    network daemon testing
          o    a SOCKS or HTTP ProxyCommand for ssh(1)
          o    and much, much more
$ nc -lk 9999
```

일단 위 스크립트 동작을 모두 완료하면 넷캣 서버는 준비가 완료된 것이고 스파크 스트리밍 데이터 처리 애플리케이션이 이전 콘솔 창에 입력한 모든 명령어 라인을 처리할 것이다. 콘솔 창은 내버려 두고 쉘 명령어는 다른 터미널 창에서 실행할 것이다.

프로그래밍 언어마다 지원하는 스파크 스트리밍 기능이 조금씩 다르므로 스칼라 코드를 주로 사용해 스파크 스트리밍 컨셉과 유스 케이스를 설명하고 스칼라가 제공하지 않는 기능은 파이썬 코드를 이용해 설명할 것이다. 혹시 파이썬이 미처 제공하지 않는 기능이 있다면 추후에 보완될 것이다.

스칼라와 파이썬 코드는 그림 4에서 설명하는 대로 구성되어 있다. 컴파일을 위해 패키징 및 코드 실행, 배쉬bash 스크립트를 사용했고 독자들이 똑같은 결과를 생성하기 쉽게 되어 있다. 6장에서 이 스크립트 파일 내용을 논의할 것이다.

## 파일 정리

아래 파일 폴더 트리에서 project와 target 폴더는 런타임에 생성된다. 이 책과 함께 제공하는 코드는 필요한 폴더에 바로 복사해서 사용할 수 있다.

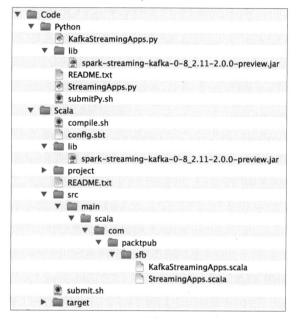

▲ 그림 4

컴파일과 패키징을 위해 스칼라 빌드 툴[sbt]을 사용한다. Sbt가 제대로 동작하는지 확인하기 위해 그림 4 폴더 트리의 scala 폴더에서 아래 명령어를 터미널 창에서 실행하자. sbt가 제대로 동작하는지 확인하고 코드 컴파일 결과가 아래와 같은지 확인하자.

```
$ cd Scala
$ sbt
> compile
 [success] Total time: 1 s, completed 24 Jul, 2016 8:39:04 AM
> exit
$
```

아래 표는 대표적인 파일 샘플을 6장에서 논의하고 있는 스파크 스트리밍 데이터 처리 애플리케이션과 연관지어 각 파일의 목적을 설명한다.

| 파일 이름 | 목적 |
|---|---|
| README.txt | 애플리케이션 시작을 위한 가이드를 담고 있다. 스칼라 애플리케이션을 위한 가이드와 파이썬 애플리케이션을 위한 가이드로 이루어져 있다. |
| submitPy.sh | 스파크 클러스터에 파이썬 작업을 제출하기 위한 배쉬 스크립트 |
| compile.sh | 스칼라 코드를 컴파일하기 위한 배쉬 스크립트 |
| submit.sh | 스파크 클러스터에 스칼라 작업을 제출하기 위한 배쉬 스크립트 |
| config.sbt | sbt 설정 파일 |
| *.scala | 스칼라로 작성된 스파크 스트리밍 데이터 처리 애플리케이션 코드 |
| *.py | 파이썬으로 작성된 스파크 스트리밍 데이터 처리 애플리케이션 코드 |
| *.jar | 애플리케이션의 원활한 동작을 위해 lib 폴더에 다운로드 받아야 하는 스파크 스트리밍과 카프카(Kafka) 통합 JAR 파일 |

## 스파크 클러스터 작업 제출

애플리케이션을 제대로 동작시키기 위해 몇 가지 설정은 애플리케이션이 실행되는 시스템의 설정에 의존한다. 이 설정은 submit.sh과 submitPy.sh에서 수정한다. 언제든 수정이 필요할 때 스크립트에 [FILLUP] 태그 부분에 추가할 수 있다. 가장 중요한 부분은 시스템마다 다른 스파크 설치 디렉토리 세팅과 스파크 마스터 설정이다. submit.sh 스크립트 파일의 소스는 아래와 같다.

```
#!/bin/bash
#----------
# submit.sh
#----------
# 중요 - $SPARK_HOME과 $KAFKA_HOME 환경 변수가 이미 설정 완료 되었다고 가정
# [FILLUP] 스파크 마스터를 설정한다. 모니터링이 필요하다면 스파크 마스터 또는 로컬 모드를 선택한다.
# 스파크 로컬 모드를 실행 중이면 [ ] 안에 최소 1개 이상 코어를 할당하자.
```

```
# 예 : SPARK_MASTER=spark://Rajanarayanans-MacBook-Pro.local:7077
SPARK_MASTER=local[4]
# 스칼라 버전
SCALA_VERSION="2.11"
# 애플리케이션 jar 파일 이름
APP_JAR="spark-for-beginners_$SCALA_VERSION-1.0.jar"
# 애플리케이션 jar 파일의 절대 경로
PATH_TO_APP_JAR="target/scala-$SCALA_VERSION/$APP_JAR"
# 스파크 서밋 명령어
SPARK_SUBMIT="$SPARK_HOME/bin/spark-submit"
# 스크립트에 애플리케이션 이름을 인자로 입력
APP_TO_RUN=$1
sbt package
if [ $2 -eq 1 ]
then
$SPARK_SUBMIT --class $APP_TO_RUN --master $SPARK_MASTER --jars
$KAFKA_HOME/libs/kafka-clients-0.8.2.2.jar,$KAFKA_HOME/libs/kafka_2.11-
0.8.2.2.jar,$KAFKA_HOME/libs/metrics-core-2.2.0.jar,$KAFKA_HOME/libs/zkclient-
0.3.jar,./lib/spark-streaming-kafka-0-8_2.11-2.0.0-preview.jar $PATH_TO_APP_JAR
else
$SPARK_SUBMIT --class $APP_TO_RUN --master $SPARK_MASTER --jars
$PATH_TO_APP_JAR $PATH_TO_APP_JAR
fi
```

submitPy.sh의 소스 코드는 아래와 같다.

```
#!/usr/bin/env bash
#------------
# submitPy.sh
#------------
# 중요 - $SPARK_HOME과 $KAFKA_HOME 환경 변수가 이미 설정 완료 되었다고 가정
# 랜덤 해쉬 스트링은 Python 3.3+에서 아래 에러를 발생시키므로 꺼놓자.
# PYTHONHASHSEED 설정을 통해 랜덤 해쉬 스트링 사용 off export PYTHONHASHSEED=0
# [채워넣기] 스파크 마스터를 설정한다. 모니터링이 필요하다면 스파크 마스터 또는 로컬 모드를 선택한다.
# 스파크 로컬 모드를 실행 중이면 [ ] 안에 최소 1개 이상 코어를 할당하자.
# 예 : SPARK_MASTER=spark://Rajanarayanans-MacBook-Pro.local:7077          SPARK_
MASTER=local[4]
```

```
# 스크립트에 애플리케이션 이름을 인자로 입력
APP_TO_RUN=$1
# 스파크 서밋 명령어
SPARK_SUBMIT="$SPARK_HOME/bin/spark-submit"
if [ $2 -eq 1 ]
then
$SPARK_SUBMIT --master $SPARK_MASTER --jars $KAFKA_HOME/libs/kafka-clients-
0.8.2.2.jar,$KAFKA_HOME/libs/kafka_2.11-0.8.2.2.jar,$KAFKA_HOME/libs/metrics-
core-2.2.0.jar,$KAFKA_HOME/libs/zkclient-0.3.jar,./lib/spark-streaming-kafka-0-
8_2.11-2.0.0-preview.jar $APP_TO_RUN
else
$SPARK_SUBMIT --master $SPARK_MASTER $APP_TO_RUN
fi
```

## 애플리케이션 모니터링

'2장, 스파크 프로그래밍 모델'에서 설명했던 것처럼 스파크 설치를 하면 동작 중인 스파크 애플리케이션 모니터링을 위해 강력한 스파크 웹 UI를 사용할 수 있다.

세부적으로는 동작 중인 스파크 스트리밍 작업을 위한 추가적인 시각화 기능도 있다.

아래 스크립트는 스파크 마스터와 워커를 시작하고 모니터링을 설정한다. 그 전에 반드시 2장 스파크 프로그래밍 모델에서 제안한 대로 스파크 애플리케이션 모니터링을 위한 모든 설정을 제대로 했는지 확인하자. 만약 제대로 설정이 되어 있지 않더라도 스파크 애플리케이션 자체는 그대로 동작할 것이다. 변한 것은 단지 스파크 마스터 URL 대신 local[4]와 같은 주소를 사용하도록 submit.sh과 submitPy.sh에 사례를 포함한 것뿐이다. 아래 명령어를 터미널 창에서 실행하자.

```
$ cd $SPARK_HOME
$ ./sbin/start-all.sh
   starting org.apache.spark.deploy.master.Master, logging to
/Users/RajT/source-code/spark-source/spark-2.0/logs/spark-RajT-
org.apache.spark.deploy.master.Master-1-Rajanarayanans-MacBook-
```

```
Pro.local.out
    localhost: starting org.apache.spark.deploy.worker.Worker, logging to
/Users/RajT/source-code/spark-source/spark-2.0/logs/spark-RajT-
org.apache.spark.deploy.worker.Worker-1-Rajanarayanans-MacBook-
Pro.local.out
```

스파크 웹 UI가 제대로 동작하는지 아래 주소에서 확인하자.

　　http://localhost:8080/.


## 스칼라 애플리케이션 구현

아래 코드는 로그 이벤트 처리 애플리케이션 구현을 위한 스칼라 코드다.

```
/**
아래 프로그램은 SBT를 이용해 컴파일 또는 실행할 수 있다. Wrapper 스크립트도 함께 제공된다. ./compile.
sh 스크립트를 이용해 코드를 컴파일할 수 있다. ./submit.sh 스크립트는 스파크에서 애플리케이션 실행을 위
해 사용한다.
./submit.sh com.packtpub.sfb.StreamingApps
**/
package com.packtpub.sfb
import org.apache.spark.sql.{Row, SparkSession}
import org.apache.spark.streaming.{Seconds, StreamingContext}
import org.apache.spark.storage.StorageLevel
import org.apache.log4j.{Level, Logger}
object StreamingApps{
  def main(args: Array[String])
  {
  // 로그 레벨 설정
  LogSettings.setLogLevels()
  // 스파크 세션과 컨텍스트 생성
  val spark = SparkSession
        .builder
        .appName(getClass.getSimpleName)
        .getOrCreate()
  // 스트리밍 컨텍스트 생성을 위해 스파크 세션에서 컨텍스트 획득
```

```scala
    val sc = spark.sparkContext
    // 스트리밍 컨택스트 생성
    val ssc = new StreamingContext(sc, Seconds(10))
    // 백업 및 복구를 위한 체크 포인트 디렉토리 설정
    ssc.checkpoint("/tmp")
    println("Stream processing logic start")
    // 포트 번호 9999로 DStream 연결
    // StorageLevel.MEMORY_AND_DISK_SER는 데이터를 메모리에 저장하도록 한다. 오버플로우가 있을 경
우는 메모리 대신 디스크에 저장한다.
    val appLogLines = ssc.socketTextStream("localhost", 9999,
    StorageLevel.MEMORY_AND_DISK_SER)
    // ERROR 단어를 포함하고 있는 메시지 라인 수를 계산
    val errorLines = appLogLines.filter(line => line.contains("ERROR"))
    // DStream에 생성된 각 RDD 내용 콘솔에 출력
    errorLines.print()
    // 메시지 개수를 콘솔에 출력
    errorLines.countByWindow(Seconds(30), Seconds(10)).print()
    println("Stream processing logic end")
    // 스트리밍 시작
    ssc.start()
    // 애플리케이션이 종료할 때 까지 대기
    ssc.awaitTermination()
  }
}
object LogSettings{
  /**
   log4j logging level 설정 완료
  */
def setLogLevels() {
  val log4jInitialized =
  Logger.getRootLogger.getAllAppenders.hasMoreElements
  if (!log4jInitialized) {
      // 스파크가 출력하는 다른 메시지가 출력되지 않게 방지
      Logger.getRootLogger.setLevel(Level.WARN)
  }
 }
}
```

위 코드에는 2개의 스칼라 객체가 있다. 하나는 적절한 로깅 레벨 설정을 위한 것인데 이를 통해 원하지 않는 메세지는 콘솔에 표시하지 않을 수 있다. `StreamingApps` 스칼라 객체는 스트림 처리 로직을 담고 있다. 아래 리스트는 기능의 특징만 간추려 정리했다.

- 스파크 설정은 애플리케이션 이름과 함께 생성했다.
- 스파크 `StreamingContext` 객체는 스트림 처리의 심장이다. `StreamingContext` 생성자의 두 번째 파라미터는 10초로 설정되어 있는 배치 간격이다. `ssc.socketTextStream`이 포함되어 있는 라인은 DStream을 배치 간격마다 생성한다. 현재 10초로 설정되어 있고 넷캣 콘솔에 입력되어 있는 라인을 포함한다.
- 필터 변환은 다른 라인은 걸러내고 `ERROR` 단어를 포함하고 있는 라인만 가져오기 위해 다음 순서로 DStream에 적용한다.
- 다음 라인은 DStream 콘텐츠를 콘솔에 표시한다. 배치 간격마다 `ERROR` 단어를 포함하는 라인이 있을 경우 콘솔에 표시한다.
- 데이터 처리 로직 마지막에는 주어진 `StreamingContext`를 시작한다. 이 객체는 종료할 때까지 계속 동작한다.

위 코드에서 실행 중인 애플리케이션이 종료될 때까지 애플리케이션에 반복을 지시하는 루프<sup>loop</sup> 코드는 없다. 대신에 스파크 스트리밍 라이브러리 자체에서 이를 한꺼번에 처리한다. 데이터 처리 애플리케이션의 시작부터 종료까지 모든 명령을 한 번에 실행한다. DStream의 모든 작업은 모든 배치마다 반복된다(내부적으로). 이전 애플리케이션의 출력 결과를 상세히 조사해 보면, 이러한 명령문이 `StreamingContext`의 초기화와 종료 사이에 있더라도 `println( )`문의 출력은 콘솔에서 한 번만 표시되는 것을 알 수 있다. 이것은 이 신기한 루프 코드가 원본 및 생성한 DStream을 포함하는 명령문에서만 반복되기 때문이다.

이러한 스파크 스트리밍 애플리케이션에서 실행되는 루프의 특별한 성질 때문에 위 코드 예제에서 주어진 것처럼 애플리케이션 코드에 있는 스트리밍 로직 내에 로그와 프린트 명령문을 삽입하는 것은 별 의미가 없다. 꼭 필요하다면 이러한 구문은 스파크 변환과 액션을 위해 DStream에 전달되는 함수 내에 삽입하는 방법을 사용할 수 있다.

 처리한 데이터 저장이 필요하다면 RDD처럼 DStream에도 이를 위한 출력 작업 옵션들이 많다.

## 애플리케이션 컴파일 및 실행

아래 명령어는 애플리케이션 컴파일 및 실행을 위해 터미널 창에서 실행한다. ./compile. sh 대신에 단순한 sbt 컴파일 명령어 역시 사용 가능하다.

 앞서 언급한 것처럼 넷캣 서버는 반드시 아래 명령어 실행 이전에 이미 동작하고 있어야 한다.

```
$ cd Scala
$ ./compile.sh
  [success] Total time: 1 s, completed 24 Jan, 2016 2:34:48 PM
$ ./submit.sh com.packtpub.sfb.StreamingApps
  Stream processing logic start
  Stream processing logic end
  ----------------------------------------------
  Time: 1469282910000 ms
  ----------------------------------------------
  ----------------------------------------------
  Time: 1469282920000 ms
  ----------------------------------------------
```

아무런 에러 메세지가 없으면 출력과 함께 결과를 볼 것이고 스파크 스트리밍 데이터 처리 애플리케이션이 정상적으로 실행될 것이다.

## 출력 결과물 처리

print 명령의 아웃풋<sup>output</sup>은 DStream 아웃풋 이전에 처리된다는 사실을 기억하자. 지금까지는 넷캣 콘솔에 아무것도 입력하지 않았고 따라서 처리할 것이 없다.

이제 이전에 시작했었던 넷캣 콘솔로 가서 배치 크기가 10초인 배치임을 고려해서 여러 배치에 메세지를 분산하기 위해 수 초의 간격을 준 로그 이벤트 메시지를 아래처럼 입력하자.

```
[Fri Dec 20 01:46:23 2015] [ERROR] [client 1.2.3.4.5.6] Directory index
forbidden by rule: /home/raj/
[Fri Dec 20 01:46:23 2015] [WARN] [client 1.2.3.4.5.6] Directory index
forbidden by rule: /home/raj/
[Fri Dec 20 01:54:34 2015] [ERROR] [client 1.2.3.4.5.6] Directory index
forbidden by rule: /apache/web/test
[Fri Dec 20 01:54:34 2015] [WARN] [client 1.2.3.4.5.6] Directory index
forbidden by rule: /apache/web/test
[Fri Dec 20 02:25:55 2015] [ERROR] [client 1.2.3.4.5.6] Client sent
malformed Host header
[Fri Dec 20 02:25:55 2015] [WARN] [client 1.2.3.4.5.6] Client sent
malformed Host header
[Mon Dec 20 23:02:01 2015] [ERROR] [client 1.2.3.4.5.6] user test:
authentication failure for "/~raj/test": Password Mismatch
[Mon Dec 20 23:02:01 2015] [WARN] [client 1.2.3.4.5.6] user test:
authentication failure for "/~raj/test": Password Mismatch
```

넷캣 콘솔에 일단 로그 메시지가 입력되면 키워드 ERROR로 필터링 된 아래 결과가 스파크 스트리밍 데이터 처리 애플리케이션에 나타날 것이다.

```
-------------------------------------------
Time: 1469283110000 ms
-------------------------------------------
[Fri Dec 20 01:46:23 2015] [ERROR] [client 1.2.3.4.5.6] Directory index
forbidden by rule: /home/raj/
-------------------------------------------
Time: 1469283190000 ms
-------------------------------------------
```

```
-------------------------------------------

Time: 1469283200000 ms

-------------------------------------------
[Fri Dec 20 01:54:34 2015] [ERROR] [client 1.2.3.4.5.6] Directory index
forbidden by rule: /apache/web/test
-------------------------------------------
Time: 1469283250000 ms
-------------------------------------------


-------------------------------------------
Time: 1469283260000 ms
-------------------------------------------
[Fri Dec 20 02:25:55 2015] [ERROR] [client 1.2.3.4.5.6] Client sent malformed
Host header
-------------------------------------------


Time: 1469283310000 ms
-------------------------------------------
[Mon Dec 20 23:02:01 2015] [ERROR] [client 1.2.3.4.5.6] user test: authentication
failure for "/~raj/test": Password Mismatch
-------------------------------------------
Time: 1453646710000 ms
-------------------------------------------
```

스파크 웹 UI(http://localhost:8080/)를 이미 사용 가능하도록 설정했으므로 그림 5와 6을 통해 스파크 애플리케이션과 통계를 살펴보자.

스파크 웹 UI 메인 페이지에서 (http://localhost:8080/ 접속 후 첫 페이지) 일반 모니터링 페이지를 보기 위해 동작 중인 스파크 스트리밍 데이터 처리 애플리케이션 이름을 클릭하자. 모니터링 페이지에서 스트리밍 통계를 살펴보기 위해 Streaming 탭을 클릭하자.

다음 그림에서 동그라미로 표시된 링크와 탭이다.

▲ 그림 5

그림 5의 페이지에서 동그라미 쳐진 애플리케이션 링크를 클릭하면 관련된 페이지로 이동할 것이다. 이동한 후 Streaming 탭을 클릭하면 스트리밍 통계 페이지가 그림 6처럼 표시될 것이다.

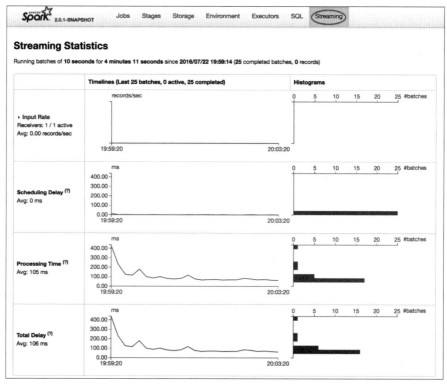

▲ 그림 6

스파크 웹 UI 페이지에서 수많은 애플리케이션 통계를 볼 수 있고 스파크 스트리밍 데이터 처리 애플리케이션의 동작을 좀 더 깊게 이해하기 위해 이를 폭넓게 살펴보는 것은 매우 좋은 생각이다.

 **TIP** 애플리케이션 성능 자체에 영향을 줄 수 있으므로 스트리밍 애플리케이션 모니터 기능을 켤 때 매우 주의해야 한다.

## 파이썬 애플리케이션 실행

똑같은 유스 케이스를 파이썬으로도 구현해 보자. StreamingApps.py에 저장되어 있는 아래 코드를 살펴보자.

```
# 애플리케이션을 스파크에서 실행하기 위해 아래 스크립트 사용
# ./submitPy.sh StreamingApps.py
from __future__ import print_function
import sys
from pyspark import SparkContext
from pyspark.streaming import StreamingContext
if __name__ == "__main__":
    # 스파크 컨텍스트 시작
    sc = SparkContext(appName="PythonStreamingApp")
    # log4j logging level 설정 완료
    log4j = sc._jvm.org.apache.log4j
    log4j.LogManager.getRootLogger().setLevel(log4j.Level.WARN)
    # 10초 배치 간격으로 스파크 스트리밍 컨텍스트 설정
    ssc = StreamingContext(sc, 10)
    # 백업 및 복구를 위해 체크 포인트 디렉토리 설정
    ssc.checkpoint("\tmp")
    # DStream을 생성해서 포트 9999로 연결
    appLogLines = ssc.socketTextStream("localhost", 9999)
    # ERROR 단어를 포함한 로그 메시지 수 세기
    errorLines = appLogLines.filter(lambda appLogLine: "ERROR" in
```

```
appLogLine)
# DStream의 각 RDD 내용 콘솔에 출력
errorLines.pprint()
# 메시지 수 계산해 화면에 출력
errorLines.countByWindow(30,10).pprint()
# 스트리밍 시작
ssc.start()
# 애플리케이션 종료까지 대기
ssc.awaitTermination()
```

아래 명령어는 터미널 창에서 코드를 다운받은 디렉토리에서 파이썬 스파크 스트리밍 데이터 처리 애플리케이션을 실행하기 위한 것이다. 애플리케이션 실행 전에 위 스칼라 애플리케이션 예제에서 스크립트를 수정했던 것과 같은 방식으로 submitPy.sh 파일 또한 올바른 스파크 설치 디렉토리 위치 값으로 수정하고 스파크 마스터를 설정해주자. 모니터링 기능이 켜져 있고 올바른 스파크 마스터 설정이 제대로 됐다면 스파크 웹 UI가 파이썬 스파크 스트리밍 데이터 처리 애플리케이션 통계도 똑같이 보여줄 것이다.

아래 명령어는 스파크 애플리케이션을 터미널 창에서 실행하기 위한 것이다.

```
$ cd Python
$ ./submitPy.sh StreamingApps.py
```

일단 스칼라 예에서 사용한 것처럼 로그 이벤트 메시지가 넷캣 콘솔에 입력되면, 마찬가지로 키워드 ERROR로 필터링 한 결과가 아래처럼 스트리밍 애플리케이션에 나타날 것이다.

```
-------------------------------------------
Time: 2016-07-23 15:21:50
-------------------------------------------
-------------------------------------------
Time: 2016-07-23 15:22:00
-------------------------------------------
```

```
[Fri Dec 20 01:46:23 2015] [ERROR] [client 1.2.3.4.5.6] Directory index
forbidden by rule: /home/raj/
-----------------------------------------
Time: 2016-07-23 15:23:50
-----------------------------------------
[Fri Dec 20 01:54:34 2015] [ERROR] [client 1.2.3.4.5.6] Directory index
forbidden by rule: /apache/web/test
-----------------------------------------
Time: 2016-07-23 15:25:10
-----------------------------------------
-----------------------------------------
Time: 2016-07-23 15:25:20
-----------------------------------------
[Fri Dec 20 02:25:55 2015] [ERROR] [client 1.2.3.4.5.6] Client sent malformed
Host header
-----------------------------------------
Time: 2016-07-23 15:26:50
-----------------------------------------
[Mon Dec 20 23:02:01 2015] [ERROR] [client 1.2.3.4.5.6] user test: authentication
failure for "/~raj/test": Password Mismatch
-----------------------------------------
Time: 2016-07-23 15:26:50
-----------------------------------------
```

파이썬과 스칼라 프로그램의 아웃풋을 살펴보면 주어진 배치 간격 동안 ERROR 단어를 담고 있는 로그 이벤트 메시지만 출력된 것을 알 수 있다. 데이터를 처리하면 애플리케이션은 데이터를 폐기하고 곧바로 종료한다.

다시 말해, 애플리케이션은 이번 배치 간격의 로그 메시지를 저장하지 않을 것이다. 만약에러 메시지를 저장하고 싶다면 마지막 5분 전에 시도하자. 그러면 이전 접근이 작동하지 않을 것이다. 다음 장에서 여기에 대해 좀 더 자세히 다룰 것이다.

# ▌ 구간 데이터 처리

앞서 다루었던 스파크 스트리밍 데이터 처리 애플리케이션에서 지나간 배치 처리 3개의 ERROR 키워드를 담고 있는 로그 이벤트 메시지의 빈도수를 세야 한다면 어떨까? 이를 처리하기 위해서는 3개 배치 구간을 모두 한 번에 처리해서 이벤트 메시지의 빈도수를 셀 수 있는 능력이 있어야 한다. 주어진 어떤 시간 간격에도 구간은 자유롭게 설정될 수 있어야 하고 데이터의 새로운 배치가 가능할 때도 마찬가지다. 이번 장에서 다룰 3개의 중요한 용어에 대해 그림 7에서 설명한다.

- 배치 간격: DStream이 생성되는 시간 간격
- 구간 길이: 주어진 배치 간격의 특정 DStream을 처리할 필요가 있을 때 전체 배치 간격의 시간 길이
- 슬라이딩 간격: 로그 이벤트 메시지 빈도수 세기처럼 수행되는 구간 동작 사이의 간격

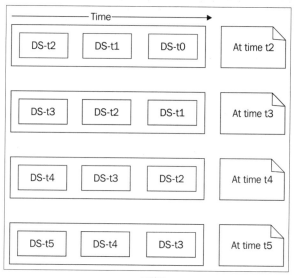

▲ 그림 7

그림 7의 주어진 시간 간격동안 수행될 오퍼레이션$^{operation}$을 위한 DStream은 사각형 모양으로 표시했다.

모든 배치 간격마다 새로운 DStream이 생성된다. 그림 7에서 구간 길이는 3이고 한 구간 내에서 수행하는 오퍼레이션은 그 구간 내 모든 로그 메시지의 빈도수를 세는 것이다. 슬라이딩 간격은 배치 간격과 같으므로 새로운 Dstream이 생성될 때에도 빠짐없이 처리 결과는 정확하다.

시간 t2에서 t0과 t1, t2에서 생성된 DStream의 빈도수 세기 오퍼레이션이 끝난다. 시간 t3에서 마찬가지로 슬라이딩 구간은 배치 간격과 같기 때문에 t1과 t2, t3에서 생성된 DStream의 빈도수 세기 오퍼레이션이 끝난다. 시간 t4 역시 마찬가지로 t2과 t3, t4에서 생성된 DStream의 빈도수 세기 오퍼레이션이 끝난다. 이러한 방식으로 애플리케이션이 종료될 때까지 계속해서 같은 오퍼레이션을 반복한다.

## 스칼라 애플리케이션 로그 이벤트 메시지 빈도수 세기

앞 예제에서 로그 이벤트 처리를 논의했다. ERROR 단어를 담고 있는 로그 이벤트 메시지를 출력하는 똑같은 애플리케이션 코드에서 아래 코드를 스칼라 애플리케이션에 포함하자.

```
errorLines.print()
errorLines.countByWindow(Seconds(30), Seconds(10)).print()
```

첫 번째 파라미터는 구간 길이이고 두 번째 파라미터는 슬라이딩 구간 간격이다. 아래 주어진 명령어를 넷캣 콘솔에 입력하면 처리된 로그 이벤트 메시지의 빈도수를 한 줄로 출력할 것이다.

```
[Fri Dec 20 01:46:23 2015] [ERROR] [client 1.2.3.4.5.6] Directory index
forbidden by rule: /home/raj/
```

```
[Fri Dec 20 01:46:23 2015] [WARN] [client 1.2.3.4.5.6] Directory index
forbidden by rule: /home/raj/
[Fri Dec 20 01:54:34 2015] [ERROR] [client 1.2.3.4.5.6] Directory index
forbidden by rule: /apache/web/test
```

똑같은 스칼라 스파크 스트리밍 데이터 처리 애플리케이션에 몇 가지 코드 추가로 아래
출력 결과를 생성한다.

```
-------------------------------------------

Time: 1469284630000 ms

-------------------------------------------
[Fri Dec 20 01:46:23 2015] [ERROR] [client 1.2.3.4.5.6] Directory index
forbidden by rule: /home/raj/
-------------------------------------------
Time: 1469284630000 ms
-------------------------------------------
1
-------------------------------------------
Time: 1469284640000 ms
-------------------------------------------
[Fri Dec 20 01:54:34 2015] [ERROR] [client 1.2.3.4.5.6] Directory index
forbidden by rule: /apache/web/test
-------------------------------------------
Time: 1469284640000 ms
-------------------------------------------
2
-------------------------------------------
Time: 1469284650000 ms
-------------------------------------------
2
-------------------------------------------
Time: 1469284660000 ms
-------------------------------------------
1
-------------------------------------------
Time: 1469284670000 ms
-------------------------------------------
```

출력을 상세히 살펴봤다면 첫 번째 배치 간격에서 로그 이벤트 메시지 하나가 처리되었음을 눈치챘을 것이다. 명백하게 첫 번째 배치 간격에서 표시된 이벤트 빈도수는 1이다. 그 다음 배치 간격에서 로그 이벤트 메시지 하나가 더 처리된다. 두 번째 배치 간격에서 빈도수는 2이다. 그다음 배치 간격에서, 더이상 로그 이벤트 메시지를 처리하지 않지만, 구간 간격의 빈도수는 여전히 2이다. 그다음 배치 간격에서 빈도수는 역시 여전히 2이다. 그다음 점차 1 그리고 0으로 감소한다.

여기에서 가장 중요한 점은 파이썬과 스칼라 애플리케이션에서 StreamingContext 생성 후 아래 주어진 코드를 체크포인트 디렉토리를 명확히 지정하기 위해 입력해야 한다는 것이다.

```
ssc.checkpoint("/tmp")
```

## 파이썬 애플리케이션 로그이벤트 메시지 빈도수 세기

파이썬 애플리케이션 코드에서 ERROR 단어를 포함한 로그 이벤트 메시지 출력 후에 아래 스칼라 애플리케이션 코드를 포함하도록 하자.

```
errorLines.pprint()
errorLines.countByWindow(30,10).pprint()
```

첫 번째 파라미터는 구간 길이고 두 번째 파라미터는 슬라이딩 구간 간격이다. 아래 입력을 넷캣 콘솔에 입력하고 나면 처리된 로그 이벤트 메시지의 빈도수가 한 줄로 표시될 것이다.

```
[Fri Dec 20 01:46:23 2015] [ERROR] [client 1.2.3.4.5.6] Directory index
forbidden by rule: /home/raj/
[Fri Dec 20 01:46:23 2015] [WARN] [client 1.2.3.4.5.6] Directory index
```

```
forbidden by rule: /home/raj/
[Fri Dec 20 01:54:34 2015] [ERROR] [client 1.2.3.4.5.6] Directory index
forbidden by rule: /apache/web/test
```

스칼라와 마찬가지로 파이썬으로 구현한 스파크 스트리밍 데이터 처리 애플리케이션에
코드 몇 줄 추가로 아래와 같은 아웃풋을 생성한다.

```
-------------------------------------------
Time: 2016-07-23 15:29:40
-------------------------------------------
[Fri Dec 20 01:46:23 2015] [ERROR] [client 1.2.3.4.5.6] Directory index
forbidden by rule: /home/raj/
-------------------------------------------
Time: 2016-07-23 15:29:40
-------------------------------------------
1
-------------------------------------------
Time: 2016-07-23 15:29:50
-------------------------------------------
[Fri Dec 20 01:54:34 2015] [ERROR] [client 1.2.3.4.5.6] Directory index
forbidden by rule: /apache/web/test
-------------------------------------------
Time: 2016-07-23 15:29:50
-------------------------------------------
2
-------------------------------------------
Time: 2016-07-23 15:30:00
-------------------------------------------
-------------------------------------------
Time: 2016-07-23 15:30:00
?
-------------------------------------------
2
-------------------------------------------
Time: 2016-07-23 15:30:10
-------------------------------------------
-------------------------------------------
Time: 2016-07-23 15:30:10
```

```
------------------------------------------------
1
------------------------------------------------
Time: 2016-07-23 15:30:20
------------------------------------------------
------------------------------------------------
Time: 2016-07-23 15:30:20
------------------------------------------------
```

파이썬 애플리케이션의 아웃풋 패턴은 스칼라 애플리케이션과 매우 비슷하다.

## ▌ 추가 처리 옵션

구간 내에서 빈도수 세는 오퍼레이션뿐 아니라 구간과 함께 DStream에 적용할 수 있는
오퍼레이션이 몇 가지 더 있다. 아래 표는 중요한 변환을 보여준다. 이 변환은 모두 선택
한 구간 내에서 동작하고 DStream을 리턴한다.

| 변환 | 설명 |
|---|---|
| window(windowLength, slideInterval) | 구간에서 계산한 DStream을 리턴한다. |
| countByWindow(windowLength, slideInterval) | 엘리먼트의 빈도수를 리턴한다. |
| reduceByWindow(func, windowLength, slideInterval) | 집계 함수를 적용한 후 최종 결과 엘리먼트 1개를 반환한다. |
| reduceByKeyAndWindow(func, windowLength, slideInterval, [numTasks]) | 각 키가 가진 여러가지 값에 집계 함수를 적용한 후 최종적으로 키마다 1개의 키/값 쌍을 반환한다. |
| countByValueAndWindow(windowLength, slideInterval, [numTasks]) | 각 키가 가진 여러 값의 빈도수를 계산한 후 최종적으로 키마다 1개의 키/빈도수 쌍을 반환한다. |

스트림 처리의 가장 중요한 처리 단계는 존재하는 스트림 데이터를 2차 저장장치에 저장
하는 것이다. 스파크 스트리밍 데이터 처리 애플리케이션의 데이터 속도가 매우 빠르므
로, 추가 지연속도<sup>latency</sup>를 유발하는 어떠한 저장 메커니즘도 그다지 추천할 만한 방법이
아니다.

배치 처리 시나리오에서 저장장치에 기반을 둔 다른 파일 시스템과 HDFS에 쓰는 것은 상관없다. 하지만 스트림 아웃풋 저장 시에는 유스 케이스에 따라서 이상적인 스트림 데이터 저장 장치 메커니즘을 반드시 선택해야 할 때가 있다.

## ▌ 카프카 스트림 처리

6장에서 다루는 로그 이벤트 처리 예제는 메시지 스트림을 스파크 스트리밍 데이터 처리 애플리케이션을 이용해서 처리할 때 TCP 소켓 방식을 사용한다. 하지만 실제 유스케이스는 다른 방식을 사용한다.

생산–구독publish-subscribe 능력을 가지고 있는 메시지 큐잉 시스템은 일반적으로 메시지 처리를 위해 활용한다. 전통적인 메시지 큐잉 시스템은 빅데이터 처리 애플리케이션의 요구에 따라 매우 큰 단위 메시지를 초 단위로 처리해야 하는 유스 케이스에 적합하지 않다.

카프카는 많은 IoT[2] 애플리케이션에서 대량 메시지를 처리하기 위해 사용하는 생산–구독 메세징 시스템이다. 아래 기능 덕분에 카프카는 현재 가장 널리 사용되는 메세징 시스템으로 자리 잡았다.

- 극도로 빠름: 카프카는 많은 애플리케이션 클라이언트의 짧은 시간 간격 내에서 읽기와 쓰기를 조절해 많은 양의 데이터를 처리할 수 있다.
- 높은 확장성: 카프카는 상용 하드웨어를 이용하여 클러스터를 구성하고 스케일 업과 스케일 아웃을 할 수 있도록 디자인되었다.
- 대용량 메시지 저장 가능: 카프카 토픽에 접근하는 메세지는 2차 저장소에 저장되고 동시에 대용량 메시지를 처리할 수 있다.

---

2    Internet of Things

**ⓘ** 구체적인 카프카 설명은 이 책의 범위 밖이다. 독자가 이미 어느 정도 카프카와 친숙하고 기본 지식이 있다고 가정한다. 스파크 스트리밍 데이터 처리 애플리케이션 관점에서 사실 TCP 소켓을 이용하던 메시지 소스로 카프카를 이용하던 별로 중요하지 않다. 하지만 카프카를 메시지 생성자로 활용하여 티저 유스 케이스를 구현해 보면 널리 사용되는 기업용 도구 셋에 대해 좋은 평가를 줄 것이다. 《Learning Apache Kafka – Second Edition by Nishant Garg》 (https://www.packtpub.com/big-data-and-bus iness-intelligence/learning-apache-kafka-second-edition)는 카프카를 배우기에 좋은 교재다.

아래는 카프카의 중요한 엘리먼트이고 미리 알아두어야 할 용어다.

- 생산자producer : 메시지 소스. 날씨 센서 또는 모바일 폰 네트워크 등을 말한다.
- 중개자broker : 카프카 클러스터. 토픽과 생산자에 따라 발송된 메시지를 받고 저장한다.
- 소비자consumer : 데이터 처리 애플리케이션. 카프카 토픽을 구독subscribe하고 토픽에 따라 발송하는 메시지를 소비한다.

앞서 설명한 것과 같은 로그 이벤트 처리 애플리케이션 유스 케이스를 스파크 스트리밍과 함께 카프카의 사용법을 설명하기 위해 여기에서 다시 사용한다. TCP 소켓에서 로그 이벤트 메시지를 수집하는 대신 스파크 스트리밍 데이터 처리 애플리케이션은 카프카 토픽의 소비자가 되어 해당 토픽으로 발송된 메시지를 소비한다.

스파크 스트리밍 데이터 처리 애플리케이션은 메시지 중개자로 카프카 버전 0.8.2.2를 사용하며 독자는 적어도 스탠드얼론 모드에서 카프카를 이미 설치했다고 가정한다. 카프카가 생산자가 생성한 메시지를 처리할 준비가 되어 있고 스파크 스트리밍 데이터 처리 애플리케이션이 해당 메시지를 사용할 수 있도록 다음 작업을 수행해야 한다.

1. 카프카 설치와 함께 설치되는 주키퍼Zookeeper[3]를 시작한다.
2. 카프카 서버를 시작한다.

---

3    분산 처리 시스템을 중앙화해서 관리하는 서비스. 아파치 오픈 소스 프로젝트

3. 생성자가 메시지를 보낼 수 있도록 토픽을 생성한다.

4. 카프카 생성자 하나를 선택하고 새롭게 생성한 토픽으로 로그 이벤트 메시지 발송을 시작한다.

5. 새롭게 생성한 토픽으로 발송한 로그 이벤트를 처리하기 위해 스파크 스트리밍 데이터 처리 애플리케이션을 이용한다.

## 주키퍼와 카프카 시작하기

아래 스크립트는 필요한 카프카 토픽을 생성하고 카프카 중개자와 주키퍼를 시작하기 위해 별도의 터미널 창에서 실행될 것이다.

```
$ cd $KAFKA_HOME
$ $KAFKA_HOME/bin/zookeeper-server-start.sh
$KAFKA_HOME/config/zookeeper.properties
[2016-07-24 09:01:30,196] INFO binding to port 0.0.0.0/0.0.0.0:2181
(org.apache.zookeeper.server.NIOServerCnxnFactory)
$ $KAFKA_HOME/bin/kafka-server-start.sh
$KAFKA_HOME/config/server.properties

[2016-07-24 09:05:06,381] INFO 0 successfully elected as leader
(kafka.server.ZookeeperLeaderElector)
[2016-07-24 09:05:06,455] INFO [Kafka Server 0], started
(kafka.server.KafkaServer)
$ $KAFKA_HOME/bin/kafka-topics.sh --create --zookeeper localhost:2181 --
replication-factor 1 --partitions 1 --topic sfb
Created topic "sfb".
$ $KAFKA_HOME/bin/kafka-console-producer.sh --broker-list localhost:9092 --
topic sfb
```

 환경 변수 $ KAFKA_HOME이 카프카가 설치된 디렉토리를 가리키고 있는지 확인하자. 또한 주키퍼 및 카프카 서버, 카프카 생산자, 스파크 스트리밍 로그 이벤트 데이터 처리 애플리케이션을 반드시 별도의 터미널 창에서 시작하도록 하자.

카프카 토픽에 메시지를 발송할 수 있는 모든 애플리케이션이 카프카 생산자가 될 수 있다. 여기 카프카와 함께 제공되는 카프카-콘솔-생산자<sup>kafka-console-producer</sup>가 생산자가 된다. 생산자가 실행되기 시작하면 콘솔 창에 입력된 내용은 선택한 카프카 토픽으로 발송된 메시지로 간주한다. 카프카 토픽은 카프카-콘솔-생산자를 시작할 때 커맨드라인 파라미터로 제공된다.

카프카 생산자가 생성한 로그 이벤트 메시지를 사용하는 스파크 스트리밍 데이터 처리 애플리케이션의 제출은 앞서 다룬 애플리케이션과 약간 다르다. 여기에서는 데이터 처리를 위해 더 많은 카프카 jar 파일이 필요하다. 파일은 스파크 인프라스트럭쳐의 일부가 아니므로 스파크 클러스터에 제출해야 한다. 이 애플리케이션을 성공적으로 실행하려면 다음 jar 파일이 필요하다.

- $KAFKA_HOME/libs/kafka-clients-0.8.2.2.jar
- $KAFKA_HOME/libs/kafka_2.11-0.8.2.2.jar
- $KAFKA_HOME/libs/metrics-core-2.2.0.jar
- $KAFKA_HOME/libs/zkclient-0.3.jar
- Code/Scala/lib/spark-streaming-kafka-0-8_2.11-2.0.0-preview.jar
- Code/Python/lib/spark-streaming-kafka-0-8_2.11-2.0.0-preview.jar

위의 jar 파일 목록에서 spark-streaming-kafka-0-8_2.11-2.0.0-preview.jar에 대한 maven 저장소 좌표는 "org.apache.spark" %% "spark-streaming-kafka-0-8 " % "2.0.0-preview"이다. 이 특정 jar 파일을 그림 4에 나와 있는 디렉토리 구조의 lib 폴더에 다운로드해 배치한다. 이는 submit.sh 및 submitPy.sh 스크립트에서 사용되며 스파크 클러스터에 애플리케이션을 제출한다. 이 jar 파일의 다운로드 URL은 이번 장 마지막 "참고문헌"에서 볼 수 있다.

submit.sh 및 submitPy.sh 파일에서 마지막 몇 줄은 이 애플리케이션을 식별하고 필요한 jar 파일을 스파크 클러스터에 제공하기 위해 두 번째 파라미터 값 1을 찾는 조건문을 포함한다.

작업을 제출할 때 개별 jar 파일을 각각 스파크 클러스터에 저장하는 대신에 sbt를 이용해서
어셈블리 jar 파일을 생성해서 이용할 수 있다.

## 스칼라 애플리케이션 구현

아래 코드는 카프카 생산자에 의해 생산되는 메시지를 처리하는 로그 이벤트 처리 애플
리케이션 스칼라 코드다. 이 애플리케이션의 유스 케이스는 구간 동작과 관련해 앞서 설
명했던 것과 같다.

```
/**
아래 프로그램은 SBT (스칼라 배치 터미널)을 이용해서 컴파일 또는 실행 가능하다. Wrapper 스크립트도 함께
제공된다. ./compile.sh 스크립트를 이용해서 코드를 컴파일 할 수 있다. 아래 ./submit.sh 스크립트는 스파
크에서 이 애플리케이션을 실행하기위해 사용한다. 두 번째 인자인 숫자 1은 카프카 jar 파일을 스파크 클러스터에
전달하는 인자이기 때문에 매우 중요하다.
./submit.sh com.packtpub.sfb.KafkaStreamingApps 1
**/
package com.packtpub.sfb
import java.util.HashMap
import org.apache.spark.streaming._
import org.apache.spark.sql.{Row, SparkSession}
import org.apache.spark.streaming.kafka._
import org.apache.kafka.clients.producer.{ProducerConfig, KafkaProducer,
ProducerRecord}
object KafkaStreamingApps {
  def main(args: Array[String]) {
    // 로그 레벨 세팅
    LogSettings.setLogLevels()
    // 카프카 스트림 생성을 위해 사용하는 변수
    // 주키퍼 호스트 쿼럼
    val zooKeeperQuorum = "localhost"
    // 메시지 그룹 이름
    val messageGroup = "sfb-consumer-group"
```

```scala
    // 여러가지 카프카 토픽이 있을 경우 쉼표로 구분해서 표시
    val topics = "sfb"
    // 토픽마다 사용할 쓰레드 개수
    val numThreads = 1
    // 스파크 컨텍스트와 스파크 세션 생성
    val spark = SparkSession
        .builder
        .appName(getClass.getSimpleName)
        .getOrCreate()
    // 스트리밍 컨텍스트 생성을 위해 스파크 세션을 이용해서 스파크 컨텍스트 생성
    val sc = spark.sparkContext
    // 스트리밍 컨텍스트 생성
    val ssc = new StreamingContext(sc, Seconds(10))
    // 데이터 복구 및 백업을 위해 체크 포인트 디렉토리 설정
    ssc.checkpoint("/tmp")
    // 토픽 이름으로 map 생성
    val topicMap = topics.split(",").map((_, numThreads.toInt)).toMap
    // 카프카 스트림 생성
    val appLogLines = KafkaUtils.createStream(ssc, zooKeeperQuorum,
messageGroup, topicMap).map(_._2)
    // ERROR 단어를 포함하는 로그 메시지 라인 수 세기
    val errorLines = appLogLines.filter(line => line.contains("ERROR"))
    // Error 포함하는 라인 출력
    errorLines.print()
    // 윈도우 마다 메시지 개수 세어 화면에 출력
    errorLines.countByWindow(Seconds(30), Seconds(10)).print()
    // 스트리밍 시작
    ssc.start()
    // 애플리케이션이 종료할 때 까지 대기
    ssc.awaitTermination()
  }
}
```

앞서 설명했던 스칼라 코드와 비교해서 가장 큰 차이는 스트림을 생성하는 방식이다.

## 파이썬 애플리케이션 구현

아래 코드는 카프카 생산자에 의해 생산되는 메시지를 처리하기 위한 로그 이벤트 처리 애플리케이션의 파이썬 코드다. 이 애플리케이션의 유스 케이스 역시 앞서 설명한 구간 동작에서 논의했던 내용과 같은 내용이다.

```python
# 아래 스크립트는 스파크에서 애플리케이션 실행을 위해 사용한다.
# ./submitPy.sh KafkaStreamingApps.py 1
from __future__ import print_function
import sys
from pyspark import SparkContext
from pyspark.streaming import StreamingContext
from pyspark.streaming.kafka import KafkaUtils
if __name__ == "__main__":
    # 스파크 컨텍스트 생성
    sc = SparkContext(appName="PythonStreamingApp")
    # 필요한 log4j 로깅 레벨 세팅 설정
    log4j = sc._jvm.org.apache.log4j
    log4j.LogManager.getRootLogger().setLevel(log4j.Level.WARN)
    # 10초 간격으로 배치 인터벌을 설정하고 스파크 스트리밍 컨텍스트 생성
    ssc = StreamingContext(sc, 10)
    # 데이터 복구 및 백업을 위해 체크 포인트 디렉터리 설정
    ssc.checkpoint("\tmp")
    # 주키퍼 호스트 쿼럼
    zooKeeperQuorum="localhost"
    # 메시지 그룹 이름
    messageGroup="sfb-consumer-group"
    # 여러가지 카프카 토픽이 있을 경우 쉼표로 구분해서 표시
    topics = "sfb"
    # 토픽마다 사용할 쓰레드 개수
    numThreads = 1
    # 카프카 DStream 생성
    kafkaStream = KafkaUtils.createStream(ssc, zooKeeperQuorum, messageGroup,
{topics: numThreads})
    # 카프카 스트림 생성
    appLogLines = kafkaStream.map(lambda x: x[1])
    # ERROR 단어를 포함하는 로그 메시지 라인 수 세기
```

```
errorLines = appLogLines.filter(lambda appLogLine: "ERROR" in appLogLine)
# DStream에 생성한 각 RDD의 처음 10개 엘리먼트 출력
errorLines.pprint()
errorLines.countByWindow(30,10).pprint()
# 스트리밍 시작
ssc.start()
# 애플리케이션이 종료할 때 까지 대기
ssc.awaitTermination()
```

아래 명령어는 스칼라 애플리케이션을 동작하기 위해 터미널 창에서 실행하는 명령어다.

```
$ cd Scala
$ ./submit.sh com.packtpub.sfb.KafkaStreamingApps 1
```

아래 명령어는 파이썬 애플리케이션을 동작하기 위해 터미널 창에서 실행하는 명령어다.

```
$ cd Python
$./submitPy.sh KafkaStreamingApps.py 1
```

위의 두 프로그램이 모두 실행 중일 때 카프카 콘솔 생산자의 콘솔 창에 입력되는 모든 메시지와 아래 명령어와 입력은 모두 애플리케이션이 처리한다. 이 프로그램의 아웃풋은 앞서 주어진 것과 매우 비슷할 것이다.

```
$ $KAFKA_HOME/bin/kafka-console-producer.sh --broker-list localhost:9092 --
topic sfb
[Fri Dec 20 01:46:23 2015] [ERROR] [client 1.2.3.4.5.6] Directory index
forbidden by rule: /home/raj/
[Fri Dec 20 01:46:23 2015] [WARN] [client 1.2.3.4.5.6] Directory index
forbidden by rule: /home/raj/
[Fri Dec 20 01:54:34 2015] [ERROR] [client 1.2.3.4.5.6] Directory index
forbidden by rule: /apache/web/test
```

스파크는 카프카 스트림을 처리하는 두 가지 접근 방식을 제공한다. 첫 번째는 앞서 논의한 수신자 기반 접근 방식이고 두 번째는 직접 접근 방식이다.

카프카 메시지를 처리하는 직접적인 접근 방식은 스파크 스트리밍이 카프카 토픽 소비자들과 마찬가지로 카프카의 가능한 모든 기능을 사용하고 특정 토픽의 메시지를 폴링polling하고 메시지 오프셋 숫자로 분할되는 파티션을 이용하는 방법이다. 스파크 스트리밍 데이터 처리 애플리케이션의 배치 처리 간격에 따라 카프카 클러스터에서 일정 수의 오프셋을 선택하고 이 오프셋 범위 내 메시지는 배치 처리한다. 이는 매우 효율적이고 메시지 처리에 이상적이며 메시지를 정확히 한 번만 처리해야 하는 요구사항에 적합하다. 이 방법을 통해 스파크 스트리밍 라이브러리의 중복 수신 없는 메시지 처리 시멘틱semantic 구현을 위한 추가 작업 부담을 줄이고 책임을 카프카에 위임한다. 이러한 접근 방식의 프로그래밍 구조는 데이터 처리를 위해 사용하는 API와는 조금 다르다. 더 자세한 내용은 적절한 참고 문헌을 통해 파악하자.

앞서 스파크 스트리밍 라이브러리 개념을 소개하고 실제 유스 케이스에 대해 설명했다. 정적 배치 데이터를 처리하기 위해 개발한 스파크 데이터 처리 애플리케이션과 배포 관점에서 동적 스트림 데이터를 처리하기 위해 개발한 애플리케이션 간에는 큰 차이가 있다. 데이터 스트림을 처리하는 데이터 처리 애플리케이션의 가용성은 안정적이어야 한다. 즉, 이러한 애플리케이션은 단일 실패 지점이 없어야 한다. 아래에서 이 주제에 대해 논의할 것이다.

## ▌ 실제 스파크 스트리밍 작업

스파크 스트리밍 애플리케이션으로 입력 데이터를 처리할 때 전달되는 모든 데이터를 완벽히 처리하기 위해 끊김 없는 데이터 처리 기능을 보유하는 것이 매우 중요하다. 업무상 중요한 스트리밍 애플리케이션에서는 데이터 하나만 놓쳐도 큰 문제가 될 수 있다. 이러한 상황을 처리하려면 애플리케이션 인프라스트럭처에서 단일 실패 지점을 피하는 것이 중요하다.

스파크 스트리밍 애플리케이션 관점에서 볼 때 생태계의 기본 구성 요소를 잘 배치하여 단일 실패 지점을 피하기 위한 적절한 해결책을 알아두는 것이 좋다.

하둡 YARN 또는 메조스, 스파크 스탠드얼론 모드의 클러스터에 배치된 스파크 스트리밍 애플리케이션은 다른 모든 스파크 애플리케이션 타입과 매우 유사하게 2개의 메인 구성 요소를 가진다.

- **스파크 드라이버**: 사용자가 쓴 애플리케이션 코드를 저장한다.
- **실행자**: 스파크 드라이버가 제출한 작업을 실행하는 실행자.

그러나 실행자$^{executor}$는 수신자$^{receiver}$라 불리는 추가 구성 요소를 사용하여 스트림으로 수집된 데이터를 수신하여 메모리에 데이터 블록으로 저장한다. 하나의 수신자가 데이터를 수신하고 데이터 블록을 형성할 때, 이들은 장애–내구성$^{fault-tolerance}$을 위해 다른 실행 프로그램에 복제된다. 즉, 데이터 블록의 메모리 내 복제가 다른 실행 프로그램에서 수행된다. 모든 배치 처리 간격이 끝날 때 이 데이터 블록이 결합되어 DStream을 형성하고 다운스트림 처리를 위해 발송된다.

그림 8은 클러스터에 배포한 스파크 스트리밍 애플리케이션이 인프라에서 함께 작동하는 구성 요소를 보여준다.

그림 8에는 두 개의 실행 프로그램이 있다. 두 번째 실행 프로그램(executor2)에서, 수신자를 사용하지 않고 첫 번째 실행 프로그램(executor1)에서 복제한 데이터 블록만 수집한다는 것을 보여주기 위해 수신자를 일부러 표시하지 않았다. 그러나 첫 번째 실행 프로그램의 실패와 같이 필요한 경우 두 번째 실행 프로그램의 수신자가 작동하는 경우도 있다.

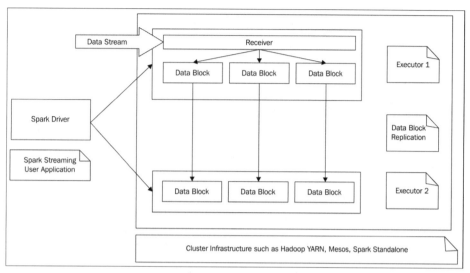

▲ 그림 8

## 스파크 데이터 처리 애플리케이션 실패-내구성 구현

스파크 스트리밍 데이터 처리 애플리케이션 인프라스트럭쳐는 불안정한 부분이 아직 많다. 실패는 시스템 어디에서나 발생할 수 있으며 데이터 처리를 방해한다. 보통 스파크드라이버나 실행자에서 많이 발생한다.

 이번 섹션은 실제 스파크 스트리밍 애플리케이션이 어떻게 실패-내구성을 가지고 동작하는지에 대한 구체적인 해결책에 관한 것이 아니다. 그보다 스파크 스트리밍 데이터 처리 애플리케이션을 실제로 배포할 때 주의해야 할 점을 독자에게 환기하는 것이 주목적이다.

실행자가 실패하면 데이터 복제가 정기적으로 발생하므로 데이터가 복제된 실행 프로그램이 데이터 스트림 수신 작업을 넘겨받는다. 실행 프로그램이 실패하면 처리되지 않은모든 데이터가 손실될 수도 있다. 이 문제를 피하기 위해 데이터 블록을 미리 쓰기write-ahead 로그 형식으로 HDFS 또는 Amazon S3에 유지하는 방법이 있다.

하나의 인프라스트럭쳐에서 데이터 블록의 인 메모리 복제와 미리 쓰기 로그를 함께 저장할 필요는 없다. 필요에 따라 그중 하나만 유지하자.

스파크 드라이버가 실패하면 동작하던 프로그램이 중지되고 모든 실행 프로그램의 연결이 끊어지며 기능이 중지된다. 이것은 가장 위험한 상황이다. 이 상황을 처리하기 위해 일부 구성 및 코드 변경이 필요하다.

스파크 드라이버는 클러스터 관리자가 지원하는 드라이버 자동 재시작 기능을 갖도록 구성해야 한다. 클러스터 관리자가 될 수 있는 클러스터 모드를 갖도록 Spark 작업 제출 방법을 변경할 수 있다. 드라이버를 다시 시작하면 충돌이 발생한 곳부터 시작하여 드라이버 프로그램에서 검사 체크포인트 메커니즘을 구현해야 한다. 앞서 사용한 코드 샘플에서 이미 구현을 완료했다. 다음 코드는 해당 작업을 수행한다.

```
ssc = StreamingContext(sc, 10)
ssc.checkpoint("\tmp")
```

 예제 애플리케이션에서 로컬 시스템 디렉토리를 체크포인트 디렉토리로 사용하는 것도 좋다. 그러나 실제 환경에서는 체크 포인트 디렉토리를 Hadoop의 경우 HDFS 경로로, Amazon 클라우드의 경우 S3 경로로 유지하는 것이 좋다.

애플리케이션 코딩 관점에서 StreamingContext를 생성하는 방식은 약간 다르다. 매번 새로운 StreamingContext를 생성하는 대신, 아래 코드처럼 StreamingContext의 팩토리 메서드 getOrCreate를 함수와 함께 사용한다. 이 작업이 완료되면 드라이버를 재시작할 때 팩토리 메서드는 체크포인트 디렉토리를 검사하여 이전 StreamingContext가 사용 중이였는지 확인하고 체크포인트 데이터 내에 존재하면 이를 바탕으로 생성한다. 그렇지 않은 경우, 새로운 StreamingContext를 생성한다.

다음 코드는 StreamingContext의 getOrCreate 팩토리 메서드와 함께 사용할 수 있는 함수의 정의를 제공한다. 앞서 언급했듯이 이 부분에 대한 자세한 내용은 이 책의 범위를 벗어나므로 언급하지 않는다.

---

```
/**
 * 체크포인트와 드라이버 복구를 위해 코드를 다시 재구성할 때 아래 함수를 StreamingContext.
getOrCreate를 같이 사용해야 한다.
 */
def sscCreateFn(): StreamingContext = {
 // 카프카 스트림 생성을 위해 사용하는 변수
 // 주키퍼 호스트 쿼럼
  val zooKeeperQuorum = "localhost"
 // 메시지 그룹 이름
 val messageGroup = "sfb-consumer-group"
 // 여러가지 카프카 토픽이 있을 경우 쉼표로 구분해서 표시
 val topics = "sfb"
 // 토픽마다 사용할 쓰레드 개수
 val numThreads = 1
 // 스파크 컨텍스트와 스파크 세션 생성
 val spark = SparkSession
       .builder
       .appName(getClass.getSimpleName)
       .getOrCreate()
 // 스트리밍 컨텍스트 생성을 위해 스파크 세션을 이용해서 스파크 컨텍스트 생성
 val sc = spark.sparkContext
 // 스트리밍 컨텍스트 생성
 val ssc = new StreamingContext(sc, Seconds(10))
 // 토픽 이름으로 map 생성
  val topicMap = topics.split(",").map((_, numThreads.toInt)).toMap
 // 카프카 스트림 생성
  val appLogLines = KafkaUtils.createStream(ssc, zooKeeperQuorum, messageGroup,
topicMap).map(_._2)
 // ERROR 단어를 포함하는 로그 메시지 라인 수 세기
  val errorLines = appLogLines.filter(line => line.contains("ERROR"))
 // Error 포함하는 라인 출력
 errorLines.print()
 // 윈도우 마다 메시지 개수 세어 화면에 출력
```

```
errorLines.countByWindow(Seconds(30), Seconds(10)).print()
// 데이터 복구 및 백업을 위해 체크 포인트 디렉토리 설정
ssc.checkpoint("/tmp")
// 스트리밍 컨텍스트 리턴
ssc
}
```

데이터 소스 레벨에서 더 빠른 데이터 처리를 위해 병렬 처리를 구축하는 것이 좋으며 데이터 소스에 따라 다른 방법으로 수행할 수도 있다. 카프카는 본질적으로 토픽 수준에서 파티션을 지원한다. 비슷한 방식의 많은 스케일 아웃 메커니즘은 많은 양의 병렬 처리를 지원한다. 카프카 토픽의 소비자로서, 스파크 스트리밍 데이터 처리 애플리케이션은 다중 스트림을 생성해 다수의 리시버를 가질 수 있으며, 이들 스트림에 의해 생성된 데이터는 카프카 스트림의 유니온union 연산을 이용하여 결합할 수 있다.

스파크 스트리밍 데이터 처리 애플리케이션의 실제 배포는 사용하는 애플리케이션 유형에 따라 결정된다. 이전에 주어진 가이드라인 중 일부는 본질적으로 단지 기본 소개 및 개념 정도만 다루고 있다. 실제 배포 문제를 해결하기 위한 손쉬운 해결책은 없으며 애플리케이션 개발과 함께 개선해나가야 할 것이다.

## 구조 데이터 스트리밍

지금까지 다룬 데이터 스트리밍 유스 케이스는 구조 데이터 작성 및 애플리케이션의 실패-내구성 구현과 관련해 많은 개발자 업무를 요구한다. 지금까지 데이터 스트리밍 애플리케이션에서 처리한 데이터는 구조화되지 않은 데이터다. 배치 데이터 처리 유스 케이스와 마찬가지로 스트리밍 유스 케이스에서도 구조화된 데이터를 처리할 수 있다면 매우 큰 장점이며 많은 사전 처리를 피할 수 있다. 데이터 스트림 처리 애플리케이션은 지속적해서 애플리케이션을 실행하기 때문에 실패 또는 실행 중단 장애가 있을 수 있다. 이러한 상황을 방지하기 위해 데이터 스트리밍 애플리케이션에 장애-내구성을 구축하는 것이 중요하다.

모든 데이터 스트리밍 애플리케이션에서 데이터는 끊임없이 쉬지 않고 소화되고 특정 시간에 데이터를 뽑아내서 분석해야 한다면 애플리케이션 개발자는 쿼리를 지원하는 데이터 스토어에 데이터를 저장하고 처리해야 한다. 스파크 2.0에서 구조화된 스트리밍 컨셉은 이러한 요구를 고려한 것이고 또한 이러한 새로운 기능을 밑바닥부터 개발한 이유는 전체 아이디어는 이런 요구를 해결해야 하는 애플리케이션 개발자들의 부담을 덜기 위해서이다. 이 책에서 이번 장을 집필하는 동안에 참조 번호 SPARK-8360이라 불리는 새로운 기능이 개발되었고 관련 페이지에서 진행 상황을 모니터링할 수 있다.

구조화된 스트리밍 컨셉은 우리가 이전에 살펴보았던 은행 거래와 같은 실제 유스 케이스로 설명할 수 있다. 콤마로 구분된 거래 레코드가 계좌 번호와 거래 총액을 담고 있고 스트리밍 형태로 입력된다고 가정해 보자. 구조화된 스트림 처리 메서드에서 스파크 SQL 쿼리를 지원하는 데이터프레임이나 크기 제한이 없는 테이블에 이를 저장한다. 다시 말해서 데이터가 데이터프레임에 축적되었기 때문에 데이터프레임을 사용하는 모든 데이터 처리 방식을 활용할 수 있고 스트리밍 데이터도 마찬가지다. 이는 애플리케이션 개발자의 부담을 덜어주고 나아가 개발자가 인프러스트럭쳐 관련 문제에 힘을 쏟기보다 비즈니스 로직 개발 자체에 집중할 수 있게 도와준다.

## ▌ 참고문헌

좀 더 많은 정보를 얻기 위해서는 아래 사이트를 참고하자.

- https://spark.apache.org/docs/latest/streaming-programming-guide.html
- http://kafka.apache.org/http://spark.apache.org/docs/latest/streaming-kafka-integration.html
- https://www.packtpub.com/big-data-and-business-intelligence/learning-apache-kafka-second-edition

- http://search.maven.org/remotecontent filepath=org/apache/spark/spark-streaming-kafka--8_2.11/2..-preview/spark-streaming-kafka--8_2.11-2..-preview.jar
- https://issues.apache.org/jira/browse/SPARK-836

# 요약

스파크는 빠른 속도로 유입되는 데이터 스트림을 처리하기 위해 스파크 코어에서 동작하는 매우 강력한 라이브러리를 제공한다. 6장은 스파크 스트리밍 라이브러리 사용의 기초를 소개하고 TCP 데이터 서버와 카프카를 활용하는 간단한 로그 이벤트 메시지 처리 시스템에 대해 설명했다. 이번 장 끝에서 스파크 스트리밍 데이터 처리 애플리케이션의 간략한 요약을 제공했으며 스파크 스트리밍 데이터 처리 애플리케이션에서 장애-내구성을 어떻게 구현하는지에 대한 몇 가지 가능성을 논의했다.

스파크 2.0은 스트리밍 애플리케이션에서 구조화된 데이터를 처리하고 쿼리하는 기능을 새롭게 탑재했으며 이를 통해 애플리케이션 개발자들이 가지는 구조화되지 않은 데이터 전처리 그리고 거의 실시간에 가깝게 유입되는 데이터 처리, 쿼리 장애-내구성 구현에 대한 부담을 줄였다.

응용 수학자들과 통계학자들이 이미 존재하는 수많은 데이터를 가지고 수행해 온 학습learning과 관련해서, 새로운 데이터 학습과 관련된 질문을 계속해서 던지고 있다. 일반적으로 주로 이 데이터가 주어진 모델에 적합한지, 데이터가 특정 방식으로 분류가 가능한지, 특정 그룹이나 클러스터로 분류될 수 있는지 등과 같은 질문이다.

데이터 모델을 훈련train시키고 새로운 데이터로 이 모델에 질문을 던질 수 있도록 하는 수많은 알고리즘이 있다. 이러한 기술을 바탕으로 데이터 사이언스 분야는 급속도로 발전하고 있고 이러한 진화는 데이터 처리에 막대한 가능성과 응용력을 제공하고 소위 말하는 머신 러닝으로 불리고 있다. 다음 장은 스파크 머신 러닝 라이브러리에 대해 논의할 것이다.

# 07

# 스파크 머신 러닝

수식이나 알고리즘을 기반으로 한 계산은 고대에서부터 일반적으로 주어진 입력에 대한 결과를 찾기 위해 사용해 왔다. 그러나 컴퓨터 과학자와 수학자는 수식이나 알고리즘을 알지 못해도 존재하는 입출력 데이터셋을 바탕으로 수식이나 알고리즘을 생성하는 방법을 고안해냈고 이를 통해 생성한 수식이나 알고리즘을 기반으로 새로운 입력 데이터의 출력을 예측했다. 일반적으로 데이터셋으로 학습하고 학습을 기반으로 예측하는 이 과정을 머신 러닝이라고 한다. 머신 러닝은 컴퓨터 과학의 인공 지능 연구에서 출발했다.

수많은 사람들이 매일 사용하는 셀 수 없을 정도의 많은 애플리케이션이 실용적인 머신 러닝을 이용한다. 이제 유튜브 사용자는 현재 시청 중인 동영상을 기준으로 플레이리스트에서 재생할 다음 동영상에 대한 제안을 받는다. 유명한 영화 평점 웹사이트는 영화 장르의 사용자 선호도에 따라 평점 및 영화 추천을 제공한다. 페이스북 같은 소셜 미디어 웹 사이트에서는 사진 태그를 쉽게 지정할 수 있도록 사용자의 친구 이름 목록을 제안한다. 현재 페이스북이 하는 일은 기존 앨범에서 이미 사용 가능한 이름으로 사진을 분류하고 새로 추가된 사진이 기존 그림과 유사한지 여부를 확인하는 것이다. 유사성을 발견하면 이름을 제안한다. 이러한 종류의 사진 식별의 응용 분야는 다양하다. 유사한 애플리케이션의 대부분 작동 방식은 이미 수집한 많은 양의 입출력 데이터셋과 그 데이터셋을 기반으로 한 학습을 기반으로 동작한다. 새로운 입력 데이터셋이 도착하면 컴퓨터 또는 기계가 이미 수행한 학습을 활용하여 결과를 예측하는 식이다.

이번 장에서 우리는 아래 주제를 다룰 것이다.

- 머신 러닝에 스파크 활용하기
- 모델 저장
- 스팸 필터링
- 특징 알고리즘
- 동의어 찾기

## ▌머신 러닝

전통적인 컴퓨팅에서는 입력 데이터를 프로그램에 공급해 출력을 생성한다. 그러나 머신 러닝에서는 입력 데이터와 출력 데이터는 머신 러닝 알고리즘에 공급하여 머신 러닝 알고리즘에 따라 수행된 학습에 따라 입력의 출력을 예측하기 위해 사용할 수 있는 함수 또는 프로그램을 생성하는 데에 사용한다.

실제로 사용할 수 있는 데이터는 그룹으로 분류하거나 클러스터를 형성하거나 특정 관계에 적합한 데이터일 수도 있다. 데이터를 분류하는 일은 또 다른 종류의 머신 러닝 문제다. 예를 들어 관련 속성이나 특징feature이 있는 중고차 판매 가격 데이터뱅크가 있는 경우 연관된 속성이나 특징을 알면 자동차 가격을 예측할 수 있다. 회귀regression 알고리즘은 이러한 종류의 문제를 해결하는 데 사용한다. 스팸 및 일반 이메일 데이터뱅크를 가지고 있다면 새 이메일이 오면 이 메일이 스팸인지 아닌지 충분히 예측할 수 있다. 이러한 종류의 문제를 해결하기 위해서 분류 알고리즘을 사용한다.

이것들은 단지 몇 가지 머신 러닝 알고리즘 유형 중 일부다. 그러나 일반적으로 데이터뱅크를 사용할 때 머신 러닝 알고리즘을 적용하고 그 모델을 사용하여 예측을 수행해야 하는 경우 데이터를 특징과 출력으로 나누어야 한다. 예를 들어 자동차 가격 예측 문제에서는 가격이 출력이며 아래에 예측에 활용 가능한 데이터 특징 중 일부가 있다.

- 자동차 회사
- 자동차 모델
- 생산연도
- 주행거리
- 연료 종류
- 기어박스 종류

어떤 머신 러닝 알고리즘을 사용하든지 간에 다양한 특징과 하나 이상의 출력이 있을 것이다.

 많은 책과 출판물에서 라벨(label)이라는 용어를 출력이라는 말 대신에 쓴다. 즉 이 책에서 특징은 입력으로 라벨은 출력과 동의어다.

그림 1은 결과를 예측하기 위해 주어진 데이터를 가지고 머신 러닝 알고리즘이 어떻게 동작하는지 설명한다.

데이터는 다양한 포맷과 형태로 존재한다. 어떠한 머신 러닝 알고리즘을 사용하는지에 따라 학습 데이터를 특징과 라벨을 올바른 포맷으로 준비해서 머신 러닝 알고리즘에 공급해야 하기 때문에 전처리해야 하는 경우도 있다. 그 다음 특징을 입력으로 받아들이고 예측한 결과(라벨)를 생성하는 적절한 가설$^{hypothesis}$ 함수를 생성한다.

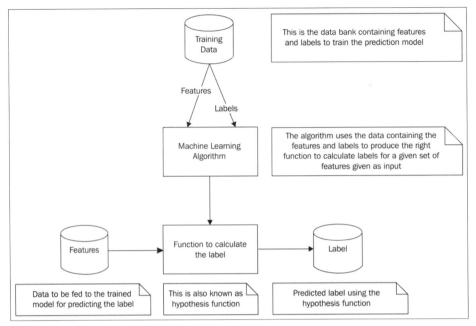

▲ 그림 1

 **TIP** 가설의 사전 정의는 좀 더 깊은 조사를 위한 출발점으로서 제한된 증거를 기반으로 한 가정이나 설명이다. 여기서 머신 러닝 알고리즘으로 생성한 기능 또는 프로그램은 학습 데이터를 머신 러닝 알고리즘에 공급해서 얻어낸 증거를 기반으로 하므로 가설의 정의에 부합한다. 따라서 가설 함수라는 이름으로도 널리 알려져 있다.

다시 말해 이 가설 함수는 모든 유형의 입력 데이터에서 항상 일관된 결과를 뽑아내는 결정적 (definitive) 함수는 아니다.

오히려 학습 데이터를 기반으로 한 함수다. 새로운 데이터가 학습 데이터셋에 추가되면 재학습이 필요하며 그리고 기존에 생성한 가설 함수도 그에 따라 변할 것이다.

실제로 그림 1에서 설명하는 흐름은 그렇게 단순하지 않다. 모델을 학습시킨 후에는 알려진 라벨을 사용해 예측을 테스트하기 위해 모델에서 많은 테스트를 수행해야 한다. 학습과 테스트 절차는 반복적인 프로세스이며 각 반복에서 알고리즘의 매개 변수를 조정하여 예측 품질을 향상한다. 반복 때문에 모델이 나쁘지 않은 테스트 결과를 생성하면 모델을 실제 예측을 수행하기 위해 실제 환경<sup>production</sup>으로 이동할 수 있다. 스파크는 실용적인 머신 러닝을 위해 풍부한 기능의 머신 러닝 라이브러리를 함께 제공한다.

## ▌ 스파크가 머신 러닝에 적합한 이유

앞 장에서는 스파크의 다양한 데이터 처리 기능에 대해 자세히 설명했다. 스파크 머신 러닝 라이브러리는 스파크 SQL과 같은 스파크 라이브러리뿐만 아니라 많은 스파크 핵심 기능을 사용한다. 스파크 머신 러닝 라이브러리는 데이터 처리 및 머신 러닝 알고리즘 구현을 통합 프레임워크에 결합하여 노드 클러스터에서 데이터 처리 기능을 수행하고 다양한 데이터를 읽고 쓸 수 있는 기능과 결합하여 시스템 러닝 애플리케이션 개발을 쉽게 한다.

스파크는 2가지 종류의 머신 러닝 라이브러리가 있다. spark.mllib와 spark.ml이다. spark.mllib는 스파크의 RDD 추상화에서 개발한 것이고 spark.ml는 스파크의 데이터 프레임 추상화에서 개발한 것이다. 향후 머신 러닝 애플리케이션 개발을 위해서는 spark.ml 라이브러리를 사용하는 것을 추천한다.

7장에서는 spark.ml 머신 러닝 라이브러리에만 초점을 맞출 것이다. 다음 목록은 7장에서 반복적으로 사용되는 용어와 개념을 설명한다.

- **추정자**<sup>Estimator</sup> : 스파크 데이터프레임에서 동작하고 특징과 라벨을 가지고 있는 알고리즘이다. 스파크 데이터프레임에서 제공하는 데이터를 바탕으로 학습하고 모델을 생성한다. 생성한 모델은 미래 예측에 사용한다.
- **변환자**<sup>Transformer</sup> : 특징을 가지고 있는 데이터프레임을 예측을 담고 있는 또다른 스파크 프레임으로 변환한다. 추정자에 의해 생성된 모델이 바로 변환자다.
- **매개변수**<sup>Parameter</sup> : 추정자와 변환자에 의해 사용되는 입력 값이다. 때때로 매개변수는 머신 러닝 알고리즘에 따라 달라지기도 한다. 스파크 머신 러닝 라이브러리는 알고리즘에 맞는 정확한 매개변수를 상세히 나타내는 유니폼 API를 제공한다.

- **파이프라인**<sup>Pipeline</sup> : 추종자와 변환자의 연결 체인이다. 머신 러닝 워크플로우를 형성하기 위해 같이 작업한다.

위의 새로운 용어는 이론적인 관점에서 조금씩 다르게 이해할 수도 있으므로 예제를 통해 좀 더 명확하게 개념을 이해하도록 하자.


# ▌ 와인 품질 예측

캘리포니아 Irvine 주립 대학 머신 러닝 저장소(http://archive.ics.uci.edu/ml/index.html) 는 머신 러닝 학습에 관심이 있는 사람들을 위해 수많은 데이터셋을 서비스로 무료 제공 한다. 와인 품질 데이터셋(http://archive.ics.uci.edu/ml/datasets/Wine+Quality)은 머신 러 닝 애플리케이션 예제를 위해 여기에서 사용할 것이다. 이 데이터셋은 포르투갈이 원산 지인 화이트와인과 레드 와인의 다양한 특징을 가지고 있는 2개의 데이터셋으로 구성되 어 있다.

> ℹ️ 와인 품질 데이터셋 다운로드 링크는 레드 와인과 화이트 와인의 데이터셋을 각각 다른 CSV 파일로 제공한다. 일단 파일을 모두 다운로드받고 난 후 열 이름을 가지고 있는 첫 번째 헤더 를 데이터셋에서 지우자. 이를 통해 프로그램이 숫자 데이터를 에러 없이 파싱(parse)할 것이 다. 머신 러닝 기능 자체에 초점을 맞추기 위해 에러와 헤더 레코드를 지우는 방법에 대해 자 세한 설명은 하지 않을 것이다.

이 와인 품질 예측 유스 케이스를 위해 레드 와인의 다양한 특징을 담고 있는 데이터셋을 사용한다. 아래는 데이터셋이 담고있는 와인의 특징이다.

- Fixed acidity(비휘발성 산)
- Volatile acidity(휘발성 산)
- Citric acid(구연산)

- Residual sugar(당도)

- Chlorides(염화물)

- Free sulfur dioxide(이산화황)

- Total sulfur dioxide(전체 이산화황)

- Density(밀도)

- pH(산도)

- Sulphates(아황산)

- Alcohol(알코올)

위의 특징을 바탕으로 와인의 퀄리티(0점~10점)를 결정한다. 퀄리티가 바로 데이터셋의 라벨(결과)이다. 이 데이터셋을 이용해서 모델을 학습시킬 것이고 학습이 끝난 모델을 이용해 테스트 및 예측을 시행할 것이다. 이 문제는 회귀<sup>regression</sup> 문제다. 따라서 모델을 학습시킬 때 선형 회귀 알고리즘을 사용한다. 이 선형 회귀 알고리즘은 선형 가설 함수를 생성한다. 수학 용어에서 선형 함수는 1차 또는 그보다 작은 차수의 함수를 뜻한다. 머신 러닝 애플리케이션 유스 케이스에서 이 함수는 독립 변수(와인의 특징)와 종속 변수(와인 품질) 간 관계를 모델링 한다. 스칼라 REPL 프롬프트에서 아래 명령문을 실행하자.

```scala
scala> import org.apache.spark.ml.regression.LinearRegression
  import org.apache.spark.ml.regression.LinearRegression
scala> import org.apache.spark.ml.param.ParamMap
  import org.apache.spark.ml.param.ParamMap
scala> import org.apache.spark.ml.linalg.{Vector, Vectors}
  import org.apache.spark.ml.linalg.{Vector, Vectors}
scala> import org.apache.spark.sql.Row
  import org.apache.spark.sql.Row
scala> // TODO - 데이터가 저장된 올바른 디렉토리 주소 지정
scala> val dataDir = "/Users/RajT/Downloads/wine-quality/"
    dataDir: String = /Users/RajT/Downloads/wine-quality/
scala> // 와인 데이터를 저장할 케이스 클래스 정의
scala> case class Wine(FixedAcidity: Double, VolatileAcidity: Double, CitricAcid:
Double, ResidualSugar: Double, Chlorides: Double, FreeSulfurDioxide: Double,
TotalSulfurDioxide: Double, Density: Double, PH: Double, Sulphates: Double,
```

Alcohol: Double, Quality: Double)
    defined class Wine
scala> // 와인데이터를 디스크에서 읽어서 RDD 생성
scala> // TODO - 아래 코드에서 사용하는 경로에 맞게 와인데이터를 다운로드하여 저장해야 한다.
scala> val wineDataRDD = sc.textFile(dataDir + "winequality-red.csv").map(_.
split(";")).map(w => Wine(w(0).toDouble, w(1).toDouble, w(2).toDouble, w(3).
toDouble, w(4).toDouble, w(5).toDouble, w(6).toDouble, w(7).toDouble, w(8).
toDouble, w(9).toDouble, w(10).toDouble, w(11).toDouble))
    wineDataRDD: org.apache.spark.rdd.RDD[Wine] = MapPartitionsRDD[3] at map at
<console>:32
scala> // 다음 2개 열을 가진 트레이닝 데이터를 포함하는 데이터프레임 생성
scala> // 1) 데이터 라벨 또는 실제 아웃풋
scala> // 2) 특징 (feature)를 가지고 있는 벡터
scala> // 벡터는 0에서 시작하는 인덱스를 가지고 있는 double 타입 데이터이다. 밀집 (dense)과 분산
(sparse) 타입이 있다. 밀집형 벡터는 값을 double 배열에 저장한다. 분산형 벡터는 인덱스와 값을 각각 다른 배
열에 저장한다.
scala> val trainingDF = wineDataRDD.map(w => (w.Quality, Vectors.dense(w.
FixedAcidity, w.VolatileAcidity, w.CitricAcid, w.ResidualSugar, w.Chlorides,
w.FreeSulfurDioxide, w.TotalSulfurDioxide, w.Density, w.PH, w.Sulphates, w.
Alcohol))).toDF("label", "features")
    trainingDF: org.apache.spark.sql.DataFrame = [label: double, features: vector]
scala> trainingDF.show()
```
+-----+--------------------+
|label|            features|
+-----+--------------------+
|  5.0|[7.4,0.7,0.0,1.9,...|
|  5.0|[7.8,0.88,0.0,2.6...|
|  5.0|[7.8,0.76,0.04,2....|
|  6.0|[11.2,0.28,0.56,1...|
|  5.0|[7.4,0.7,0.0,1.9,...|
|  5.0|[7.4,0.66,0.0,1.8...|
|  5.0|[7.9,0.6,0.06,1.6...|
|  7.0|[7.3,0.65,0.0,1.2...|
|  7.0|[7.8,0.58,0.02,2....|
|  5.0|[7.5,0.5,0.36,6.1...|
|  5.0|[6.7,0.58,0.08,1....|
|  5.0|[7.5,0.5,0.36,6.1...|
|  5.0|[5.6,0.615,0.0,1....|
|  5.0|[7.8,0.61,0.29,1....|
```

```
|   5.0|[8.9,0.62,0.18,3....|
|   5.0|[8.9,0.62,0.19,3....|
|   7.0|[8.5,0.28,0.56,1....|
|   5.0|[8.1,0.56,0.28,1....|
|   4.0|[7.4,0.59,0.08,4....|
|   6.0|[7.9,0.32,0.51,1....|
+-----+--------------------+
only showing top 20 rows
```

scala> // 선형 회귀 알고리즘 객체 생성

scala> val lr = new LinearRegression()
```
  lr: org.apache.spark.ml.regression.LinearRegression = linReg_f810f0c1617b
```
scala> // lr.fit()을 10회 실행할 선형 회귀 인자

scala> lr.setMaxIter(10)
```
  res1: lr.type = linReg_f810f0c1617b
```
scala> // 트레이닝 데이터를 이용하는 인자를 피팅(fitting)시켜 모델 생성

scala> val model = lr.fit(trainingDF)
```
  model: org.apache.spark.ml.regression.LinearRegressionModel = linReg_f810f0c1617b
```
scala> // 모델이 준비되면 모델 테스트를 위해 특징 벡터와 라벨을 가지고있는 테스트 데이터를 준비

scala> val testDF = spark.createDataFrame(Seq((5.0, Vectors.dense(7.4, 0.7, 0.0, 1.9, 0.076, 25.0, 67.0, 0.9968, 3.2, 0.68,9.8)),(5.0, Vectors.dense(7.8, 0.88, 0.0, 2.6, 0.098, 11.0, 34.0, 0.9978, 3.51, 0.56, 9.4)),(7.0, Vectors.dense(7.3, 0.65, 0.0, 1.2, 0.065, 15.0, 18.0, 0.9968, 3.36, 0.57, 9.5)))).toDF("label", "features")
```
  testDF: org.apache.spark.sql.DataFrame = [label: double, features: vector]
```
scala> testDF.show()
```
+-----+--------------------+
|label|            features|
+-----+--------------------+
|  5.0|[7.4,0.7,0.0,1.9,...|
|  5.0|[7.8,0.88,0.0,2.6...|
|  7.0|[7.3,0.65,0.0,1.2...|
+-----+--------------------+
```
scala> testDF.createOrReplaceTempView("test")

scala> // 모델을 이용해 테스트 데이터 변환 실시 및 결과를 예측한다. 실제 결과와 예측 결과를 비교해 정확성을 파악할 것이다.

scala> val tested = model.transform(testDF).select("features", "label", "prediction")
```
  tested: org.apache.spark.sql.DataFrame = [features: vector, label: double ... 1 more field]
```
scala> tested.show()

```
+--------------------+-----+------------------+
|            features|label|        prediction|
+--------------------+-----+------------------+
|[7.4,0.7,0.0,1.9,...|  5.0|5.352730835898477|
|[7.8,0.88,0.0,2.6...|  5.0|4.817999362011964|
|[7.3,0.65,0.0,1.2...|  7.0|5.280106355653388|
+--------------------+-----+------------------+
```
scala> // 아웃풋 또는 라벨이 없는 데이터셋을 준비해 트레이닝한 모델을 이용해 예측한 결과와 비교
scala> val predictDF = spark.sql("SELECT features FROM test")
predictDF: org.apache.spark.sql.DataFrame = [features: vector]
scala> predictDF.show()
```
+--------------------+
|            features|
+--------------------+
|[7.4,0.7,0.0,1.9,...|
|[7.8,0.88,0.0,2.6...|
|[7.3,0.65,0.0,1.2...|
+--------------------+
```
scala> // 데이터셋을 변환하고 예측 결과를 출력
scala> val predicted = model.transform(predictDF).select("features", "prediction")
  predicted: org.apache.spark.sql.DataFrame = [features: vector, prediction:
double]
scala> predicted.show()
```
+--------------------+-----------------+
|            features|       prediction|
+--------------------+-----------------+
|[7.4,0.7,0.0,1.9,...|5.352730835898477|
|[7.8,0.88,0.0,2.6...|4.817999362011964|
|[7.3,0.65,0.0,1.2...|5.280106355653388|
+--------------------+-----------------+
```
scala> // 중요 - 다음 예제에서 계속 같은 모델을 사용할 것이므로 터미널 및 세션을 종료하지말고 그대로 두자.

---

위 코드는 많은 일을 한다. 아래 활동을 파이프라인을 통해 실제로 수행한다.

1. 데이터 파일에서 와인 데이터를 읽어서 데이터프레임을 학습시킨다.

2. LinearRegression 객체를 생성하고 매개변수를 설정한다.

3. 학습 데이터로 모델을 피팅[fit]하고 추정자 파이프라인을 완료한다.

4. 테스트 데이터를 가지고 있는 데이터프레임을 생성한다. 일반적으로 테스트 데이터는 특징과 라벨을 모두 가지고 있다. 이를 통해 모델이 올바른지 확인하고 예측한 라벨과 실제 라벨을 비교한다.

5. 생성한 모델을 이용해 테스트 데이터와 함께 변환을 수행하고 생성된 데이터프레임에서 특징을 추출해 라벨을 입력하고 예측을 시행한다. 이 모델을 이용해서 변환을 시행하는 도중에 라벨이 필요 없다는 사실을 명심하자. 다시 말해 라벨은 이 과정에 전혀 필요 없다.

6. 생성한 모델을 이용해 예측 데이터로 변환을 시행하고 생성된 데이터프레임에서 특징과 예측을 추출한다. 이 모델을 이용해서 변환을 시행하는 도중에 라벨이 역시 필요 없다는 사실을 명심하자. 다시 말해 예측을 시행하는 도중에 라벨은 전혀 필요가 없다. 이 과정을 통해 변환자 파이프라인을 완료한다.

 **TIP** 위 코드의 파이프라인은 스테이지 하나만 가지고 있는 파이프라인이기 때문에 Pipeline 객체를 사용할 필요가 없다. 여러 스테이지를 가지고 있는 파이프라인은 아래에서 곧 논의할 것이다.

피팅/테스트 단계는 실제 유스 케이스에서 예측을 시행할 때, 모델이 원하는 결과를 줄 때까지 계속 반복된다. 그림 2는 코드를 통해 파이프라인 개념을 설명한다.

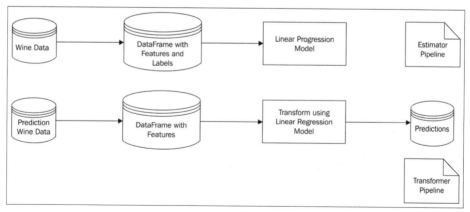

▲ 그림 2

아래 코드는 파이썬을 이용해 똑같은 유스 케이스를 시행한다. 파이썬 REPL 프롬프트에서 아래 명령문을 실행한다.

```python
>>> from pyspark.ml.linalg import Vectors
>>> from pyspark.ml.regression import LinearRegression
>>> from pyspark.ml.param import Param, Params
>>> from pyspark.sql import Row
>>> # TODO - 데이터가 저장된 올바른 디렉토리 주소 지정
>>> dataDir = "/Users/RajT/Downloads/wine-quality/"
>>> # 와인데이터를 디스크에서 읽어서 RDD 생성
>>> lines = sc.textFile(dataDir + "winequality-red.csv")
>>> splitLines = lines.map(lambda l: l.split(";"))
>>> # 벡터는 0에서 시작하는 인덱스를 가지고 있는 double 타입 데이터이다. 밀집(dense)과 분산(sparse)
타입이 있다. 밀집형 벡터는 값을 double 배열에 저장한다. 분산현 벡터는 인덱스와 값을 각각 다른 배열에 저장한다.
>>> wineDataRDD = splitLines.map(lambda p: (float(p[11]), Vectors.
dense([float(p[0]), float(p[1]), float(p[2]), float(p[3]), float(p[4]),
float(p[5]), float(p[6]), float(p[7]), float(p[8]), float(p[9]), float(p[10])])))
>>> # 다음 두개 열을 가진 트레이닝 데이터를 포함하는 데이터프레임 생성
>>> #1) 데이터 라벨 또는 실제 아웃풋
>>> #2) 특징 (feature)를 가지고 있는 벡터
>>> trainingDF = spark.createDataFrame(wineDataRDD, ['label', 'features'])
>>> trainingDF.show()
  +-----+--------------------+
  |label|            features|
  +-----+--------------------+
  |  5.0|[7.4,0.7,0.0,1.9,...|
  |  5.0|[7.8,0.88,0.0,2.6...|
  |  5.0|[7.8,0.76,0.04,2....|
  |  6.0|[11.2,0.28,0.56,1...|
  |  5.0|[7.4,0.7,0.0,1.9,...|
  |  5.0|[7.4,0.66,0.0,1.8...|
  |  5.0|[7.9,0.6,0.06,1.6...|
  |  7.0|[7.3,0.65,0.0,1.2...|
  |  7.0|[7.8,0.58,0.02,2....|
  |  5.0|[7.5,0.5,0.36,6.1...|
  |  5.0|[6.7,0.58,0.08,1....|
  |  5.0|[7.5,0.5,0.36,6.1...|
```

```
|   5.0|[5.6,0.615,0.0,1....|
|   5.0|[7.8,0.61,0.29,1....|
|   5.0|[8.9,0.62,0.18,3....|
|   5.0|[8.9,0.62,0.19,3....|
|   7.0|[8.5,0.28,0.56,1....|
|   5.0|[8.1,0.56,0.28,1....|
|   4.0|[7.4,0.59,0.08,4....|
|   6.0|[7.9,0.32,0.51,1....|
+-----+--------------------+
only showing top 20 rows
```
```
>>> # 선형 회귀 알고리즘 객체 생성
>>> # lr.fit()을 10회 실행할 선형 회귀 인자
>>> lr = LinearRegression(maxIter=10)
>>> # 트레이닝 데이터를 이용하는 인자를 피팅(fitting)시켜 모델 생성
>>> model = lr.fit(trainingDF)
>>> # 모델이 준비되면 모델 테스트를 위해 특징 벡터와 라벨을 가지고 있는 테스트 데이터를 준비
>>> testDF = spark.createDataFrame([(5.0, Vectors.dense([7.4, 0.7, 0.0, 1.9,
0.076, 25.0, 67.0, 0.9968, 3.2, 0.68,9.8])),(5.0,Vectors.dense([7.8, 0.88, 0.0,
2.6, 0.098, 11.0, 34.0, 0.9978, 3.51, 0.56, 9.4])),(7.0, Vectors.dense([7.3,
0.65, 0.0, 1.2, 0.065, 15.0, 18.0, 0.9968, 3.36, 0.57, 9.5]))], ["label",
"features"])
>>> testDF.createOrReplaceTempView("test")
>>> testDF.show()
+-----+--------------------+
|label|            features|
+-----+--------------------+
|   5.0|[7.4,0.7,0.0,1.9,...|
|   5.0|[7.8,0.88,0.0,2.6...|
|   7.0|[7.3,0.65,0.0,1.2...|
+-----+--------------------+
>>> # 모델을 이용해 테스트 데이터 변환 실시 및 결과를 예측한다. 실제 결과와 예측 결과를 비교해 예측 정확도를
파악할 것이다.
>>> testTransform = model.transform(testDF)
>>> tested = testTransform.select("features", "label", "prediction")
>>> tested.show()
+--------------------+-----+-----------------+
|            features|label|       prediction|
+--------------------+-----+-----------------+
|[7.4,0.7,0.0,1.9,...|  5.0|5.352730835898477|
```

```
|[7.8,0.88,0.0,2.6...|   5.0|4.817999362011964|
|[7.3,0.65,0.0,1.2...|   7.0|5.280106355653388|
+--------------------+-----+-----------------+
```

>>> # 아웃풋 또는 라벨이 없는 데이터셋을 준비해 트레이닝한 모델을 이용해 예측한 결과와 비교
>>> predictDF = spark.sql("SELECT features FROM test")
>>> predictDF.show()

```
+--------------------+
|            features|
+--------------------+
|[7.4,0.7,0.0,1.9,...|
|[7.8,0.88,0.0,2.6...|
|[7.3,0.65,0.0,1.2...|
+--------------------+
```

>>> # 데이터셋을 변환하고 예측 결과를 출력
>>> predictTransform = model.transform(predictDF)
>>> predicted = predictTransform.select("features", "prediction")
>>> predicted.show()

```
+--------------------+-----------------+
|            features|       prediction|
+--------------------+-----------------+
|[7.4,0.7,0.0,1.9,...|5.352730835898477|
|[7.8,0.88,0.0,2.6...|4.817999362011964|
|[7.3,0.65,0.0,1.2...|5.280106355653388|
+--------------------+-----------------+
```

>>> #중요 - 다음 예제에서 계속 같은 모델을 사용할 것이므로 터미널 및 세션을 종료하지 말고 그대로 두자.

---

앞서 언급했듯이, 선형 회귀는 통계적 모델과 두 가지 변수 사이의 관계를 정의하는 모델을 위한 접근이다. 하나는 독립 변수이고 다른 하나는 종속 변수다. 종속 변수는 독립 변수를 계산해서 얻는다. 많은 경우에 독립 변수가 하나일 경우 회귀는 단순 선형 회귀일 것이다.

여기에서 논의하는 유스 케이스에서 예측은 와인 품질 변수 하나를 의미하므로 다변수$^{multivariate}$ 선형 회귀가 아니라 다중$^{multiple}$ 선형 회귀 문제이다. 일부 학교는 다중 선형 회귀를 심지어 단변수$^{univariate}$ 선형 회귀로 사용하기도 한다. 다시 말해 독립 변수의 수와 무관하게 종속 변수가 하나라면 단변수 선형 회귀라 정의한다.

# ▌모델 저장

스파크 2.0은 프로그래밍 언어와 무관하게 머신 러닝 모델을 쉽게 저장하고 로딩하는 기능을 제공한다. 다시 말해 사용자는 스칼라 머신 러닝 모델을 생성하여 파이썬으로 로딩할 수 있다. 이 기능은 사용자에게 한 시스템에서 모델을 생성 및 저장, 복사하고 실제 사용은 다른 시스템에서도 할 수 있도록 해준다. 똑같은 스칼라 REPL 프롬프트를 계속해서 사용해서 아래 명령문을 실행하자.

```
scala> // 모델 정의 코드 "val model =
lr.fit(trainingDF)" is still in context가 여전히 유효하다고 가정
scala> import org.apache.spark.ml.regression.LinearRegressionModel
  import org.apache.spark.ml.regression.LinearRegressionModel
scala> model.save("wineLRModelPath")
scala> val newModel = LinearRegressionModel.load("wineLRModelPath")
  newModel: org.apache.spark.ml.regression.LinearRegressionModel =
  linReg_6a880215ab96
```

로딩한 모델은 기존 원래 모델처럼 테스트와 예측을 위해 사용할 수 있다. 똑같은 파이썬 REPL 프롬프트를 계속해서 이용해 스칼라 프로그램을 이용하여 저장된 모델을 로딩하기 위해 아래 명령문을 실행하자.

```
>>> from pyspark.ml.regression import LinearRegressionModel
>>> newModel = LinearRegressionModel.load("wineLRModelPath")
>>> newPredictTransform = newModel.transform(predictDF)
>>> newPredicted = newPredictTransform.select("features", "prediction")
>>> newPredicted.show()
+--------------------+------------------+
|            features|        prediction|
+--------------------+------------------+
|[7.4,0.7,0.0,1.9,...| 5.352730835898477|
|[7.8,0.88,0.0,2.6...| 4.817999362011964|
|[7.3,0.65,0.0,1.2...| 5.280106355653388|
+--------------------+------------------+
```

## 와인 분류

다양한 화이트 와인의 특징을 가진 데이터셋을 이용해 와인 품질 분류 유스 케이스를 탐구해 보자. 아래는 데이터셋이 가진 특징이다.

- Fixed acidity(비휘발성 산)
- Volatile acidity(휘발성 산)
- Citric acid(구연산)
- Residual sugar(당도)
- Chlorides(염화물)
- Free sulfur dioxide(이산화황)
- Total sulfur dioxide(전체 이산화황)
- Density(밀도)
- pH(산도)
- Sulphates(아황산)
- Alcohol(알코올)

이러한 특징을 기반으로 와인의 품질(0~10점)을 결정한다. 품질 점수가 7점보다 낮으면 나쁨으로 분류하고 라벨은 0으로 매긴다. 품질이 7이거나 그보다 높으면 좋음으로 분류하고 라벨에 1로 매긴다. 다시 말해 분류 값이 이 데이터셋의 라벨이다. 이 데이터셋을 이용해서 모델을 학습시키고 학습이 끝난 모델을 이용해서 테스트 및 예측을 시행한다. 이는 분류 프로그램이다. 따라서 모델을 학습시킬 때 로지스틱 회귀 알고리즘을 사용한다. 머신 러닝 애플리케이션 유스 케이스에서 이 알고리즘은 독립 변수(와인의 특징)와 종속 변수(와인의 품질) 사이의 관계를 모델링 하기 위해 사용한다. 스칼라 REPL 프롬프트에서 아래 명령문을 실행하자.

```
scala> import org.apache.spark.ml.classification.LogisticRegression
  import org.apache.spark.ml.classification.LogisticRegression
```

```
scala> import org.apache.spark.ml.param.ParamMap
  import org.apache.spark.ml.param.ParamMap
scala> import org.apache.spark.ml.linalg.{Vector, Vectors}
  import org.apache.spark.ml.linalg.{Vector, Vectors}
scala> import org.apache.spark.sql.Row
  import org.apache.spark.sql.Row
scala> // TODO - 실제 데이터가 저장되어 있는 위치로 디렉토리 주소 변경
scala> val dataDir = "/Users/RajT/Downloads/wine-quality/"
  dataDir: String = /Users/RajT/Downloads/wine-quality/
scala> // 와인 데이터를 저장할 케이스 클래스 정의
scala> case class Wine(FixedAcidity: Double, VolatileAcidity: Double, CitricAcid:
Double, ResidualSugar: Double, Chlorides: Double, FreeSulfurDioxide: Double,
TotalSulfurDioxide: Double, Density: Double, PH: Double, Sulphates: Double,
Alcohol: Double, Quality: Double)
  defined class Wine
scala> // 디스크에서 와인 데이터를 읽어서 RDD 생성
scala> val wineDataRDD = sc.textFile(dataDir + "winequality-white.csv").map(_.
split(";")).map(w => Wine(w(0).toDouble, w(1).toDouble, w(2).toDouble, w(3).
toDouble, w(4).toDouble, w(5).toDouble, w(6).toDouble, w(7).toDouble, w(8).
toDouble, w(9).toDouble, w(10).toDouble, w(11).toDouble))
  wineDataRDD: org.apache.spark.rdd.RDD[Wine] = MapPartitionsRDD[35] at map at
<console>:36
scala> // 다음 2개 열을 가진 트레이닝 데이터를 포함하는 데이터프레임 생성
scala> // 1) 데이터 라벨 또는 실제 아웃풋
scala> // 2) 특징 (feature)를 가지고 있는 벡터
scala> val trainingDF = wineDataRDD.map(w => (if(w.Quality < 7) 0D else 1D,
Vectors.dense(w.FixedAcidity, w.VolatileAcidity, w.CitricAcid, w.ResidualSugar,
w.Chlorides, w.FreeSulfurDioxide, w.TotalSulfurDioxide, w.Density, w.PH, w.
Sulphates, w.Alcohol))).toDF("label", "features")
  trainingDF: org.apache.spark.sql.DataFrame = [label: double, features: vector]
scala> trainingDF.show()
  +-----+--------------------+
  |label|            features|
  +-----+--------------------+
  |  0.0|[7.0,0.27,0.36,20...|
  |  0.0|[6.3,0.3,0.34,1.6...|
  |  0.0|[8.1,0.28,0.4,6.9...|
  |  0.0|[7.2,0.23,0.32,8....|
  |  0.0|[7.2,0.23,0.32,8....|
```

```
|  0.0|[8.1,0.28,0.4,6.9...|
|  0.0|[6.2,0.32,0.16,7....|
|  0.0|[7.0,0.27,0.36,20...|
|  0.0|[6.3,0.3,0.34,1.6..|
|  0.0|[8.1,0.22,0.43,1...|
|  0.0|[8.1,0.27,0.41,1...|
|  0.0|[8.6,0.23,0.4,4.2..|
|  0.0|[7.9,0.18,0.37,1...|
|  1.0|[6.6,0.16,0.4,1.5..|
|  0.0|[8.3,0.42,0.62,19..|
|  1.0|[6.6,0.17,0.38,1...|
|  0.0|[6.3,0.48,0.04,1...|
|  1.0|[6.2,0.66,0.48,1...|
|  0.0|[7.4,0.34,0.42,1...|
|  0.0|[6.5,0.31,0.14,7...|
+-----+--------------------+
only showing top 20 rows
```

scala> // 로지스틱 회귀 알고리즘 객체 생성

scala> val lr = new LogisticRegression()

  lr: org.apache.spark.ml.classification.LogisticRegression = logreg_a7e219daf3e1

scala> // lr.fit()를 최대 10회 실시하도록 LogisticRegression 인자와 regularization 인자 설정

scala> // regularization 인자는 선형 회귀 모델에서 좀 더 많은 변수를 이용해서 피팅을 시도할 때 발생할 수 있는 오버피팅을 방지하기 위해 사용한다.

scala> lr.setMaxIter(10).setRegParam(0.01)

  res8: lr.type = logreg_a7e219daf3e1

scala> // 트레이닝 데이터를 이용하는 인자 피팅을 통해 모델 생성

scala> val model = lr.fit(trainingDF)

  model: org.apache.spark.ml.classification.LogisticRegressionModel = logreg_a7e219daf3e1

scala> // 모델이 준비 되면 라벨과 특징 벡터를 가지고 있는 테스트 데이터를 준비한다.

scala> val testDF = spark.createDataFrame(Seq((1.0, Vectors.den
se(6.1,0.32,0.24,1.5,0.036,43,140,0.9894,3.36,0.64,10.7)),(0.0, Vectors.den
se(5.2,0.44,0.04,1.4,0.036,38,124,0.9898,3.29,0.42,12.4)),(0.0, Vectors.dense(7.2,
0.32,0.47,5.1,0.044,19,65,0.9951,3.38,0.36,9)),(0.0,Vectors.den
se(6.4,0.595,0.14,5.2,0.058,15,97,0.991,3.03,0.41,12.6)))).toDF("label",
"features")

  testDF: org.apache.spark.sql.DataFrame = [label: double, features: vector]

scala> testDF.show()

```
+-----+--------------------+
```

```
|label|          features|
+-----+--------------------+
|  1.0|[6.1,0.32,0.24,1....|
|  0.0|[5.2,0.44,0.04,1....|
|  0.0|[7.2,0.32,0.47,5....|
|  0.0|[6.4,0.595,0.14,5...|
+-----+--------------------+
```

scala> testDF.createOrReplaceTempView("test")

scala> // 모델을 이용해 테스트 데이터 변환 실시 및 결과를 예측한다. 실제 결과와 예측 결과를 비교해 정확성을 파악할 것이다.

scala> val tested = model.transform(testDF).select("features", "label", "prediction")
```
  tested: org.apache.spark.sql.DataFrame = [features: vector, label: double ... 1
more field]
```
scala> tested.show()

```
  +--------------------+-----+----------+
  |            features|label|prediction|
  +--------------------+-----+----------+
  |[6.1,0.32,0.24,1....|  1.0|       0.0|
  |[5.2,0.44,0.04,1....|  0.0|       0.0|
  |[7.2,0.32,0.47,5....|  0.0|       0.0|
  |[6.4,0.595,0.14,5...|  0.0|       0.0|
  +--------------------+-----+----------+
```

scala> // 아웃풋 또는 라벨이 없는 데이터셋을 준비해 트레이닝한 모델을 이용해 예측한 결과와 비교

scala> val predictDF = spark.sql("SELECT features FROM test")
```
  predictDF: org.apache.spark.sql.DataFrame = [features: vector]
```
scala> predictDF.show()

```
  +--------------------+
  |            features|
  +--------------------+
  |[6.1,0.32,0.24,1....|
  |[5.2,0.44,0.04,1....|
  |[7.2,0.32,0.47,5....|
  |[6.4,0.595,0.14,5...|
  +--------------------+
```

scala> // 데이터셋을 변환하고 예측 결과를 출력

scala> val predicted = model.transform(predictDF).select("features", "prediction")
```
  predicted: org.apache.spark.sql.DataFrame = [features: vector, prediction: double]
```
scala> predicted.show()

```
  +--------------------+----------+
```

```
|            features|prediction|
+--------------------+----------+
|[6.1,0.32,0.24,1....|       0.0|
|[5.2,0.44,0.04,1....|       0.0|
|[7.2,0.32,0.47,5....|       0.0|
|[6.4,0.595,0.14,5...|       0.0|
+--------------------+----------+
```

위 코드는 사용하는 모델만 빼고 정확하게 선형 회귀 유스 케이스처럼 동작한다. 여기서 사용하는 모델은 로지스틱 회귀이고 라벨은 0 또는 1 값만 가진다. 모델 생성 및 테스트, 예측은 모두 같다. 다시 말해 파이프라인도 매우 선형 회귀 유스 케이스와 비슷하다.

아래 코드는 파이썬을 이용한 유스 케이스를 보여준다. 파이썬 REPL 프롬프트에서 아래 명령문을 실행하자.

```
>>> from pyspark.ml.linalg import Vectors
>>> from pyspark.ml.classification import LogisticRegression
>>> from pyspark.ml.param import Param, Params
>>> from pyspark.sql import Row
>>> # TODO: 실제 데이터가 저장되어 있는 주소로 디렉토리 변경
>>> dataDir = "/Users/RajT/Downloads/wine-quality/"
>>> # 디스크에서 와인 데이터를 읽어와서 RDD 생성
>>> lines = sc.textFile(dataDir + "winequality-white.csv")
>>> splitLines = lines.map(lambda l: l.split(";"))
>>> wineDataRDD = splitLines.map(lambda p: (float(0) if (float(p[11]) < 7) else
float(1), Vectors.dense([float(p[0]), float(p[1]), float(p[2]), float(p[3]),
float(p[4]), float(p[5]), float(p[6]), float(p[7]), float(p[8]), float(p[9]),
float(p[10])])))
>>> # 다음 두개 열을 가진 트레이닝 데이터를 포함하는 데이터프레임 생성
>>> # 1) 데이터 라벨 또는 실제 아웃풋
>>> # 2) 특징 (feature)를 가지고 있는 벡터
>>> trainingDF = spark.createDataFrame(wineDataRDD, ['label', 'features'])
>>> trainingDF.show()
+-----+--------------------+
|label|            features|
```

```
+-----+-------------------+
|  0.0|[7.0,0.27,0.36,20...|
|  0.0|[6.3,0.3,0.34,1.6...|
|  0.0|[8.1,0.28,0.4,6.9...|
|  0.0|[7.2,0.23,0.32,8....|
|  0.0|[7.2,0.23,0.32,8....|
|  0.0|[8.1,0.28,0.4,6.9...|
|  0.0|[6.2,0.32,0.16,7....|
|  0.0|[7.0,0.27,0.36,20...|
|  0.0|[6.3,0.3,0.34,1.6...|
|  0.0|[8.1,0.22,0.43,1....|
|  0.0|[8.1,0.27,0.41,1....|
|  0.0|[8.6,0.23,0.4,4.2...|
|  0.0|[7.9,0.18,0.37,1....|
|  1.0|[6.6,0.16,0.4,1.5...|
|  0.0|[8.3,0.42,0.62,19...|
|  1.0|[6.6,0.17,0.38,1....|
|  0.0|[6.3,0.48,0.04,1....|
|  1.0|[6.2,0.66,0.48,1....|
|  0.0|[7.4,0.34,0.42,1....|
|  0.0|[6.5,0.31,0.14,7....|
+-----+-------------------+
only showing top 20 rows
```

```
>>> # 로지스틱 회귀 알고리즘 생성
>>> # lr.fit()를 최대 10회 실시하도록 LogisticRegression 인자와 regularization 인자 설정
>>> # regularization 인자는 선형 회귀 모델에서 좀 더 많은 변수를 이용해서 피팅을 시도할 때 발생할 수
있는 오버피팅을 방지하기 위해 사용한다.
>>> lr = LogisticRegression(maxIter=10, regParam=0.01)
>>> # 트레이닝 데이터를 이용하는 인자 피팅을 통해 모델 생성
>>> model = lr.fit(trainingDF)
>>> # 모델이 준비 되면 라벨과 특징 벡터를 가지고 있는 테스트 데이터를 준비한다.
>>> testDF = spark.createDataFrame([[(1.0, Vectors.den
se([6.1,0.32,0.24,1.5,0.036,43,140,0.9894,3.36,0.64,10.7])),(0.0, Vectors.den
se([5.2,0.44,0.04,1.4,0.036,38,124,0.9898,3.29,0.42,12.4])),(0.0, Vectors.den
se([7.2,0.32,0.47,5.1,0.044,19,65,0.9951,3.38,0.36,9])),(0.0, Vectors.den
se([6.4,0.595,0.14,5.2,0.058,15,97,0.991,3.03,0.41,12.6]))], ["label",
"features"])
>>> testDF.createOrReplaceTempView("test")
>>> testDF.show()
```

```
+-----+------------------+
|label|          features|
+-----+------------------+
|  1.0|[6.1,0.32,0.24,1....|
|  0.0|[5.2,0.44,0.04,1....|
|  0.0|[7.2,0.32,0.47,5....|
|  0.0|[6.4,0.595,0.14,5...|
+-----+------------------+
```

```
>>> # 모델을 이용해 테스트 데이터 변환 실시 및 결과를 예측한다. 실제 결과와 예측 결과를 비교해 정확성을 파악
할 것이다.
>>> testTransform = model.transform(testDF)
>>> tested = testTransform.select("features", "label", "prediction")
>>> tested.show()
```

```
+--------------------+-----+----------+
|            features|label|prediction|
+--------------------+-----+----------+
|[6.1,0.32,0.24,1....|  1.0|       0.0|
|[5.2,0.44,0.04,1....|  0.0|       0.0|
|[7.2,0.32,0.47,5....|  0.0|       0.0|
|[6.4,0.595,0.14,5...|  0.0|       0.0|
+--------------------+-----+----------+
```

```
>>> # 아웃풋 또는 라벨이 없는 데이터셋을 준비해 트레이닝한 모델을 이용해 예측한 결과와 비교
>>> predictDF = spark.sql("SELECT features FROM test")
>>> predictDF.show()
```

```
+--------------------+
|            features|
+--------------------+
|[6.1,0.32,0.24,1....|
|[5.2,0.44,0.04,1....|
|[7.2,0.32,0.47,5....|
|[6.4,0.595,0.14,5...|
+--------------------+
```

```
>>> # 데이터셋을 변환하고 예측 결과를 출력
>>> predictTransform = model.transform(predictDF)
>>> predicted = testTransform.select("features", "prediction")
>>> predicted.show()
```

```
+--------------------+----------+
|            features|prediction|
+--------------------+----------+
```

```
|[6.1,0.32,0.24,1....|          0.0|
|[5.2,0.44,0.04,1....|          0.0|
|[7.2,0.32,0.47,5....|          0.0|
|[6.4,0.595,0.14,5...|          0.0|
+--------------------+----------+
```

로지스틱 회귀는 선형 회귀와 매우 비슷하다. 가장 큰 차이는 로지스틱 회귀는 종속 변수가 범주형 변수라는 것뿐이다. 즉 종속 변수는 선택한 값의 집합만 사용한다. 이 유스 케이스에서 값은 0 또는 1뿐이다. 값 0은 와인 품질이 나쁨을 의미하고, 값 1은 와인 품질이 좋음을 의미한다. 더 정확하게 말하자면 사용하는 종속 변수는 이진<sup>binary</sup> 변수다.

지금까지 다룬 유스 케이스는 적당한 수의 특징만 가지고 있었다. 하지만 실제 유스 케이스는 매우 많은 수의 특징을 머신 러닝을 위해 사용한다. 특히 텍스트 처리를 이용하는 유스 케이스는 매우 많은 특징을 필요로 한다. 다음 섹션은 이러한 유스 케이스를 논의할 것이다.

## ▌ 스팸 필터링

스팸 필터링은 많은 애플리케이션이 사용하는 매우 일반적인 유스 케이스다. 특히 대부분의 이메일 애플리케이션은 이 기능을 사용한다. 가장 널리 사용되는 분류<sup>classification</sup> 문제기도 하다. 일반 메일 서버에서 보통 매우 많은 양의 이메일을 처리한다. 스팸 필터링은 이메일을 수신자의 메일박스에 전달하기 전에 이루어진다. 모든 머신 러닝 알고리즘은 예측을 하기 전에 모델을 반드시 학습시켜야 한다. 모델을 학습시키기 위해서는 당연히 학습 데이터가 필요하다. 그렇다면 학습 데이터는 어떻게 모을까? 가장 일반적인 방법은 사용자 스스로가 받은 이메일 중 일부를 스팸으로 표시하는 것이다. 메일 서버에 있는 모든 이메일을 사용해서 정기적으로 메일을 갱신하고 학습 데이터를 모으자. 이는 스팸과 스팸이 아닌 일반 이메일 모두 다 필요하다.

모델을 두 가지 종류의 양질의 이메일 샘플을 통해 학습시킨다면 예측 결과도 좋을 것이라 기대할 수 있다.

이 책에서 다루는 스팸 필터링 유스 케이스는 완전히 실제상황에서 사용하는 애플리케이션은 아니지만 어떻게 실제로 활용할 수 있을지 좋은 인사이트를 주기에는 충분하다. 한이메일의 전체 텍스트를 모두 사용하지 말고 단순하게 한 줄만 사용해 보자. 실제 이메일을 처리하는 데까지 확대한다면 그때 한 스트링string 대신에 이메일의 전체 콘텐츠를 읽어서 애플리케이션 로직에 따라 처리하자.

7장의 이전 유스 케이스에서 다룬 숫자 타입의 입력과는 다르게 이번 입력은 순수한 텍스트이고 선택한 특징은 다른 유스 케이스처럼 만만하지 않다. 한 줄마다 단어 가방ª bag of words으로 분류해 단어를 잘라서 저장하고 저장한 단어는 특징으로 활용한다. 숫자 특징이 처리하기 쉬우므로 단어들은 단어 빈도수 벡터로 해시hash 처리해 변환한다. 다시말해, 텍스트 라인마다 포함된 단어나 용어는 해시 메서드를 이용해서 용어 빈도수term frequency 집합으로 변환한다. 이러한 작은 규모의 텍스트 처리 유스 케이스에서도 수천 개의 특징이 있을 수 있다. 따라서 쉬운 비교를 위해 해시를 활용하는 것이 꼭 필요하다.

앞서 논의한 것처럼 일반적으로 머신 러닝 애플리케이션에서 입력 데이터는 모델을 빌드하기 위해 적절한 특징과 라벨 형태를 생성하려고 수많은 전처리를 거친다. 이는 일반적으로 변환과 예측 파이프라인을 형성한다. 이번 유스 케이스에서 입력된 라인은 단어 단위로 쪼개고 이 단어들은 HashingTF 알고리즘을 이용하여 변환한 후 예측을 시행하기전에 LogisticRegression 모델을 위해 변환한 단어들로 학습시킨다. 이는 스파크 머신러닝 라이브러리에서 파이프라인 추출을 이용하여 이루어진다. 스칼라 REPL 프롬프트에서 아래 명령문을 실행하자.

```scala
scala> import org.apache.spark.ml.classification.LogisticRegression
    import org.apache.spark.ml.classification.LogisticRegression
scala> import org.apache.spark.ml.param.ParamMap
    import org.apache.spark.ml.param.ParamMap
scala> import org.apache.spark.ml.linalg.{Vector, Vectors}
```

```
   import org.apache.spark.ml.linalg.{Vector, Vectors}
scala> import org.apache.spark.sql.Row
   import org.apache.spark.sql.Row
scala> import org.apache.spark.ml.Pipeline
   import org.apache.spark.ml.Pipeline
scala> import org.apache.spark.ml.feature.{HashingTF, Tokenizer, RegexTokenizer,
Word2Vec, StopWordsRemover}
   import org.apache.spark.ml.feature.{HashingTF, Tokenizer, RegexTokenizer,
Word2Vec, StopWordsRemover}
```
scala> // 스팸필터를 적용한 이메일 메시지를 바탕으로 트레이닝 문서 준비
scala> // 받은 메시지가 스팸이라면 1, 아니면 0으로 라벨 붙이기
```
scala> val training = spark.createDataFrame(Seq(("you@example.com", "hope you are
well", 0.0),("raj@example.com", "nice to hear from you", 0.0),("thomas@example.
com", "happy holidays", 0.0),("mark@example.com", "see you tomorrow", 0.0),("xyz@
example.com", "save money", 1.0),("top10@example.com", "low interest rate",
1.0),("marketing@example.com", "cheap loan", 1.0))).toDF("email", "message",
"label")
   training: org.apache.spark.sql.DataFrame = [email: string, message: string ...
1 more field]
scala> training.show()
   +--------------------+--------------------+-----+
   |               email|             message|label|
   +--------------------+--------------------+-----+
   |     you@example.com|    hope you are well|  0.0|
   |     raj@example.com|nice to hear from...|  0.0|
   |  thomas@example.com|      happy holidays|  0.0|
   |    mark@example.coml|    see you tomorrow|  0.0|
   |     xyz@example.coml|          save money|  1.0|
   |   top10@example.coml|   low interest rate|  1.0|
   |marketing@example...|          cheap loan|  1.0|
   +--------------------+--------------------+-----+
```
scala> // 스파크 머신 러닝 파이프라인 설정. tokenizer, hashingTF, and lr 3가지 스테이지로 구성한다.
```
scala> val tokenizer = new Tokenizer().setInputCol("message").
setOutputCol("words")
   tokenizer: org.apache.spark.ml.feature.Tokenizer = tok_166809bf629c
scala> val hashingTF = new HashingTF().setNumFeatures(1000).setInputCol("words").
setOutputCol("features")
   hashingTF: org.apache.spark.ml.feature.HashingTF = hashingTF_e43616e13d19
```
scala> // lr.fit()를 최대 10회 실시하도록 LogisticRegression 인자와 regularization 인자 설정
scala> // regularization 인자는 선형 회귀 모델에서 좀 더 많은 변수를 이용해서 피팅을 시도할 때 발생할

수 있는 오버피팅을 방지하기 위해 사용한다.

```
scala> val lr = new LogisticRegression().setMaxIter(10).setRegParam(0.01)
  lr: org.apache.spark.ml.classification.LogisticRegression = logreg_ef3042fc75a3
scala> val pipeline = new Pipeline().setStages(Array(tokenizer, hashingTF, lr))
  pipeline: org.apache.spark.ml.Pipeline = pipeline_658b5edef0f2
scala> // 메시지를 이용해 모델을 훈련하도록 파이프라인 피팅 시작
scala> val model = pipeline.fit(training)
  model: org.apache.spark.ml.PipelineModel = pipeline_658b5edef0f2
scala> // 모델 테스트를 위해 일부러 분류하지 않은 테스트 데이터 준비
scala> val test = spark.createDataFrame(Seq(("you@example.com", "how are
you"),("jain@example.com", "hope doing well"),("caren@example.com", "want some
money"),("zhou@example.com", "secureloan"),("ted@example.com","need loan"))).
toDF("email", "message")
  test: org.apache.spark.sql.DataFrame = [email: string, message: string]
scala> test.show()
    +-----------------+---------------+
    |            email|        message|
    +-----------------+---------------+
    |  you@example.com|    how are you|
    | jain@example.com|hope doing well|
    |caren@example.com|want some money|
    | zhou@example.com|    secure loan|
    |  ted@example.com|      need loan|
    +-----------------+---------------+
scala> // 새 테스트 데이터로 예측 시작
scala> val prediction = model.transform(test).select("email", "message",
"prediction")
  prediction: org.apache.spark.sql.DataFrame = [email: string, message: string
... 1 more field]
scala> prediction.show()
    +-----------------+---------------+----------+
    |            email|        message|prediction|
    +-----------------+---------------+----------+
    |  you@example.com|    how are you|       0.0|
    | jain@example.com|hope doing well|       0.0|
    |caren@example.com|want some money|       1.0|
    | zhou@example.com|    secure loan|       1.0|
    |  ted@example.com|      need loan|       1.0|
    +-----------------+---------------+----------+
```

위 코드는 일반 액티비티 집합이다. 학습 데이터를 준비하고 파이프라인 추상화를 이용해서 모델을 생성한 다음 테스트 데이터셋을 이용한 예측을 시행한다. 특징이 얼마나 생성되었고 어떻게 처리되었는지는 드러내지 않는다. 애플리케이션 개발 관점에서 스파크 머신 러닝 라이브러리는 파이프라인 추상화를 활용해 많은 일을 드러나지 않게 손쉽게 처리한다. 파이프라인을 이용한 방식을 사용하지 않는다면 각각 분리된 데이터프레임 변환으로써 토큰화tokenization와 해시 처리를 해야 한다. 위 명령어에 이어 계속해서 아래 코드를 실행하면 쉽게 특징을 어떻게 단순 변환이 이루어지는지 통찰력을 얻을 수 있을 것이다.

```scala
scala> val wordsDF = tokenizer.transform(training)
  wordsDF: org.apache.spark.sql.DataFrame = [email: string, message: string ... 2
more fields]
scala> wordsDF.createOrReplaceTempView("word")
scala> val selectedFieldstDF = spark.sql("SELECT message, words FROM word")
selectedFieldstDF: org.apache.spark.sql.DataFrame = [message: string, words:
array<string>]
scala> selectedFieldstDF.show()
  +--------------------+--------------------+
  |             message|               words|
  +--------------------+--------------------+
  |    hope you are well|[hope, you, are, ...|
  |nice to hear from...|[nice, to, hear, ...|
  |      happy holidays|   [happy, holidays]|
  |     see you tomorrow|[see, you, tomorrow]|
  |          save money|      [save, money]|
  |    low interest rate|[low, interest, r...|
  |          cheap loan|       [cheap, loan]|
  +--------------------+--------------------+
scala> val featurizedDF = hashingTF.transform(wordsDF)
  featurizedDF: org.apache.spark.sql.DataFrame = [email: string, message: string
... 3 more fields]
scala> featurizedDF.createOrReplaceTempView("featurized")
scala> val selectedFeaturizedFieldstDF = spark.sql("SELECT words, features FROM
featurized")
```

```
selectedFeaturizedFieldstDF: org.apache.spark.sql.DataFrame = [words:
array<string>, features: vector]
scala> selectedFeaturizedFieldstDF.show()
+--------------------+--------------------+
|               words|            features|
+--------------------+--------------------+
|[hope, you, are, ...|(1000,[0,138,157,...|
|[nice, to, hear, ...|(1000,[370,388,42...|
|    [happy, holidays]|(1000,[141,457],[...|
|[see, you, tomorrow]|(1000,[25,425,515...|
|       [save, money]|(1000,[242,520],[...|
|[low, interest, r...|(1000,[70,253,618...|
|       [cheap, loan]|(1000,[410,666],[...|
+--------------------+--------------------+
```

똑같은 유스 케이스를 파이썬으로 실행한 예도 아래에 있다. 파이썬 REPL 프롬프트에서
아래 명령문을 실행하자.

```
>>> from pyspark.ml import Pipeline
>>> from pyspark.ml.classification import LogisticRegression
>>> from pyspark.ml.feature import Tokenizer
>>> from pyspark.ml.feature import HashingTF
>>> from pyspark.sql import Row
>>> # 스팸 메시지 분류를 위해 이메일에서 추출한 메시지를 바탕으로 트레이닝 문서 준비
>>> # 스팸필터를 적용한 이메일 메시지를 바탕으로 트레이닝 문서 준비
>>> LabeledDocument = Row("email", "message", "label")
>>> training = spark.createDataFrame([("you@example.com", "hope you are well",
0.0),("raj@example.com", "nice to hear from you", 0.0),("thomas@example.com",
"happy holidays", 0.0),("mark@example.com", "see you tomorrow", 0.0),("xyz@
example.com", "save money", 1.0),("top10@example.com", "low interest rate",
1.0),("marketing@example.com", "cheap loan", 1.0)], ["email", "message",
"label"])
>>> training.show()
+--------------------+--------------------+-----+
|               email|             message|label|
+--------------------+--------------------+-----+
|     you@example.com|   hope you are well|  0.0|
```

```
|    raj@example.com|nice to hear from...|  0.0|
| thomas@example.com|      happy holidays|  0.0|
|   mark@example.com|    see you tomorrow|  0.0|
|    xyz@example.com|          save money|  1.0|
|  top10@example.com|   low interest rate|  1.0|
|marketing@example...|          cheap loan|  1.0|
+-------------------+--------------------+-----+
```

>>> # 스파크 머신 러닝 파이프라인 설정. tokenizer, hashingTF, and lr 3가지 스테이지로 구성한다.
>>> tokenizer = Tokenizer(inputCol="message", outputCol="words")
>>> hashingTF = HashingTF(inputCol="words", outputCol="features")
>>> # lr.fit()를 최대 10회 실시하도록 LogisticRegression 인자와 regularization 인자 설정
>>> # regularization 인자는 선형 회귀 모델에서 좀 더 많은 변수를 이용해서 피팅을 시도할 때 발생할 수 있는 오버피팅을 방지하기 위해 사용한다
>>> lr = LogisticRegression(maxIter=10, regParam=0.01)
>>> pipeline = Pipeline(stages=[tokenizer, hashingTF, lr])
>>> # 메시지로 모델 트레이닝 할 수 있게 파이프라인 피팅
>>> model = pipeline.fit(training)
>>> # 모델 테스트를 위해 일부러 분류하지 않은 테스트 데이터 준비
>>> test = spark.createDataFrame([("you@example.com", "how are you"),("jain@example.com", "hope doing well"),("caren@example.com", "want some money"),("zhou@example.com", "secure loan"),("ted@example.com","need loan")], ["email", "message"])
>>> test.show()

```
+-----------------+---------------+
|            email|        message|
+-----------------+---------------+
|  you@example.com|    how are you|
| jain@example.com|hope doing well|
|caren@example.com|want some money|
| zhou@example.com|    secure loan|
|  ted@example.com|      need loan|
+-----------------+---------------+
```

>>> # 새 메시지 데이터로 예측 시작
>>> prediction = model.transform(test).select("email", "message", "prediction")
>>> prediction.show()

```
+-----------------+---------------+----------+
|            email|        message|prediction|
+-----------------+---------------+----------+
|  you@example.com|    how are you|       0.0|
```

```
| jain@example.com|hope doing well|       0.0|
|caren@example.com|want some money|       1.0|
| zhou@example.com|    secure loan|       1.0|
|  ted@example.com|      need loan|       1.0|
+-----------------+---------------+----------+
```

앞서 논의한 것처럼 파이프라인에 의해 추상화된 변환은 아래에 파이썬 코드를 이용해
명시적으로 설명되어 있다. 위 예제에 이어 계속해서 아래 코드를 실행해서 머신러닝 특
징<sup>feature</sup>을 단순환 변환을 통해 쉽게 살펴볼 수 있도록 알아보자.

```
>>> wordsDF = tokenizer.transform(training)
>>> wordsDF.createOrReplaceTempView("word")
>>> selectedFieldstDF = spark.sql("SELECT message, words FROM word")
>>> selectedFieldstDF.show()
    +--------------------+--------------------+
    |             message|               words|
    +--------------------+--------------------+
    |    hope you are well|[hope, you, are, ...|
    |nice to hear from...|[nice, to, hear, ...|
    |      happy holidays|   [happy, holidays]|
    |    see you tomorrow|[see, you, tomorrow]|
    |         save money|       [save, money]|
    l   |ow interest rate|[low, interest, r...|
    |          cheap loan|       [cheap, loan]|
    +--------------------+--------------------+
>>> featurizedDF = hashingTF.transform(wordsDF)
>>> featurizedDF.createOrReplaceTempView("featurized")
>>> selectedFeaturizedFieldstDF = spark.sql("SELECT words, features FROM featurized")
>>> selectedFeaturizedFieldstDF.show()
    +--------------------+--------------------+
    |               words|            features|
    +--------------------+--------------------+
    |[hope, you, are, ...|(262144,[128160,1...|
    |[nice, to, hear, ...|(262144,[22346,10...|
    |   [happy, holidays]|(262144,[86293,23...|
    |[see, you, tomorrow]|(262144,[29129,21...|
```

```
|      [save, money]|(262144,[199496,2...|
|[low, interest, r...|(262144,[68685,13...|
|      [cheap, loan]|(262144,[12946,16...|
+--------------------+--------------------+
```

위 유스 케이스에서 얻은 통찰을 바탕으로 많은 텍스트 처리 머신 러닝 애플리케이션은
스파크 머신 러닝 라이브러리 파이프라인을 이용한 추상화로 수많은 변환을 생략하고 개
발할 수 있다.

 일반적인 저장 매체에 머신 러닝 모델을 저장하는 방식과 똑같이 모든 스파크 머신 러닝 라이
브러리 파이프라인은 저장 매체에 저장할 수 있고 다른 프로그램에서 호출할 수도 있다.

## ▎특징 알고리즘

실제 유스 케이스에서 모델을 학습시키기 위해 적절한 형태로 존재하는 특징과 라벨에서
로우 데이터를 뽑아내기는 매우 쉽지 않다. 많은 전처리를 시행하는 게 매우 일반적이다.
다른 데이터 처리 패러다임과는 달리 스파크 머신 러닝 라이브러리와 결합한 스파크는
포괄적인 도구와 알고리즘을 제공한다.

- 특징 추출
- 특징 변환
- 특징 선택

로우 데이터에서 특징을 추출하는 과정을 특징 추출이라 한다. 앞의 유스 케이스에서 사
용한 HashingTF는 텍스트 데이터의 용어를 특징 벡터로 변환하는 알고리즘의 좋은 예
다. 특징을 다른 형식으로 변환하는 과정은 특징 변환이라 한다. 상위 데이터셋에서 특징
의 하위 셋을 선택하는 과정은 특징 선택이라 한다. 이 모든 것을 다루는 것은 이번 장의

범위를 벗어나지만, 아래에서 문서가 가지고 있는 단어의 동의어를 찾는 데 필요한 특징을 추출하기 위해 사용하는 알고리즘인 Estimator에 대해 논의할 것이다. 여기에서 동의어란 단어의 실제 사전상의 동의어가 아니라 문맥에서 주어진 단어와 관련된 동의어를 말한다.

## ▌ 동의어 찾기

동의어는 다른 단어와 정확히 같은 의미 또는 매우 유사한 의미가 있는 단어 또는 구를 말한다. 순수 문학적인 관점에서 이 설명은 정확하지만, 훨씬 넓은 관점에서 보면 주어진 문맥에서 일부 단어는 매우 밀접한 관계를 맺을 것이고 이 맥락에서 서로 동의어라고 한다. 예를 들어 Roger Federer는 Tennis의 대명사다. 이러한 종류의 동의어를 문맥에서 찾아내는 것은 엔티티[entity] 인식, 기계 번역 등의 매우 공통적인 요구 사항이다. Word2Vec 알고리즘은 주어진 문서 또는 단어 모음에서 단어의 분포 벡터 표현을 계산한다. 이 벡터 공간을 사용하면 유사성 또는 동의성을 가지는 단어가 서로 근접하게 분포하게 된다.

캘리포니아 주립 얼바인 대학 머신 러닝 저장소(http://archive.ics.uci.edu/ml/index.html)는 머신 러닝 학습에 관심 있는 사람을 위해 많은 데이터셋을 서비스로 제공한다. 20[Twenty] 뉴스그룹 데이터셋(http://archive.ics.uci.edu/ml/datasets/Twenty+Newsgroups)은 문맥속에서 단어의 동의어를 찾기 위해 사용되고 있다. 이 데이터셋은 20개의 뉴스그룹에서 추출한 20,000개의 메시지로 구성되어 있다.

> ⓘ 20개의 뉴스 그룹 데이터셋 다운로드 링크를 사용하여 여기에서 논의하는 데이터셋을 다운로드할 수 있다. 20_newsgroups.tar.gz 파일을 다운로드하고 압축을 해제한다. 다음 코드에서 사용하는 데이터 디렉터리는 압축을 해제한 파일을 저장하는 디렉터리를 가리켜야 한다. 데이터의 크기가 크기 때문에 스파크 드라이브가 메모리 부족 에러를 던지는 경우 관심이 없는 뉴스 그룹 데이터 일부를 제거하고 데이터의 부분만 가지고 다시 테스트해 보자. 여기에서 모델을 학습시키려면 talk.politics.guns, talk.politics.mideast, talk.politics.misc 및 talk.religion.misc와 같은 다음 뉴스 그룹 데이터만 사용해야 한다.

스칼라 REPL 프롬프트에서 아래 명령문을 실행하자.

---

```
scala> import org.apache.spark.ml.feature.{HashingTF, Tokenizer, RegexTokenizer,
Word2Vec, StopWordsRemover}
  import org.apache.spark.ml.feature.{HashingTF, Tokenizer, RegexTokenizer,
Word2Vec, StopWordsRemover}
scala> // TODO - 데이터가 저장되어 있는 디렉토리 주소로 변경
scala> val dataDir = "/Users/RajT/Downloads/20_newsgroups/*"
  dataDir: String = /Users/RajT/Downloads/20_newsgroups/*
scala> // 전체 텍스트를 읽어서 데이터프레임에 저장
scala> // 데이터 디렉토리 하위에 존재하는 talk.politics.guns, talk.politics.mideast,
```
talk.politics.misc, talk.religion.misc 디렉토리에 저장되어 있는 텍스트 파일을 읽어서 데이터프레
임에 저장. 다른 디렉토리는 프로그램 실행전에 제거했다. 사실 최종 결과가 차이날 뿐이지 다른 데이터를 가지고 있
어도 별 문제는 없다.
```
scala>  val textDF = sc.wholeTextFiles(dataDir).map{case(file, text) => text}.
map(Tuple1.apply).toDF("sentence")
  textDF: org.apache.spark.sql.DataFrame = [sentence: string]
scala> // 문장을 단어 단위로 분리
scala> val regexTokenizer = new RegexTokenizer().setInputCol("sentence").
setOutputCol("words").setPattern("\\w+").setGaps(false)
  regexTokenizer: org.apache.spark.ml.feature.RegexTokenizer = regexTok_
ba7ce8ec2333
scala> val tokenizedDF = regexTokenizer.transform(textDF)
  tokenizedDF: org.apache.spark.sql.DataFrame = [sentence: string, words:
array<string>]
scala> // a, an the, I와 같이 동의어가 존재하지 않는 정지 단어 제거
scala> val remover = new StopWordsRemover().setInputCol("words").
setOutputCol("filtered")
  remover: org.apache.spark.ml.feature.StopWordsRemover = stopWords_775db995b8e8
scala> // 정지 단어 제거
scala> val filteredDF = remover.transform(tokenizedDF)
  filteredDF: org.apache.spark.sql.DataFrame = [sentence: string, words:
array<string> ... 1 more field]
scala> // Estimator 준비
scala> // 벡터 사이즈와 minCount 설정. minCount는 한 단어를 word2vec 모델 단어 사전에 등록하기 위
해 필요한 최소 등장 횟수다.
scala> val word2Vec = new Word2Vec().setInputCol("filtered").
setOutputCol("result").setVectorSize(3).setMinCount(0)
  word2Vec: org.apache.spark.ml.feature.Word2Vec = w2v_bb03091c4439
```

```
scala> // 모델 트레이닝
scala> val model = word2Vec.fit(filteredDF)
  model: org.apache.spark.ml.feature.Word2VecModel = w2v_bb03091c4439
scala> // 주어진 단어의 열가지 동의어 검색
scala> val synonyms1 = model.findSynonyms("gun", 10)
  synonyms1: org.apache.spark.sql.DataFrame = [word: string, similarity: double]
scala> synonyms1.show()
  +---------+------------------+
  |     word|        similarity|
  +---------+------------------+
  |      twa|0.9999976163843671|
  |cigarette|0.9999943935045497|
  |    sorts|0.9999885527530025|
  |       jj|0.9999827967650881|
  |presently|0.9999792188771406|
  |    laden|0.9999775888361028|
  |   notion|0.9999775296680583|
  | settlers|0.9999746245431419|
  |motivated|0.9999694932468436|
  |qualified|0.9999678135106314|
  +---------+------------------+
scala> // 다른 단어의 열가지 동의어 검색
scala> val synonyms2 = model.findSynonyms("crime", 10)
  synonyms2: org.apache.spark.sql.DataFrame = [word: string, similarity: double]
scala> synonyms2.show()
  +-----------+------------------+
  |       word|        similarity|
  +-----------+------------------+
  | abominable|0.9999997331058447|
  |authorities|0.9999946968941679|
  |cooperation|0.9999892536435327|
  |  mortazavi| 0.999986396931714|
  |herzegovina|0.9999861828226779|
  |  important|0.9999853354260315|
  |      1950s|0.9999832312575262|
  |    analogy|0.9999828272311249|
  |       bits|0.9999820987679822|
  |technically|0.9999808208936487|
  +-----------+------------------+
```

앞의 코드는 많은 기능을 로드해 사용한다. 데이터셋은 주어진 파일 하나에서 텍스트 한 문장으로 파일시스템에서 읽어서 데이터프레임으로 저장한다. 그 후 토큰화를 수행해 정규 표현식을 사용하여 문장을 단어로 변환하고 간격을 제거한다. 그 후 정지 단어를 제거하고 관련 단어만 남긴다. 마지막으로, Word2Vec 추정자를 사용해 준비한 데이터로 모델을 학습시킨다. 학습이 끝난 모델을 바탕으로 동의어를 결정한다.

다음 코드는 Python을 사용하는 같은 유스 케이스를 시연한다. 파이썬 REPL 프롬프트에서 다음 명령문을 실행하자.

```
>>> from pyspark.ml.feature import Word2Vec
>>> from pyspark.ml.feature import RegexTokenizer
>>> from pyspark.sql import Row
>>> # TODO - 데이터가 저장되어 있는 실제 디렉토리 주소로 변경
>>> dataDir = "/Users/RajT/Downloads/20_newsgroups/*"
>>> # 데이터 디렉토리 하위에 존재하는 talk.politics.guns, talk.politics.mideast, talk.
politics.misc, talk.religion.misc 디렉토리에 저장되어 있는 텍스트 파일을 읽어서 데이터프레임에 저
장. 다른 디렉토리는 프로그램 실행전에 제거했다. 사실 최종 결과가 차이날 뿐이지 다른 데이터를 가지고 있어도 별
문제는 없다.
>>> textRDD = sc.wholeTextFiles(dataDir).map(lambda recs: Row(sentence=recs[1]))
>>> textDF = spark.createDataFrame(textRDD)
>>> # 문장을 단어 단위로 분리
>>> regexTokenizer = RegexTokenizer(inputCol="sentence", outputCol="words",
gaps=False, pattern="\\w+")
>>> tokenizedDF = regexTokenizer.transform(textDF)
>>> # Estimator 준비
>>> # 벡터 사이즈와 minCount 설정. minCount는 한 단어를 word2vec 모델 단어 사전에 등록하기 위해 필
요한 최소 등장 횟수다.
>>> word2Vec = Word2Vec(vectorSize=3, minCount=0, inputCol="words",
outputCol="result")
>>> # 모델 트레이닝
>>> model = word2Vec.fit(tokenizedDF)
>>> # 주어진 단어의 열가지 동의어 검색
>>> synonyms1 = model.findSynonyms("gun", 10)
>>> synonyms1.show()
 +---------+------------------+
```

```
|     word|          similarity|
+---------+------------------+
| strapped|0.9999918504219028|
|    bingo|0.9999909957939888|
|collected|0.9999907658056393|
|  kingdom|0.9999896797527402|
| presumed|0.9999806586578037|
| patients|0.9999778970248504|
|    azats|0.9999718388241235|
|  opening| 0.999969723774294|
|  holdout|0.9999685636131942|
| contrast|0.9999677676714386|
+---------+------------------+
>>> # 단어 crime의 열가지 동의어 검색
>>> synonyms2 = model.findSynonyms("crime", 10)
>>> synonyms2.show()
+-----------+------------------+
|       word|          similarity|
+-----------+------------------+
|   peaceful|0.9999983523475047|
|  democracy|0.9999964568156694|
|      areas| 0.999994036518118|
|  miniscule|0.9999920828755365|
|       lame|0.9999877327660102|
|    strikes|0.9999877253180771|
|terminology|0.9999839393584438|
|      wrath|0.9999829348358952|
|    divided| 0.999982619125983|
|    hillary|0.9999795817857984|
+-----------+------------------+
```

스칼라와 파이썬 구현의 가장 큰 차이점은 파이썬 구현은 정지 단어를 제거하지 않는다는 것이다. 이는 스파크 머신 러닝 파이썬 API에서 그 기능을 제공하지 않기 때문이다. 이러한 차이 때문에 스칼라 프로그램이 생성한 동의어 리스트와 파이썬 프로그램이 생성한 리스트는 다르다.

# ▌ 참고문헌

좀 더 많은 정보를 얻기 위해서 아래 링크를 참고하자.

- http://archive.ics.uci.edu/ml/index.html
- http://archive.ics.uci.edu/ml/datasets/Wine+Quality
- http://archive.ics.uci.edu/ml/datasets/Twenty+Newsgroups

# ▌ 요약

스파크는 매우 강력한 핵심 데이터 처리 프레임워크를 제공하며 스파크 머신 러닝 라이브러리는 풍부한 머신 학습 알고리즘 셋 외에도 스파크 SQL과 같은 스파크 및 스파크 라이브러리의 모든 핵심 기능을 사용한다. 이본 장에서는 몇 줄의 코드로 스파크 머신 학습 라이브러리를 사용하여 스칼라 및 파이썬 구현에서 매우 자주 사용하는 예측 및 분류 유스 케이스에 대해 설명했다. 이러한 와인 품질 예측 및 와인 분류, 스팸 필터, 동의어 찾기 머신 러닝 사례는 본격적인 유스 케이스로 발전할 가능성이 높다. 스파크 2.0은 모델 및 파이프라인 생성을 제공함으로써 유연성을 제공한다. 즉 다른 언어로 작성한 다양한 프로그램에서 모델 작성 및 파이프라인 작성 및 활용을 할 수 있도록 해준다.

쌍방향 관계는 실제 사용 사례에서 매우 일반적이다. 강력한 수학적 기반을 바탕으로 컴퓨터 과학자들은 그래프 이론에 적용 가능한 수많은 데이터 구조와 알고리즘을 개발했다. 이러한 데이터 구조 및 알고리즘은 소셜 네트워크 웹 사이트 및 스케줄링 문제, 기타 여러 애플리케이션에 적용하기 매우 쉽다. 그래프 처리는 매우 계산 집약적이며 스파크와 같은 분산 데이터 처리 패러다임은 이러한 계산을 수행하는 데 이상적이다. 스파크에 구축한 스파크 GraphX 라이브러리는 그래프 처리 API다. 다음 장에서는 스파크 GraphX를 살펴볼 것이다.

# 08

# 스파크 그래프 처리

그래프는 수학적 개념이고 컴퓨터 과학에서 데이터 구조이기도 하다. 실제로 수많은 애플리케이션 유스 케이스가 그래프를 사용한다. 그래프는 엔티티 간의 쌍$^{pair-wise}$ 관계를 모델링하는 데 사용한다. 그래프에서 엔티티는 정점으로 정의하고 두 개의 정점은 서로 에지$^{edge}$로 연결한다. 하나의 그래프는 여러 개의 정점과 정점을 연결하는 에지로 구성되어 있다.

개념적으로 그래프는 정말 단순한 추상화라고 볼 수 있다. 그러나 엄청난 수의 정점과 에지를 처리하는 것은 매우 계산 집약적이며 많은 처리 시간과 컴퓨팅 자원을 요구한다. 아래 그림 1은 4개의 정점과 3개의 에지가 있는 그래프다.

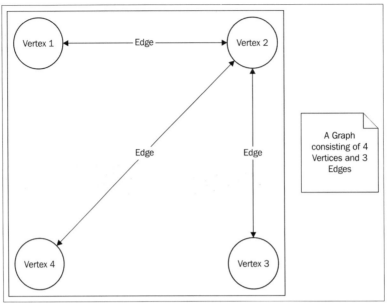

▲ 그림 1

이번 장에서 아래 주제를 다룬다.

- 그래프와 유스 케이스
- GraphX 라이브러리
- 페이지랭크 알고리즘
- 연결된 구성 요소 알고리즘
- 그래프프레임 라이브러리
- 그래프 쿼리

## ▍그래프와 사용 사례 이해

그래프로 모델링할 수 있는 애플리케이션 구성 요소는 매우 많다. 소셜 네트워킹 애플리케이션에서 사용자 간의 관계는 사용자가 그래프의 정점이고 사용자 간의 관계는 에지인 그래프로 모델링할 수 있다. 다단계 작업 스케줄링 애플리케이션에서 개별 작업은 그래프의 정점으로, 작업의 결과는 에지로 나타낼 수 있다. 도로 교통 모델링 시스템에서 도시는 그래프의 정점으로, 도시를 연결하는 도로는 에지로 표현할 수 있다.

주어진 그래프의 에지는 연결 방향이라 불리는 매우 중요한 속성을 가진다. 많은 유스 케이스에서 연결 방향은 중요하지 않다. 도로를 통한 도시 간 연결 예제가 그중 하나다. 그러나 유스 케이스가 도시 내에서 운전 방향을 설정하는 것이라면 교통 교차점 사이의 연결은 방향을 가지기 때문에 의미가 있을 수 있다. 임의의 두 개의 교통 정거장을 선택하면 서로 도로로 연결할 수 있지만 이 도로가 일방통행 도로일 수도 있다. 그래서 이 도로에서 방향은 교통 트래픽이 어디로 흐르는지에 달려있다. 도로가 J1에서 J2로 교통 연결이 열려 있지만, J2에서 J1로 닫혀있는 경우 주행 방향 그래프는 J1에서 J2로 연결되고 J2에서 J1로 연결되지는 않는다. 이 경우 J1과 J2를 연결하는 에지는 방향을 가진다. J2와 J3 사이의 도로가 양방향으로 열려 있는 경우 J2와 J3를 연결하는 에지는 방향이 없다. 모든 에지에 방향이 있는 그래프를 유향directed 그래프라고 한다.

그래프를 그림으로 표현할 때, 유향 그래프의 에지는 반드시 방향을 표시해야 한다. 유향 그래프가 아닌 경우 에지는 방향이 전혀 없거나 양방향으로 표시할 수 있다. 이것은 개인의 선택에 달려 있다. 그림 1은 유향 그래프는 아니지만, 에지가 연결되어 있는 두 정점에 대한 방향을 표시하고 있다.

그림 2에서 소셜 네트워킹 애플리케이션 유스 케이스에서 두 사용자 간의 관계는 그래프로 표시한다. 사용자는 정점이 되고 사용자 간의 관계는 에지를 형성한다. 사용자 A는 사용자 B를 팔로잉한다. 동시에 사용자 A는 사용자 B의 아들이다. 이 그래프에 소스(유저 A)와 대상(유저 B)는 서로 두 개의 병렬 에지로 연결되어 있다. 병렬 에지를 포함하는 그래프를 멀티 그래프라고 한다. 그림 2의 그래프는 또한 유향 그래프다. 따라서 이것은 유향 멀티 그래프의 좋은 예다.

실제 유스 케이스에서 한 그래프의 정점과 에지는 실제 세계 엔티티를 나타낸다. 이러한 엔티티는 속성을 가지고 있다. 예를 들어 소셜 네트워킹 애플리케이션 사용자의 소셜 연결 그래프에서 사용자는 정점이고 사용자는 이름, 전자 메일, 전화번호 등과 같은 많은 속성을 가진다. 마찬가지로 사용자 간의 관계는 그래프의 에지를 형성하고 사용자 정점을 연결하는 에지는 관계와 같은 속성을 가질 수 있다. 그래프 처리 애플리케이션 라이브러리는 그래프의 정점과 에지에 모든 종류의 속성을 추가할 수 있을 만큼 유연해야 한다.

## ▌ 스파크 GraphX 라이브러리

그래프 처리를 위해 오픈 소스 세계에서 많은 라이브러리를 사용할 수 있다. Giraph 및 Pregel, GraphLab, 스파크 GraphX가 그중 일부다. 스파크 GraphX는 비교적 최근에 이 분야에 진입한 라이브러리 중 하나다.

스파크 GraphX의 특별한 점은 무엇일까? 스파크 GraphX는 스파크 데이터 처리 프레임워크에 구축한 그래프 처리 라이브러리다. 다른 그래프 처리 라이브러리와 비교하여 스파크 GraphX는 실질적인 이점을 가지고 있다. 스파크의 모든 데이터 처리 기능을 사용할 수 있다는 점이다. 또한 실제로는 라이브러리를 선택할 때 그래프 처리 알고리즘의 성능뿐만 아니라 여러 가지 측면을 고려해야 할 필요가 있다.

많은 애플리케이션의 데이터는 실제로 곧바로 그래프 모델링을 할 수 있는 형태가 아닌 경우가 대부분이다. 많은 유스 케이스에서 대부분의 데이터 처리 시간과 컴퓨팅 리소스는 실제 그래프 처리보다 데이터를 올바른 포맷으로 변환해서 그래프 처리알고리즘을 적용 가능한 상태로 바꾸는 작업에 더 많이 소모된다. 바로 이 부분이 스파크 데이터 처리 프레임워크와 스파크 GraphX 라이브러리가 가진 장점이 명확하게 드러나는 부분이다. 데이터를 스파크 GraphX가 처리 가능하도록 준비하는 데이터 처리 작업은 스파크 툴킷이 지원하는 수많은 툴을 이용해서 쉽게 해결할 수 있다. 요약하자면, 스파크의 일부인 스파크 GraphX 라이브러리는 스파크의 코어 데이터 처리 능력과 쉽게 사용 가능한 그래프 처리 라이브러리를 결합해서 활용한다. 실제 유스케이스를 살펴보기 전에 지금까지 논의한 내용과 문맥을 다시 떠올리기 위해 그림 3을 살펴보자. 이 책을 집필하는 시점에 스파크 GraphX 라이브러리가 스칼라 API 만 제공하기 때문에 다른 챕터와는 다르게 이번 챕터는 스칼라 코드 예제만 제공한다.

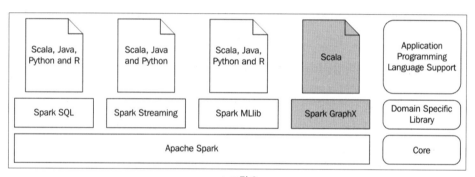

▲ 그림 3

## GraphX 개요

실제 유스 케이스에서 정점과 간선으로 구성된 그래프 컨셉 자체는 쉽게 이해 가능하지만 실력있는 디자이너나 프로그래머에게도 데이터 구조가 복잡하기 때문에 그래프 구현은 쉽지 않다. 이유는 간단하다. list, set, map, queue처럼 널리 사용되는 데이터 구조와는 다르게 그래프를 사용하는 애플리케이션이 드물기 때문이다. 이 점을 고려해서 실제 유스 케이스를 다루기 전에 간단하고 쉬운 예제와 함께 천천히 한 단계씩 컨셉을 소개할 것이다.

스파크 GraphX 라이브러리의 가장 중요한 점은 스파크의 RIM<sup>resilient distributed dataset</sup>을 확장하고 새로운 그래프 추상을 도입하는 데이터 타입인 그래프를 가지고 있다는 점이다. 스파크 GraphX의 그래프 추상화는 모든 정점과 에지에 속성이 추가된 방향성 멀티 그래프다. 이러한 정점 및 에지의 속성은 스칼라 타입 시스템에서 지원하는 사용자 정의 타입이 될 수 있다. 이러한 타입은 그래프 데이터 타입에서 매개 변수화된다. 주어진 그래프는 정점 또는 에지마다 다른 데이터 타입이 필요할 수도 있다. 이것은 상속 계층 구조와 관련된 타입 시스템을 사용해 지원할 수 있다. 이러한 기본 규칙 외에 라이브러리는 그래프 빌더 및 알고리즘 컬렉션도 포함하고 있다.

그래프의 정점은 유일한 64비트 long 식별자인 org.apache.spark.graphx.VertexId로 식별한다. VertexId 타입 대신 간단한 스칼라 타입 Long을 사용할 수도 있다. 그외에도 정점은 모든 타입을 속성으로 사용할 수 있다. 그래프의 에지는 소스 정점 식별자 및 대상 정점 식별자, 모든 타입을 속성으로 가지고 있어야 한다.

그림 4는 정점 속성을 String 타입으로, 에지 속성을 String 타입으로 나타낸 그래프다. 속성 외에도 각 꼭지점은 고유 식별자를 가지고 있으며 각 에지는 소스 정점 번호와 대상 정점 번호를 가지고 있다.

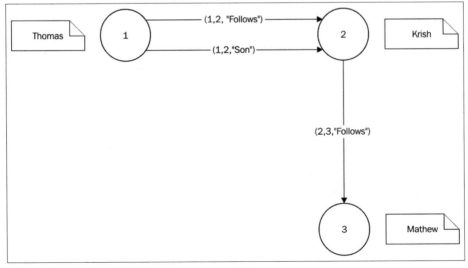

▲ 그림 4

그래프를 처리할 때 보통 꼭지점과 에지에 접근할 수 있는 메서드를 가지고 있다. 그러나 처리를 진행하는 동안 이러한 그래프의 독립 객체만으로는 충분하지 않은 경우가 있다.

정점은 이전에 언급한 것처럼 고유한 식별자와 속성을 가진다. 에지는 소스 및 대상 정점 만 알면 고유하게 식별할 수 있다. 스파크 GraphX 라이브러리의 삼중 추상화는 그래프 처리 애플리케이션이 에지를 쉽게 처리하게 하려고 소스 객체 및 대상 객체, 에지 객체 속성을 단일 객체가 쉽게 액세스할 수 있는 기능을 제공한다.

다음 스칼라 코드는 스파크 GraphX 라이브러리를 사용해 그림 4의 그래프를 만드는 데 사용한다. 그래프를 만든 후에 그래프의 다양한 속성에 접근할 수 있는 많은 메서드를 그래프에서 호출한다. 스칼라 REPL 프롬프트에서 다음 명령문을 실행하자.

```scala
scala> import org.apache.spark._
  import org.apache.spark._
scala> import org.apache.spark.graphx._
  import org.apache.spark.graphx._
scala> import org.apache.spark.rdd.RDD
  import org.apache.spark.rdd.RDD
scala> // Long과 String 타입을 정점의 속성으로 가지고 있는 유저 데이터 튜플의 RDD 생성
scala> val users: RDD[(Long, String)] = sc.parallelize(Array((1L,
"Thomas"), (2L, "Krish"),(3L, "Mathew")))
users: org.apache.spark.rdd.RDD[(Long, String)] = ParallelCollectionRDD[0]
at parallelize at <console>:31
scala> // String 타입을 속성으로 가지는 에지의 RDD 생성
scala> val userRelationships: RDD[Edge[String]] =
sc.parallelize(Array(Edge(1L, 2L, "Follows"),    Edge(1L, 2L,
"Son"),Edge(2L, 3L, "Follows")))
userRelationships:
org.apache.spark.rdd.RDD[org.apache.spark.graphx.Edge[String]] =
ParallelCollectionRDD[1] at parallelize at <console>:31
scala> // 정점과 에지 RDD를 가지고있는 그래프 생성
scala> val userGraph = Graph(users, userRelationships)
userGraph: org.apache.spark.graphx.Graph[String,String] =
org.apache.spark.graphx.impl.GraphImpl@ed5cf29
scala> // 그래프의 에지의 개수
```

```scala
scala> userGraph.numEdges
      res3: Long = 3
scala> // 그래프의 정점의 개수
scala> userGraph.numVertices
      res4: Long = 3
scala> // 각 정점으로 연결되는 에지의 개수
scala> userGraph.inDegrees
res7: org.apache.spark.graphx.VertexRDD[Int] = VertexRDDImpl[19] at RDD at
VertexRDD.scala:57
scala> // 튜플의 첫 번째 엘리먼트는 정점 id이고 두 번째 엘리먼트는 정점으로 연결된 에지의 개수이다.
scala> userGraph.inDegrees.foreach(println)
      (3,1)
      (2,2)
scala> // 각 정점에서 뻗어나가는 에지의 개수
scala> userGraph.outDegrees
res9: org.apache.spark.graphx.VertexRDD[Int] = VertexRDDImpl[23] at RDD at
VertexRDD.scala:57
scala> // 튜플의 첫 번째 엘리먼트는 정점 id이고 두 번째 엘리먼트는 정점에서 뻗어나가는 에지의 개수이다.
scala> userGraph.outDegrees.foreach(println)
      (1,2)
      (2,1)
scala> // 전체 각 정점으로 연결되거나 뻗어나가는 에지의 전체 개수
scala> userGraph.degrees
res12: org.apache.spark.graphx.VertexRDD[Int] = VertexRDDImpl[27] at RDD at
VertexRDD.scala:57
scala> // 튜플의 첫 번째 엘리먼트는 정점 id이고 두 번째 엘리먼트는 정점으로 연결되거나 뻗어나가는 에지의
전체 개수이다.
scala> userGraph.degrees.foreach(println)
      (1,2)
      (2,3)
      (3,1)
scala> // 그래프의 모든 정점
scala> userGraph.vertices
res11: org.apache.spark.graphx.VertexRDD[String] = VertexRDDImpl[11] at RDD
at VertexRDD.scala:57
scala> // 모든 정점의 정점 번호와 속성 튜플
scala> userGraph.vertices.foreach(println)
      (1,Thomas)
      (3,Mathew)
```

```
      (2,Krish)
scala> // 그래프의 모든 에지
scala> userGraph.edges
res15: org.apache.spark.graphx.EdgeRDD[String] = EdgeRDDImpl[13] at RDD at
EdgeRDD.scala:41
scala> // 모든 에지의 속성과 시작 (source)과 목적지 (destination) 정점 번호
scala> userGraph.edges.foreach(println)
      Edge(1,2,Follows)
      Edge(1,2,Son)
      Edge(2,3,Follows)
scala> // 그래프의 트리플렛 (triplet)
scala> userGraph.triplets
res18:
org.apache.spark.rdd.RDD[org.apache.spark.graphx.EdgeTriplet[String,String]
] = MapPartitionsRDD[32] at mapPartitions at GraphImpl.scala:48
scala> userGraph.triplets.foreach(println)
    ((1,Thomas),(2,Krish),Follows)
    ((1,Thomas),(2,Krish),Son)
    ((2,Krish),(3,Mathew),Follows)
```

이 책을 읽는 독자는 RDD를 활용하는 스파크 프로그래밍에 익숙할 것이다. 위 코드는 RDD를 사용해 그래프의 정점과 에지를 만드는 과정을 설명한다. RDD는 다양한 데이터베이스에 저장된 데이터를 사용해 생성할 수 있다. 실제 유스 케이스에서 대부분 데이터는 NoSQL 데이터베이스 같은 외부 소스에서 가져오며 데이터를 사용해 RDD를 생성하는 방법이 있다. RDD를 생성하면 이를 사용해 그래프를 생성할 수 있다.

위 코드는 주어진 그래프의 모든 세부 사항을 얻기 위해 그래프에서 사용할 수 있는 다양한 메서드에 대해서도 설명한다. 여기서 다루는 티저<sup>teaser</sup> 유스 케이스는 크기가 매우 작은 그래프다. 실제 유스 케이스에서 그래프의 정점과 에지 수는 수백만 개에 달한다. 이러한 모든 추상화는 RDD로 구현되기 때문에 뛰어난 확장성을 바탕으로 RDD 고유의 장점인 변경 및 분할, 배포, 병렬 처리를 기본적으로 제공한다. 마지막으로 다음 테이블은 정점 및 에지를 어떻게 표시하는지 보여준다.

정점 테이블:

| VertexId | Vertex property |
|----------|-----------------|
| 1        | Thomas          |
| 2        | Krish           |
| 3        | Mathew          |

에지 테이블:

| Source VertexId | Destination VertexId | Edge property |
|-----------------|----------------------|---------------|
| 1               | 2                    | Follows       |
| 1               | 2                    | Son           |
| 2               | 3                    | Follows       |

트리플릿 테이블:

| Source VertexId | Destinaton VertexId | Source vertex Property | Edge property | Destination vertex property |
|-----------------|---------------------|------------------------|---------------|-----------------------------|
| 1               | 2                   | Thomas                 | Follows       | Krish                       |
| 1               | 2                   | Thomas                 | Son           | Krish                       |
| 2               | 3                   | Krish                  | Follows       | Mathew                      |

 위 테이블들은 설명을 위한 목적으로 그린 것임을 명심하자. 실제 내부 표현은 RDD 표현 규칙을 따른다.

어떤 것이든 RDD로 변환하면 분할 및 배포되도록 바인딩된다. 그러나 그래프에 대한 아무런 제한 없이 자유롭게 분할과 분배를 수행한다면 그래프 처리 성능에 영향을 미칠 수 있다. 이 때문에 스파크 GraphX 라이브러리의 제작자는 사전에 이 문제를 충분히 고려해 그래프 분할 전략을 구현해서 그래프를 RDD로 최적화했다.

## 그래프 분할

그래프 RDD가 어떻게 여러 파티션에 걸쳐서 분할 및 분산되는지 그 방법을 이해하는 것이 중요하다. 이는 그래프의 구성 요소 중 하나인 다양한 RDD의 파티션과 배포를 결정하는 고급 최적화에 유용하다.

일반적으로 주어진 그래프는 3개의 RDD를 가진다. 정점 RDD 및 에지 RDD, 라우팅 RDD를 내부적으로 사용한다. 최적의 성능을 얻으려면 주어진 에지를 생성하는 데 필요한 모든 정점을 에지를 저장한 동일한 파티션에 저장해야 한다. 따라서 주어진 정점이 여러 에지에 연결되어 있고 이러한 에지가 다른 파티션에 있는 경우는 성능 향상을 위해 이 정점을 여러 파티션에 나누어 저장해 둘 수 있다.

주어진 정점을 중복 저장하는 파티션을 추적하기 위해 각 정점을 사용할 수 있는 파티션과 정점의 세부 정보를 포함하는 라우팅 RDD도 유지한다.

그림 5는 위에서 설명한 내용을 설명한다.

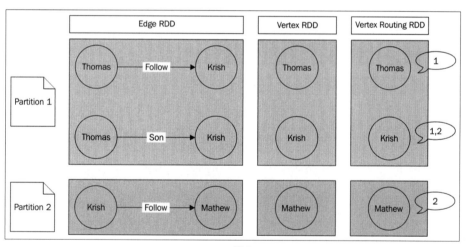

▲ 그림 5

그림 5에서 에지는 분할해서 파티션 1과 2에 저장한다고 가정한다. 또한 정점도 파티션 1과 2에 분할해서 저장한다고 가정한다.

파티션 1에서 에지로 연결된 모든 정점은 지역적으로 접근 가능하다. 하지만 파티션 2에서는 에지로 연결된 정점 중 1개만 지역적으로 접근할 수 있다. 나머지 다른 정점은 파티션 2에 저장하고 따라서 역시 모든 필요한 정점은 지역적으로 접근할 수 있게 된다.

파티션 복제를 추적하기 위해 정점 라우팅 RDD는 주어진 정점이 저장되어 있는 파티션 번호를 관리한다. 그림 5의 정점 라우팅 RDD에서 호출<sup>callout</sup> 기호는 이러한 정점을 복제해서 저장하는 파티션의 번호를 나타낸다. 이러한 방식으로 에지 또는 트리플릿을 처리하는 동안 정점과 관련된 모든 정보를 로컬에서 사용할 수 있으므로 성능이 매우 최적화된다. RDD는 변경 불가능하므로 변경되는 정보와 관련된 문제는 여러 파티션에 중복으로 저장되어 있어도 모두 삭제된다.

## 그래프 처리

그래프의 구성 요소 중 사용자에게 노출되는 것은 정점 RDD와 에지 RDD다. 다른 데이터 구조와 마찬가지로 그래프도 기반 데이터가 변하면 그에 따라 많은 변화를 겪는다. 수많은 유스 케이스를 지원하는 데 필요한 그래프 동작을 생성하기 위해 많은 그래프 처리 알고리즘이 있다. 알고리즘은 원하는 비즈니스 결과를 생산하기 위해 사용하는 그래프 데이터 구조에 숨어 있는 데이터를 활용한다. 그래프 처리 알고리즘을 본격적으로 살펴보기 전에 항공 여행 유스 케이스를 이용해 그래프 처리의 기본을 좀 더 이해하자.

한 사람이 맨체스터에서 방갈로르로 가는 저가 항공권을 찾으려 한다고 가정하자. 여행 선호도 조사에서 이 사람은 경유지 수는 신경 쓰지 않지만, 표 가격은 가장 낮아야 한다고 말했다. 항공권 예약 시스템이 출발과 귀국 티켓 둘 다 같은 수의 경유지를 선택했고 동시에 가장 저렴한 가격의 노선을 아래와 같이 추천했다고 가정하자.

맨체스터 → 런던 → 콜롬보 → 방갈로르
방갈로르 → 콜롬보 → 런던 → 맨체스터

이 경유지 플랜은 완벽한 그래프 예제다. 출발 여정을 하나의 그래프로 보면 돌아오는 여정 또한 다른 그래프로 볼 수 있고 귀국 그래프를 뒤집으면 완벽하게 출발 여행 그래프와 같다. 스칼라 REPL 프롬프트에서 다음 명령문을 실행하자.

```
scala> import org.apache.spark._
import org.apache.spark._
scala> import org.apache.spark.graphx._
import org.apache.spark.graphx._
scala> import org.apache.spark.rdd.RDD
import org.apache.spark.rdd.RDD
scala> // 경유지 정점 생성
scala> val stops: RDD[(Long, String)] = sc.parallelize(Array((1L,
"Manchester"), (2L, "London"),(3L, "Colombo"), (4L, "Bangalore")))
stops: org.apache.spark.rdd.RDD[(Long, String)] = ParallelCollectionRDD[33]
at parallelize at <console>:38
scala> // 여행경로 에지 생성
scala> val legs: RDD[Edge[String]] = sc.parallelize(Array(Edge(1L, 2L,
"air"),    Edge(2L, 3L, "air"),Edge(3L, 4L, "air")))
legs: org.apache.spark.rdd.RDD[org.apache.spark.graphx.Edge[String]] =
ParallelCollectionRDD[34] at parallelize at <console>:38
scala> // 도착지로 향하는 여정 그래프 생성
scala> val onwardJourney = Graph(stops, legs)onwardJourney:
org.apache.spark.graphx.Graph[String,String] =
org.apache.spark.graphx.impl.GraphImpl@190ec769scala>
onwardJourney.triplets.map(triplet => (triplet.srcId, (triplet.srcAttr,
triplet.dstAttr))).sortByKey().collect().foreach(println)
(1,(Manchester,London))
(2,(London,Colombo))
(3,(Colombo,Bangalore))
scala> val returnJourney = onwardJourney.reversereturnJourney:
org.apache.spark.graphx.Graph[String,String] =
org.apache.spark.graphx.impl.GraphImpl@60035f1e
scala> returnJourney.triplets.map(triplet => (triplet.srcId,
(triplet.srcAttr,triplet.dstAttr))).sortByKey(ascending=false).collect().fo
reach(println)
(4,(Bangalore,Colombo))
(3,(Colombo,London))
(2,(London,Manchester))
```

출발 여행 경로의 출발지와 도착지가 돌아오는 여행 경로에서는 도착지와 목적지가 된다. 그래프가 반대로 되면 에지의 소스 및 목적지 정점만 반대로 뒤집어지고 정점의 ID는 변하지 않고 똑같다.

즉, 각 정점의 식별자는 똑같이 유지된다. 그래프를 처리하는 동안 트리플릿 속성의 이름을 아는 것이 중요하다. 프로그램을 작성하고 그래프를 처리하는 데 유용하기 때문이다. 같은 스칼라 REPL 세션을 계속 유지하면서 다음 명령문을 실행하자.

```scala
scala> returnJourney.triplets.map(triplet =>
(triplet.srcId,triplet.dstId,triplet.attr,triplet.srcAttr,triplet.dstAttr))
.foreach(println)
(2,1,air,London,Manchester)
(3,2,air,Colombo,London)
(4,3,air,Bangalore,Colombo)
```

아래 테이블은 트리플릿 1개의 속성 리스트를 보여준다. 이 트리플릿은 그래프를 처리하고 그래프에서 필요한 데이터를 추출하는 데 사용한다. 위 코드와 아래 테이블을 번갈아 보는 게 이해를 완벽히 하는 데 도움이 될 것이다.

| 트리플릿 속성 | 설명 |
| --- | --- |
| srcld | 소스 정점 식별자 |
| dstld | 목적지 정점 식별자 |
| Attr | 에지 속성 |
| srcAttr | 소스 정점 속성 |
| dstAttr | 목적지 정점 속성 |

그래프에서 정점은 RDD고 엣지도 역시 RDD다. 따라서 당연히 서로 변환도 가능하다.

이제 그래프 변환을 설명하기 위해 같은 유스 케이스를 활용하자. 대신 약간의 변경이 있다. 여행사가 선택한 노선의 항공사와 계약해서 특별 할인 가격을 받는다고 가정하자. 여행사는 할인 가격을 항공사로부터 받아 고객에게는 시장 가격을 제공하기로 하고, 항공사의 가격에 10%를 추가한다. 여행사는 어느 날 공항 이름이 잘못 표기되어 있는걸 발견하고 웹사이트에 표시된 것과 똑같도록 이를 다시 변경하려고 한다. 그리고 모든 경유지 이름을 대문자로 바꾸려고 한다. 같은 Scala REPL 세션을 계속 유지하면서 다음 명령문을 실행해 보자.

```
scala> // 정점 생성
scala> val stops: RDD[(Long, String)] = sc.parallelize(Array((1L,
"Manchester"), (2L, "London"),(3L, "Colombo"), (4L, "Bangalore")))
stops: org.apache.spark.rdd.RDD[(Long, String)] = ParallelCollectionRDD[66]
at parallelize at <console>:38
scala> // 에지 생성
scala> val legs: RDD[Edge[Long]] = sc.parallelize(Array(Edge(1L, 2L, 50L),
Edge(2L, 3L, 100L),Edge(3L, 4L, 80L)))
legs: org.apache.spark.rdd.RDD[org.apache.spark.graphx.Edge[Long]] =
ParallelCollectionRDD[67] at parallelize at <console>:38
scala> // 생성한 정점과 에지로 구성된 그래프 생성
scala> val journey = Graph(stops, legs)
journey: org.apache.spark.graphx.Graph[String,Long] =
org.apache.spark.graphx.impl.GraphImpl@8746ad5
scala> // 경유지 이름을 대문자로 변경
scala> val newStops = journey.vertices.map {case (id, name) => (id,
name.toUpperCase)}
newStops: org.apache.spark.rdd.RDD[(org.apache.spark.graphx.VertexId,
String)] = MapPartitionsRDD[80] at map at <console>:44
scala> // 선택한 여정에서 에지를 추출하고 원래 가격의 10% price to the를 더한다.
original price
scala> val newLegs = journey.edges.map { case Edge(src, dst, prop) =>
Edge(src, dst, (prop + (0.1*prop))) }
newLegs: org.apache.spark.rdd.RDD[org.apache.spark.graphx.Edge[Double]] =
MapPartitionsRDD[81] at map at <console>:44
scala> // 처음 생성한 정점과 새로 생성한 에지록 구성된 새 그래프를 생성
scala> val newJourney = Graph(newStops, newLegs)
newJourney: org.apache.spark.graphx.Graph[String,Double] =
org.apache.spark.graphx.impl.GraphImpl@3c929623
scala> // 처음 생성한 그래프 내용 출력
```

```
scala> journey.triplets.foreach(println)
((1,Manchester),(2,London),50)
((3,Colombo),(4,Bangalore),80)
((2,London),(3,Colombo),100)
scala> // 변환한 그래프 내용 출력
scala> newJourney.triplets.foreach(println)
((2,LONDON),(3,COLOMBO),110.0)
((3,COLOMBO),(4,BANGALORE),88.0)
((1,MANCHESTER),(2,LONDON),55.0)
```

본질적으로 위 변환은 진정한 RDD 변환이다. 이렇게 서로 다른 RDD를 함께 결합해 그래프를 형성하는 방법에 대한 개념적 이해가 있다면 RDD 프로그래밍 능력을 갖춘 프로그래머라면 누구나 그래프 처리를 잘 수행할 수 있다. 이것은 스파크의 유니폼 프로그래밍 모델의 단점을 보여주는 훌륭한 예다.

앞의 유스 케이스에서 정점 및 에지 RDD에서 맵 변환을 수행했다. 마찬가지로 필터 변환은 일반적으로 사용하는 유용한 타입이다. 이 외에도 모든 변환 및 동작을 사용하여 정점 및 에지 RDD를 처리할 수 있다.

## 그래프 구조 처리

위에서 필요한 정점 또는 에지를 개별적으로 처리하는 특정 타입의 그래프 처리를 수행했다. 이 접근법의 한 가지 단점은 아래처럼 처리가 각기 다른 세 단계로 진행된다는 점이다.

- 그래프에서 정점 또는 에지 추출
- 정점 또는 에지 처리
- 처리한 정점과 에지를 사용해 새 그래프를 다시 생성

이 과정은 지루하기도 하지만 사용자 프로그래밍 오류가 발생하기 쉽다. 이 문제를 피하고자 스파크 GraphX 라이브러리에서 사용할 수 있는 몇 가지 구조 연산structural operation

이 있다. 이 연산을 사용하면 그래프를 개별 단위로 처리해 새 그래프를 생성할 수 있다.

중요한 구조 연산 중 1개는 이미 위에서 논의했다. 모든 에지의 방향을 반대로 하는 새 그래프를 생성하는 그래프의 역전$^{reverse}$이다. 자주 사용하는 또 다른 구조 연산은 주어진 그래프에서 하위 그래프를 추출하는 것이다. 하위 그래프는 상위 그래프에서 수행하는 작업에 따라 전체 부모 그래프 자체 또는 상위 그래프의 하위 집합이 될 수 있다.

외부 소스의 데이터로 그래프를 만들 때 에지가 유효하지 않은 정점을 가지고 있을 수도 있다. 정점과 에지가 서로 다른 두 가지 소스 또는 다른 애플리케이션에서 가져온 데이터로 작성하는 경우 특히 그럴 가능성이 높다. 이러한 정점과 에지를 사용하면 그래프를 생성된 후 일부 에지에 유효하지 않은 정점이 연결되고 이로 인해 예기치 못한 결과가 발생할 수 있다. 다음은 유효하지 않은 정점을 포함하는 에지와 구조 연산자를 사용해 가지치기를 통해 유효하지 않은 부분을 제거하는 유스 케이스다. 스칼라 REPL 프롬프트에서 다음 명령문을 실행하자.

```scala
scala> import org.apache.spark._
  import org.apache.spark._
scala> import org.apache.spark.graphx._
  import org.apache.spark.graphx._
scala> import org.apache.spark.rdd.RDD
  import org.apache.spark.rdd.RDD
scala> // Long 타입과 String 타입 변수를 속성으로 가지는 튜플을 포함하는 유저 RDD 생성
scala> val users: RDD[(Long, String)] = sc.parallelize(Array((1L,
"Thomas"), (2L, "Krish"),(3L, "Mathew")))
users: org.apache.spark.rdd.RDD[(Long, String)] =
ParallelCollectionRDD[104] at parallelize at <console>:45
scala> // String 타입 변수를 속성으로 가지는 에지 타입 RDD 생성
scala> val userRelationships: RDD[Edge[String]] =
sc.parallelize(Array(Edge(1L, 2L, "Follows"), Edge(1L, 2L, "Son"),Edge(2L,
3L, "Follows"), Edge(1L, 4L, "Follows"), Edge(3L, 4L, "Follows")))
userRelationships:
org.apache.spark.rdd.RDD[org.apache.spark.graphx.Edge[String]] =
ParallelCollectionRDD[105] at parallelize at <console>:45
scala> // 혹시 에지의 정점 id가 유효하지 않을 경우에 사용할 정점 속성 객체 생성
```

```
scala> val missingUser = "Missing"
missingUser: String = Missing
scala> // 정점과 에지 RDD로 구성된 그래프 생성
scala> val userGraph = Graph(users, userRelationships, missingUser)
userGraph: org.apache.spark.graphx.Graph[String,String] =
org.apache.spark.graphx.impl.GraphImpl@43baf0b9
scala> // 그래프 트리플릿을 탐색해서 유효하지않은 정점 id를 가진 트리플렛에 "Missing" 값을 저장
scala> userGraph.triplets.foreach(println)
      ((3,Mathew),(4,Missing),Follows)
      ((1,Thomas),(2,Krish),Son)
      ((2,Krish),(3,Mathew),Follows)
      ((1,Thomas),(2,Krish),Follows)
      ((1,Thomas),(4,Missing),Follows)
scala> // 유효하지 않은 정점을 가진 에지도 마찬가지로 유효하지 않으므로 제거하고 새로운 그래프를 그린다.
모든 정점 필터링 조건(condition)은 정점과 관련된 명령(predicate)으로도 활용할 수 있다. 마찬가지로 아래
코드에서 vpred를 에지 명령 epred으로 바꿔서 똑같은 코드를 에지 필터링에 활용할 수 있다.
scala> val fixedUserGraph = userGraph.subgraph(vpred = (vertexId,
attribute) => attribute != "Missing")
fixedUserGraph: org.apache.spark.graphx.Graph[String,String] =
org.apache.spark.graphx.impl.GraphImpl@233b5c71
scala> fixedUserGraph.triplets.foreach(println)
      ((2,Krish),(3,Mathew),Follows)
      ((1,Thomas),(2,Krish),Follows)
      ((1,Thomas),(2,Krish),Son)
```

크기가 큰 그래프는 유스 케이스에 따라 병렬 에지를 많이 가지고 있을 수 있다. 상황에 따라 병렬 에지를 많이 유지하는 대신 병렬 에지의 데이터를 결합해 하나의 에지만 유지하는 것이 가능하다. 이전 유스 케이스에서는 모든 에지가 유효한 하나의 최종 그래프가 평행한 에지를 가지고 있는데, 둘 다 똑같은 소스와 대상 정점을 가지고 있고 하나는 팔로우Follows 속성을, 다른 하나는 아들Son 속성을 가지고 있다.

이러한 평행한 에지들을 모두 하나의 단일 에지와 결합하고 병렬 에지에서 속성을 가져와 단일 에지에 저장하면 정보 손실 없이 에지 수를 크게 줄일 수 있다. 그래프의 groupEdges 구조 조작으로 이와 같은 일을 수행한다. 같은 스칼라 REPL 세션을 계속 유지하면서 다음 명령문을 실행해 보자.

```
scala> // Import the partition strategy classes
scala> import org.apache.spark.graphx.PartitionStrategy._
import org.apache.spark.graphx.PartitionStrategy._
scala> // 유저 그래프 분할. 에지를 그룹으로 묶기 위해 필요하다.
scala> val partitionedUserGraph =
fixedUserGraph.partitionBy(CanonicalRandomVertexCut)
partitionedUserGraph: org.apache.spark.graphx.Graph[String,String] =
org.apache.spark.graphx.impl.GraphImpl@5749147e
scala> // 평행인 에지를 제외하고 중복 에지의 속성을 결합한 후 그래프 생성
properties of duplicate edges
scala> val graphWithoutParallelEdges = partitionedUserGraph.groupEdges((e1,
e2) => e1 + " and " + e2)
graphWithoutParallelEdges: org.apache.spark.graphx.Graph[String,String] =
org.apache.spark.graphx.impl.GraphImpl@16a4961f
scala> // 세부사항 출력
scala> graphWithoutParallelEdges.triplets.foreach(println)
((1,Thomas),(2,Krish),Follows and Son)
((2,Krish),(3,Mathew),Follows)
```

그래프에 구조 변화를 미리 적용해 에지를 그룹화해서 에지 수를 줄였다. 에지 속성이 숫자고 집계해 통합하는 것이 합리적이라면 병렬 에지를 제거해 에지 수를 줄여 그래프 처리 시간을 크게 단축할 수 있다.

 위 코드에서 주목해야 할 한 가지 중요한 점은 에지에 group-by 조작을 적용하기 전에 그래프를 미리 분할했다는 점이다.

기본적으로 주어진 그래프의 에지와 구성 정점을 같은 파티션에 배치할 필요는 없다. group-by 조작을 적용하려면 모든 병렬 에지가 동일한 파티션에 있어야 한다. CanonicalRandomVertexCut 파티션 전략은 방향과 관계없이 두 정점 사이의 모든 에지에 대해 콜로케이션collocation을 가지도록 한다.

스파크 GraphX 라이브러리는 몇 가지 구조 연산자를 가지고 있으며, 스파크 문서를 참고하면 연산자들에 대한 좋은 통찰을 얻을 수 있다. 유스 케이스에 따라 연산자를 활용할 수 있다.

## ▌ 테니스 토너먼트 분석

그래프 처리의 기초를 파악했으므로 이제 실제로 그래프를 사용하는 유스 케이스를 분석할 차례다. 테니스 토너먼트의 결과를 그래프를 사용해 모델링할 것이다. Barclays ATP World Tour 2015 싱글 경기 결과를 그래프를 사용해 모델링한다. 정점은 선수 세부 정보를 저장하며 에지는 경기한 경기 결과를 저장한다. 한 에지의 소스 정점은 경기에서 이긴 선수고 대상 정점은 경기에서 진 선수다. 에지의 속성은 경기의 타입 및 승자가 경기에서 얻은 점수, 참여한 선수 수를 포함한다. 여기에 사용된 점수 시스템은 실제 데이터가 아니며 특정 경기에서 승자가 얻은 실제 점수의 비중을 의미한다. 초기 그룹 경기가 가장 적은 비중을 차지하고 준결승 경기가 좀 더 많은 비중을 차지한다. 그리고 마지막 결승전이 당연히 가장 많은 비중을 차지한다. 이런 식으로 결과를 모델링해 그래프를 처리하고 다음 세부 정보를 얻는다.

- 모든 경기의 세부 정보 리스트
- 선수 이름 및 경기 타입, 결과가 포함된 모든 경기 리스트
- 경기 점수를 포함한 모든 그룹 1 승자 리스트
- 경기 점수를 포함한 모든 그룹 2 승자 리스트
- 경기 점수를 포함한 모든 준결승 승자 리스트
- 경기 점수를 포함한 최종 승자 리스트
- 전체 토너먼트에서 획득한 점수를 포함한 선수 리스트
- 가장 높은 점수를 기록한 경기의 승자 리스트

- 그룹으로 이루어지는 경기에서 비길 경우 라운드 로빈 방식의 대전 때문에 같은 선수들이 한 번 이상 만날 가능성이 있다. 토너먼트에서 한 번 이상 서로 만난 적이 있는 선수들을 찾아 보자.
- 최소한 한 번 이상 경기에서 이긴 선수 리스트
- 최소한 한 번 이상 경기에서 진 선수 리스트
- 최소한 한 번 이상 경기에 이기고 한 번 이상 경기에 진 선수 리스트
- 전혀 이긴 적 없는 선수 리스트
- 전혀 패배한 적 없는 선수 리스트

테니스 룰을 논의할 필요도 없고 몰라도 이 유스 케이스를 이해하는 데에 전혀 무리가 없으므로 테니스와 친숙하지 않은 독자도 걱정할 필요 없다. 좀 더 쉽게 이해할 수 있도록 두 사람이 진행한 경기 중에 한 사람은 이기고 다른 사람은 진 경기만 인정하도록 한다. 스칼라 REPL 프롬프트에서 아래 명령문을 실행하자.

```
scala> import org.apache.spark._
  import org.apache.spark._
scala> import org.apache.spark.graphx._
  import org.apache.spark.graphx._
scala> import org.apache.spark.rdd.RDD
  import org.apache.spark.rdd.RDD
scala> // 플레이어 정보를 저장하는 정점의 모든 속성을 가지는 속성 클래스 정의
scala> case class Player(name: String, country: String)
     defined class Player
scala> // 플레이어 정점 생성
scala> val players: RDD[(Long, Player)] = sc.parallelize(Array((1L,
Player("Novak Djokovic", "SRB")), (3L, Player("Roger Federer", "SUI")),(5L,
Player("Tomas Berdych", "CZE")), (7L, Player("Kei Nishikori", "JPN")),
(11L, Player("Andy Murray", "GBR")),(15L, Player("Stan Wawrinka",
"SUI")),(17L, Player("Rafael Nadal", "ESP")),(19L, Player("David Ferrer",
"ESP"))))
players: org.apache.spark.rdd.RDD[(Long, Player)] =
ParallelCollectionRDD[145] at parallelize at <console>:57
```

```
scala> // 경기 정보를 저장하는 정점의 모든 속성을 가지는 속성 클래스 정의
scala> case class Match(matchType: String, points: Int, head2HeadCount:
Int)
      defined class Match
scala> // 경기 에지 생성
scala> val matches: RDD[Edge[Match]] = sc.parallelize(Array(Edge(1L, 5L,
Match("G1", 1,1)), Edge(1L, 7L, Match("G1", 1,1)), Edge(3L, 1L, Match("G1",
1,1)), Edge(3L, 5L, Match("G1", 1,1)), Edge(3L, 7L, Match("G1", 1,1)),
Edge(7L, 5L, Match("G1", 1,1)), Edge(11L, 19L, Match("G2", 1,1)), Edge(15L,
11L, Match("G2", 1, 1)), Edge(15L, 19L, Match("G2", 1, 1)), Edge(17L, 11L,
Match("G2", 1, 1)), Edge(17L, 15L, Match("G2", 1, 1)), Edge(17L, 19L,
Match("G2", 1, 1)), Edge(3L, 15L, Match("S", 5, 1)), Edge(1L, 17L,
Match("S", 5, 1)), Edge(1L, 3L, Match("F", 11, 1))))
matches: org.apache.spark.rdd.RDD[org.apache.spark.graphx.Edge[Match]] =
ParallelCollectionRDD[146] at parallelize at <console>:57
scala> // 정점과 에지로 그래프 생성
scala> val playGraph = Graph(players, matches)
playGraph: org.apache.spark.graphx.Graph[Player,Match] =
org.apache.spark.graphx.impl.GraphImpl@30d4d6fb
```

테니스 토너먼트 결과를 포함한 그래프가 생성되었고, 지금부터 이 베이스 그래프 처리
와 필요한 정보를 추출해서 유스 케이스의 필요조건을 만족시키는 내용을 아래 명령어로
진행할 것이다.

```
scala> // 경기 세부 정보 출력
scala> playGraph.triplets.foreach(println)
((15,Player(Stan Wawrinka,SUI)),(11,Player(Andy Murray,GBR)),Match(G2,1,1))
((15,Player(Stan Wawrinka,SUI)),(19,Player(David
Ferrer,ESP)),Match(G2,1,1))
((7,Player(Kei Nishikori,JPN)),(5,Player(Tomas Berdych,CZE)),Match(G1,1,1))
((1,Player(Novak Djokovic,SRB)),(7,Player(Kei
Nishikori,JPN)),Match(G1,1,1))
((3,Player(Roger Federer,SUI)),(1,Player(Novak
Djokovic,SRB)),Match(G1,1,1))
((1,Player(Novak Djokovic,SRB)),(3,Player(Roger
Federer,SUI)),Match(F,11,1))
```

```
((1,Player(Novak Djokovic,SRB)),(17,Player(Rafael Nadal,ESP)),Match(S,5,1))
((3,Player(Roger Federer,SUI)),(5,Player(Tomas Berdych,CZE)),Match(G1,1,1))
((17,Player(Rafael Nadal,ESP)),(11,Player(Andy Murray,GBR)),Match(G2,1,1))
((3,Player(Roger Federer,SUI)),(7,Player(Kei Nishikori,JPN)),Match(G1,1,1))
((1,Player(Novak Djokovic,SRB)),(5,Player(Tomas
Berdych,CZE)),Match(G1,1,1))
((17,Player(Rafael Nadal,ESP)),(15,Player(Stan
Wawrinka,SUI)),Match(G2,1,1))
((11,Player(Andy Murray,GBR)),(19,Player(David Ferrer,ESP)),Match(G2,1,1))
((3,Player(Roger Federer,SUI)),(15,Player(Stan Wawrinka,SUI)),Match(S,5,1))
((17,Player(Rafael Nadal,ESP)),(19,Player(David Ferrer,ESP)),Match(G2,1,1))
scala> // 선수 이름과 매치 타입 그리고 결과를 경기 정보와 함께 출력
scala> playGraph.triplets.map(triplet => triplet.srcAttr.name + " won over
" + triplet.dstAttr.name + " in  " + triplet.attr.matchType + "
match").foreach(println)
        Roger Federer won over Tomas Berdych in  G1 match
        Roger Federer won over Kei Nishikori in  G1 match
        Novak Djokovic won over Roger Federer in  F match
        Novak Djokovic won over Rafael Nadal in  S match
        Roger Federer won over Stan Wawrinka in  S match
        Rafael Nadal won over David Ferrer in  G2 match
        Kei Nishikori won over Tomas Berdych in  G1 match
        Andy Murray won over David Ferrer in  G2 match
        Stan Wawrinka won over Andy Murray in  G2 match
        Stan Wawrinka won over David Ferrer in  G2 match
        Novak Djokovic won over Kei Nishikori in  G1 match
        Roger Federer won over Novak Djokovic in  G1 match
        Rafael Nadal won over Andy Murray in  G2 match
        Rafael Nadal won over Stan Wawrinka in  G2 match
        Novak Djokovic won over Tomas Berdych in  G1 match
```

그래프에서 누가 경기를 했는지 그리고 누가 이겼는지, 경기 타입은 무엇인지 등 한 개의 객체에서 주어진 테니스 경기의 모든 필수 데이터 요소를 추출하기 위해 트리플릿의 활용법을 알아두는 것이 좋다. 아래 구현과 같이 분석 유스 케이스는 토너먼트의 테니스 경기 기록을 필터링하는 것도 포함한다. 여기서는 단순한 필터링 로직만 사용하지

만, 실제 유스 케이스는 복잡한 로직을 함수로 구현할 수 있으며 인수를 필터 변환에 전달할 수 있다.

---

```scala
scala> // 그룹 1 승자와 속한 그룹의 전체 점수
scala> playGraph.triplets.filter(triplet => triplet.attr.matchType ==
"G1").map(triplet => (triplet.srcAttr.name,
triplet.attr.points)).foreach(println)
    (Kei Nishikori,1)
    (Roger Federer,1)
    (Roger Federer,1)
    (Novak Djokovic,1)
    (Novak Djokovic,1)
    (Roger Federer,1)
scala> // 선수들이 속한 그룹
scala> playGraph.triplets.filter(triplet => triplet.attr.matchType ==
"G1").map(triplet => (triplet.srcAttr.name,
triplet.attr.points)).reduceByKey(_+_).foreach(println)
    (Roger Federer,3)
    (Novak Djokovic,2)
    (Kei Nishikori,1)
scala> // 그룹 2 승자와 속한 그룹의 전체 점수
scala> playGraph.triplets.filter(triplet => triplet.attr.matchType ==
"G2").map(triplet => (triplet.srcAttr.name,
triplet.attr.points)).foreach(println)
    (Rafael Nadal,1)
    (Rafael Nadal,1)
    (Andy Murray,1)
    (Stan Wawrinka,1)
    (Stan Wawrinka,1)
    (Rafael Nadal,1)
```

---

분석 유스 케이스의 아래 구현은 키로 그룹화하고 최종 요약 계산을 수행하는 것도 포함한다. 다음 유스 케이스 구현에서 볼 수 있듯이 테니스 경기 기록 점수의 합계를 찾는 것만 하는 것이 아니다. 오히려 사용자 정의 함수를 사용해 계산을 수행하는 방법도 있다.

```
scala> // 선수들이 속한 그룹
scala> playGraph.triplets.filter(triplet => triplet.attr.matchType ==
"G2").map(triplet => (triplet.srcAttr.name,
triplet.attr.points)).reduceByKey(_+_).foreach(println)
    (Stan Wawrinka,2)
    (Andy Murray,1)
    (Rafael Nadal,3)
scala> // 준결승 승자와 속한 그룹의 전체 점수
scala> playGraph.triplets.filter(triplet => triplet.attr.matchType ==
"S").map(triplet => (triplet.srcAttr.name,
triplet.attr.points)).foreach(println)
    (Novak Djokovic,5)
    (Roger Federer,5)
scala> // 선수들이 속한 전체 그룹
scala> playGraph.triplets.filter(triplet => triplet.attr.matchType ==
"S").map(triplet => (triplet.srcAttr.name,
triplet.attr.points)).reduceByKey(_+_).foreach(println)
    (Novak Djokovic,5)
    (Roger Federer,5)
scala> // 최종 승자와 속한 그룹의 전체 점수
scala> playGraph.triplets.filter(triplet => triplet.attr.matchType ==
"F").map(triplet => (triplet.srcAttr.name,
triplet.attr.points)).foreach(println)
    (Novak Djokovic,11)
scala> // 토너먼트 전체 점수
scala> playGraph.triplets.map(triplet => (triplet.srcAttr.name,
triplet.attr.points)).reduceByKey(_+_).foreach(println)
    (Stan Wawrinka,2)
    (Rafael Nadal,3)
    (Kei Nishikori,1)
    (Andy Murray,1)
    (Roger Federer,8)
    (Novak Djokovic,18)
scala> // 토너먼트 승자 탐색
scala> playGraph.triplets.map(triplet => (triplet.srcAttr.name,
triplet.attr.points)).reduceByKey(_+_).map{ case (k,v) =>
(v,k)}.sortByKey(ascending=false).take(1).map{ case (k,v) =>
```

```
(v,k)}.foreach(println)
        (Novak Djokovic,18)
scala> // 주어진 선수들에 대해 얼마나 많은 1:1 경기를 가졌는지 내림차순 순서로 정렬한  head2head 카운
트 출력
scala> playGraph.triplets.map(triplet => (Set(triplet.srcAttr.name ,
triplet.dstAttr.name) ,
triplet.attr.head2HeadCount)).reduceByKey(_+_).map{case (k,v) =>
(k.mkString(" and "), v)}.map{ case (k,v) => (v,k)}.sortByKey().map{ case
(k,v) => v + " played " + k + " time(s)"}.foreach(println)
        Roger Federer and Novak Djokovic played 2 time(s)
        Roger Federer and Tomas Berdych played 1 time(s)
        Kei Nishikori and Tomas Berdych played 1 time(s)
        Novak Djokovic and Tomas Berdych played 1 time(s)
        Rafael Nadal and Andy Murray played 1 time(s)
        Rafael Nadal and Stan Wawrinka played 1 time(s)
        Andy Murray and David Ferrer played 1 time(s)
        Rafael Nadal and David Ferrer played 1 time(s)
        Stan Wawrinka and David Ferrer played 1 time(s)
        Stan Wawrinka and Andy Murray played 1 time(s)
        Roger Federer and Stan Wawrinka played 1 time(s)
        Roger Federer and Kei Nishikori played 1 time(s)
        Novak Djokovic and Kei Nishikori played 1 time(s)
        Novak Djokovic and Rafael Nadal played 1 time(s)
```

아래 분석 유스 케이스의 구현은 쿼리에서 유일한 기록을 찾는 것도 포함한다. 스파크 distinct 변환이 이 작업을 담당한다.

```
scala> // 최소한 한 경기 이상 이긴 선수들 목록
scala> val winners = playGraph.triplets.map(triplet =>
triplet.srcAttr.name).distinct
winners: org.apache.spark.rdd.RDD[String] = MapPartitionsRDD[201] at
distinct at <console>:65
scala> winners.foreach(println)
        Kei Nishikori
        Stan Wawrinka
```

```
        Andy Murray
        Roger Federer
        Rafael Nadal
        Novak Djokovic
scala> // 최소한 한 경기 이상 진 선수들 목록
scala> val loosers = playGraph.triplets.map(triplet =>
triplet.dstAttr.name).distinct
loosers: org.apache.spark.rdd.RDD[String] = MapPartitionsRDD[205] at
distinct at <console>:65
scala> loosers.foreach(println)
        Novak Djokovic
        Kei Nishikori
        David Ferrer
        Stan Wawrinka
        Andy Murray
        Roger Federer
        Rafael Nadal
        Tomas Berdych
scala> // 최소한 한경기 이상씩 이기고 진 선수들 목록
scala> val wonAndLost = winners.intersection(loosers)
wonAndLost: org.apache.spark.rdd.RDD[String] = MapPartitionsRDD[211] at
intersection at <console>:69
scala> wonAndLost.foreach(println)
        Novak Djokovic
        Rafael Nadal
        Andy Murray
        Roger Federer
        Kei Nishikori
        Stan Wawrinka
scala> // 한번도 이긴 적 없는 선수들 목록
scala> val lostAndNoWins = loosers.collect().toSet --
wonAndLost.collect().toSet
lostAndNoWins: scala.collection.immutable.Set[String] = Set(David Ferrer,
Tomas Berdych)
scala> lostAndNoWins.foreach(println)
        David Ferrer
        Tomas Berdych
```

```
scala> // 한번도 진 적 없는 선수들 목록
scala> val wonAndNoLosses = winners.collect().toSet --
loosers.collect().toSet
    wonAndNoLosses: scala.collection.immutable.Set[String] = Set()
scala> // 변수 wonAndNoLosses이 아무런 결과를 리턴하지 않는다는것은 한번도 진 선수가 없다는 뜻이다.
scala> wonAndNoLosses.foreach(println)
```

이 유스 케이스는 RDD 프로그래밍 테크닉이 필요하지만 어쨌든 이전 장에서 이미 다루었기 때문에 이를 이용해서 단순한 RDD 기반의 구조로 변경해서 비교적 쉽게 결과를 만들 수 있었다.

매우 간결한 스파크의 유니폼 프로그래밍 모델과 스파크 GraphX 라이브러리의 결합은 개발자가 단순한 코드만 가지고도 실제 유스 케이스를 충분히 보완할 수 있도록 돕는다. 또한, 일단 관련 데이터로 적절한 그래프 구조를 구축하면 수많은 그래프 동작을 이용해서 데이터에서 숨어있는 사실들을 캐낼 수 있다는 것도 보여줬다.

## ▌ 페이지랭크 알고리즘 적용

세르게이 브린<sup>Sergey Brin</sup>과 로렌스 페이지<sup>Lawrence Page</sup>가 저술한 The Anatomy of a Large-Scale Hypertextual Web Search Engine 연구 논문은 웹 검색에 혁명을 일으켰으며 구글은 이 페이지랭크 개념에 대한 검색 엔진을 기반으로 웹 검색 엔진 시장을 지배하게 되었다.

구글을 사용해 웹을 검색할 때 알고리즘을 기반으로 순위가 높은 페이지가 우선 표시된다. 그래프 관점에서 볼 때 같은 페이지랭크 알고리즘을 그래프에 적용해서 웹 페이지 대신에 그래프의 각 정점을 이용해 정점마다 랭킹을 정하면, 많은 새로운 추론을 시도해 볼 수 있다. 외부에서 보면 페이지랭크 알고리즘은 오직 웹 검색에만 특화된 것처럼 보일 수 있다. 하지만 사실 이 알고리즘은 다른 수많은 분야에 적용할 수 있는 엄청난 잠재력이 있다.

그래프에서 페이지랭크 알고리즘에 따라 V1에서 V2까지 두 개의 정점을 연결하는 에지 E가 있을 경우 V1보다 V2가 더 중요하다. 한 거대한 그래프의 정점과 에지가 주어지면 각 정점의 페이지랭크를 계산할 수 있다.

이전 장에서 다룬 테니스 토너먼트 분석 유스 케이스에 페이지랭크 알고리즘을 쉽게 적용할 수 있다. 예제에서 사용하는 그래프 표현에서 각 경기는 에지로 표시한다. 소스 정점은 승자의 세부 정보를 저장하고 대상 정점은 패자의 세부 정보를 가지고 있다. 테니스 경기에서 경기의 승패가 어떤 가상의 중요도를 나타낸다고 가정하면 주어진 경기에서 우승자는 패자보다 더 높은 중요성 순위를 갖는다고 가정할 수 있다.

앞 유스 케이스의 그래프를 페이지랭크 알고리즘을 사용하기 위해 사용하는 경우, 각 경기의 승자가 모든 에지의 대상 정점이 되도록 그 그래프를 거꾸로 뒤집어야 한다. 스칼라 REPL 프롬프트에서 다음 명령문을 실행하자.

```scala
scala> import org.apache.spark._
  import org.apache.spark._
scala> import org.apache.spark.graphx._
  import org.apache.spark.graphx._
scala> import org.apache.spark.rdd.RDD
  import org.apache.spark.rdd.RDD
scala> // 선수 정보를 저장하는 정점의 모든 속성을 저장할 속성 클래스를 정의
scala> case class Player(name: String, country: String)
      defined class Player
scala> // 선수 정보의 정점 생성
scala> val players: RDD[(Long, Player)] = sc.parallelize(Array((1L,
Player("Novak Djokovic", "SRB")), (3L, Player("Roger Federer", "SUI")),(5L,
Player("Tomas Berdych", "CZE")), (7L, Player("Kei Nishikori", "JPN")),
(11L, Player("Andy Murray", "GBR")),(15L, Player("Stan Wawrinka",
"SUI")),(17L, Player("Rafael Nadal", "ESP")),(19L, Player("David Ferrer",
"ESP"))))
players: org.apache.spark.rdd.RDD[(Long, Player)] =
ParallelCollectionRDD[212] at parallelize at <console>:64
scala> // 경기 정보를 저장하는 에지의 모든 속성을 저장할 속성 클래스를 정의
```

```
scala> case class Match(matchType: String, points: Int, head2HeadCount:
Int)
      defined class Match
scala> // 경기 정보 에지 생성
scala> val matches: RDD[Edge[Match]] = sc.parallelize(Array(Edge(1L, 5L,
Match("G1", 1,1)), Edge(1L, 7L, Match("G1", 1,1)), Edge(3L, 1L, Match("G1",
1,1)), Edge(3L, 5L, Match("G1", 1,1)), Edge(3L, 7L, Match("G1", 1,1)),
Edge(7L, 5L, Match("G1", 1,1)), Edge(11L, 19L, Match("G2", 1,1)), Edge(15L,
11L, Match("G2", 1, 1)), Edge(15L, 19L, Match("G2", 1, 1)), Edge(17L, 11L,
Match("G2", 1, 1)), Edge(17L, 15L, Match("G2", 1, 1)), Edge(17L, 19L,
Match("G2", 1, 1)), Edge(3L, 15L, Match("S", 5, 1)), Edge(1L, 17L,
Match("S", 5, 1)), Edge(1L, 3L, Match("F", 11, 1))))
matches: org.apache.spark.rdd.RDD[org.apache.spark.graphx.Edge[Match]] =
ParallelCollectionRDD[213] at parallelize at <console>:64
scala> // 정점과 에지로 그래프 생성
scala> val playGraph = Graph(players, matches)
playGraph: org.apache.spark.graphx.Graph[Player,Match] =
org.apache.spark.graphx.impl.GraphImpl@263cd0e2
scala> // 목적지 정점에 승자 정보를 저장하도록 그래프를 reverse해서 저장
scala> val rankGraph = playGraph.reverse
rankGraph: org.apache.spark.graphx.Graph[Player,Match] =
org.apache.spark.graphx.impl.GraphImpl@7bb131fb
scala> // 각 정점의 랭크를 계산하기 위해 페이지랭크 알고리즘 실행
scala> val rankedVertices = rankGraph.pageRank(0.0001).vertices
rankedVertices: org.apache.spark.graphx.VertexRDD[Double] =
VertexRDDImpl[1184] at RDD at VertexRDD.scala:57
scala> // 랭크로 정렬해서 정점 추출
scala> val rankedPlayers = rankedVertices.join(players).map{case
(id,(importanceRank,Player(name,country))) => (importanceRank,
name)}.sortByKey(ascending=false)
rankedPlayers: org.apache.spark.rdd.RDD[(Double, String)] =
ShuffledRDD[1193] at sortByKey at <console>:76
scala> rankedPlayers.collect().foreach(println)
      (3.382662570589846,Novak Djokovic)
      (3.266079758089846,Roger Federer)
      (0.3908953124999999,Rafael Nadal)
      (0.27431249999999996,Stan Wawrinka)
```

```
(0.1925,Andy Murray)
(0.1925,Kei Nishikori)
(0.15,David Ferrer)
(0.15,Tomas Berdych)
```

앞 코드를 유심히 살펴보면 가장 높은 랭킹의 선수가 가장 많은 경기에서 이겼음을 알 수 있다.

## ▌연결된 구성 요소 알고리즘

그래프에서 연결된 정점으로 구성된 하위 그래프를 찾는 작업은 수없이 많은 애플리케이션이 수행하는 가장 흔한 요구사항이다. 모든 그래프에서 임의의 두 개의 정점이 하나 이상의 에지로 구성된 경로로 서로 연결되어 있고 같은 그래프의 다른 정점과 분리되어 있을 때, 이를 연결된 구성 요소connected component라 정의한다. 예를 들어 그래프 G에서 정점 V1은 에지로 V2와 연결되어 있고 V2는 다른 에지로 V3에 연결되어 있다. 같은 그래프 G에서 정점 V4는 다른 에지로 V5와 연결되어 있다. 이 경우 V1과 V3 그리고 V4와 V5는 각각 서로 연결되어 있고 V1과 V5는 연결되어 있지 않다. 그래프 G는 두 개의 연결된 구성 요소가 있다. 스파크 GraphX 라이브러리는 연결된 구성 요소 알고리즘 구현을 포함하고 있다.

소셜 네트워킹 애플리케이션에서 사용자 간 연결을 그래프로 모델링 한다면 주어진 사용자가 다른 사용자와 연결되어 있는지 알아보려면 이 두 사용자 정점이 같은 연결된 구성 요소에 속해 있는지 확인하면 된다.

미로찾기 컴퓨터 게임에서 한 점 A에서 다른 점 B로 이동하는 경로를 찾는 것은 미로 내 교차점을 정점으로, 교차점 간 경로를 에지로 모델링해 그래프를 생성한 다음에 점 A와 B를 포함한 연결된 구성 요소를 해당 그래프에서 찾는 방법으로 해결할 수 있다.

컴퓨터 네트워크에서 하나의 IP 주소에서 다른 IP 주소로 패킷을 보낼 수 있는지 확인하기 위해 역시 연결된 구성 요소 알고리즘을 사용할 수 있다. 또한, 택배 서비스와 같은 물류 애플리케이션에서 물건을 지점 A에서 지점 B로 배달할 수 있는지를 확인하는 것도 연결된 구성 요소 알고리즘을 사용하면 가능하다. 그림 6은 세 개의 연결된 구성 요소가 있는 그래프를 보여준다.

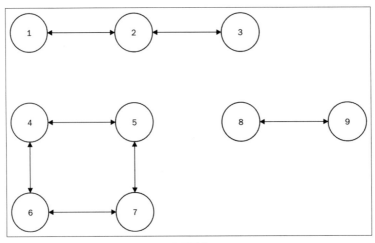

▲ 그림 6

그림 6은 그래프를 그림으로 표현한 것이다. 그림에는 에지로 연결된 3개의 정점 클러스터가 있다. 즉 이 그래프는 세 개의 연결된 구성 요소를 가지고 있다.

좀 더 명확한 설명을 위해 사용자가 서로를 팔로잉하는 소셜 네트워킹 애플리케이션 사용자 유스 케이스를 다시 살펴보자. 주어진 그래프에서 연결된 구성 요소 추출로 두 사용자가 서로 연결되었는지 아닌지를 쉽게 알 수 있다. 그림 7은 사용자 그래프를 보여준다.

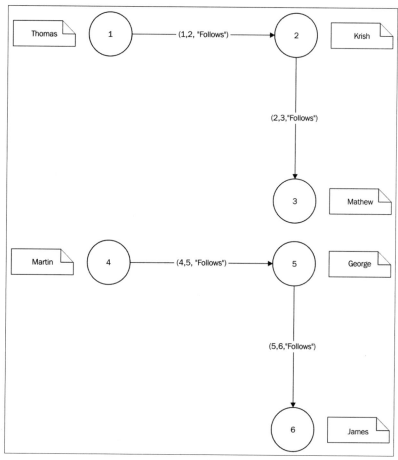

▲ 그림 7

그림 7의 그래프에서 두 개의 연결된 구성 요소가 있는 것은 분명하다. 사용자 Thomas 와 Mathew는 연결되어 있지만, Thomas와 Martin은 연결되어 있지 않다는 것은 쉽게 구별할 수 있다. 주어진 그래프에서 연결된 구성 요소 그래프를 추출하면 Thomas와 Mathew는 같은 연결 구성 요소 식별자를 가지지만 Thomas와 Martin은 서로 다른 연결된 구성 요소 식별자를 갖는다. 스칼라 REPL 프롬프트에서 다음 명령문을 실행하자.

```
scala> import org.apache.spark._
  import org.apache.spark._
scala> import org.apache.spark.graphx._
  import org.apache.spark.graphx._
scala> import org.apache.spark.rdd.RDD
  import org.apache.spark.rdd.RDD
scala> // 유저를 정점으로 하는 RDD 생성
scala> val users: RDD[(Long, String)] = sc.parallelize(Array((1L,
"Thomas"), (2L, "Krish"),(3L, "Mathew"), (4L, "Martin"), (5L, "George"),
(6L, "James")))
users: org.apache.spark.rdd.RDD[(Long, String)] =
ParallelCollectionRDD[1194] at parallelize at <console>:69
scala> // 유저를 연결하는 에지 생성
scala> val userRelationships: RDD[Edge[String]] =
sc.parallelize(Array(Edge(1L, 2L, "Follows"),Edge(2L, 3L, "Follows"),
Edge(4L, 5L, "Follows"), Edge(5L, 6L, "Follows")))
userRelationships:
org.apache.spark.rdd.RDD[org.apache.spark.graphx.Edge[String]] =
ParallelCollectionRDD[1195] at parallelize at <console>:69
scala> // 그래프 생성
scala> val userGraph = Graph(users, userRelationships)
userGraph: org.apache.spark.graphx.Graph[String,String] =
org.apache.spark.graphx.impl.GraphImpl@805e363
scala> // 그래프의 연결된 컴포넌트 탐색
scala> val cc = userGraph.connectedComponents()
cc: org.apache.spark.graphx.Graph[org.apache.spark.graphx.VertexId,String]
= org.apache.spark.graphx.impl.GraphImpl@13f4a9a9
scala> // 연결된 컴포넌트의 트리플릿 추출
scala> val ccTriplets = cc.triplets
ccTriplets:
org.apache.spark.rdd.RDD[org.apache.spark.graphx.EdgeTriplet[org.apache.spa
rk.graphx.VertexId,String]] = MapPartitionsRDD[1263] at mapPartitions at
GraphImpl.scala:48
scala> // Print the structure of the triplets
scala> ccTriplets.foreach(println)
      ((1,1),(2,1),Follows)
      ((4,4),(5,4),Follows)
      ((5,4),(6,4),Follows)
```

```
    ((2,1),(3,1),Follows)
```

scala> // 정점 번호와 일치하는 연결된 컴포넌트 id 출력. 연결된 컴포넌트 id는 시스템이 생성하고 유니크 식별자이다.

```
scala> val ccProperties = ccTriplets.map(triplet => "Vertex " +
triplet.srcId + " and " + triplet.dstId + " are part of the CC with id " +
triplet.srcAttr)
ccProperties: org.apache.spark.rdd.RDD[String] = MapPartitionsRDD[1264] at
map at <console>:79
scala> ccProperties.foreach(println)
        Vertex 1 and 2 are part of the CC with id 1
        Vertex 5 and 6 are part of the CC with id 4
        Vertex 2 and 3 are part of the CC with id 1
        Vertex 4 and 5 are part of the CC with id 4
```

scala> // 시작 정점의 유저와 연결된 컴포넌트 id 탐색

```
scala> val srcUsersAndTheirCC = ccTriplets.map(triplet => (triplet.srcId,
triplet.srcAttr))
srcUsersAndTheirCC:
org.apache.spark.rdd.RDD[(org.apache.spark.graphx.VertexId,
org.apache.spark.graphx.VertexId)] = MapPartitionsRDD[1265] at map at
<console>:79
```

scala> // 목적지 정점의 유저와 연결된 컴포넌트 id 탐색

```
scala> val dstUsersAndTheirCC = ccTriplets.map(triplet => (triplet.dstId,
triplet.dstAttr))
dstUsersAndTheirCC:
org.apache.spark.rdd.RDD[(org.apache.spark.graphx.VertexId,
org.apache.spark.graphx.VertexId)] = MapPartitionsRDD[1266] at map at
<console>:79
```

scala> // 유니온 탐색

```
scala> val usersAndTheirCC = srcUsersAndTheirCC.union(dstUsersAndTheirCC)
usersAndTheirCC:
org.apache.spark.rdd.RDD[(org.apache.spark.graphx.VertexId,
org.apache.spark.graphx.VertexId)] = UnionRDD[1267] at union at
<console>:83
```

scala> // 유저의 이름으로 조인

```
scala> val usersAndTheirCCWithName = usersAndTheirCC.join(users).map{case
(userId,(ccId,userName)) => (ccId, userName)}.distinct.sortByKey()
usersAndTheirCCWithName:
org.apache.spark.rdd.RDD[(org.apache.spark.graphx.VertexId, String)] =
ShuffledRDD[1277] at sortByKey at <console>:85
```

```
scala> // 유저 이름과 연결된 컴포넌트 id 출력. 두 유저가 같은 연결된 컴포넌트 id를 공유하는 경우 이 둘은
서로 연결된 것으로 간주한다.
scala> usersAndTheirCCWithName.collect().foreach(println)
      (1,Thomas)
      (1,Mathew)
      (1,Krish)
      (4,Martin)
      (4,James)
      (4,George)
```

스파크 GraphX 라이브러리에서 사용할 수 있는 그래프 처리 알고리즘이 몇 가지 더 있다. 전체 알고리즘 리스트 대한 자세한 내용은 따로 책을 써야 할 정도로 방대하다. 여기서 중요한 점은 스파크 GraphX 라이브러리는 스파크 유니폼 프로그래밍 모델에 매우 잘호환되는 그래프 알고리즘을 제공한다는 것이다.


## ▌그래프프레임

스파크 GraphX 라이브러리는 매우 적은 수의 프로그래밍 언어를 지원하는 그래프 처리라이브러리다. 현재 스파크 GraphX 라이브러리는 스칼라만 지원한다. 그래프프레임은 Databricks, University of California, Berkley와 Massachusetts Institute of Technology에서 스파크 데이터프레임으로 개발한 스파크 외부 패키지 형태의 새로운그래프 처리 라이브러리다. 데이터프레임으로 구축했기 때문에 데이터프레임에서 수행할 수 있는 모든 작업은 그래프프레임에서 가능하며 유니폼 API로 스칼라 및 자바, 파이썬, R과 같은 프로그래밍 언어를 지원한다. 그래프프레임은 데이터프레임으로 구축했기때문에 데이터 지속성 및 수많은 데이터 소스 지원, 스파크 SQL의 강력한 그래프 쿼리처럼 사용자가 자연스럽게 얻을 수 있는 추가적인 장점이 있다.

스파크 GraphX 라이브러리와 마찬가지로 그래프프레임은 데이터를 정점과 에지에 저장한다. 정점과 에지는 데이터프레임을 데이터 구조로 사용한다. 8장의 처음 부분에서 다루

는 첫 번째 유스 케이스는 다시 그래프프레임 기반 그래프 처리를 설명한다.

 **경고:** 그래프프레임은 외부 스파크 패키지다. 스파크 2.0과는 약간의 호환성 문제가 있으므로 아래 예제 코드는 스파크 2.0과 동작하지 않을 것이다. 대신에 스파크 1.6을 사용하자. 스파크 2.0 지원을 웹사이트에서 확인하자.

스파크 1.6의 스칼라 REPL 프롬프트에서 다음 명령문을 실행하자. 그래프프레임은 외부 스파크 패키지이기 때문에 적절한 REPL을 가져 오는 동안 라이브러리를 불러와야 하고 다음 명령문을 사용하여 REPL을 실행해야 한다. 실행 후에는 오류 메시지 없이 라이브러리가 로드되었는지 확인하자.

```
$ cd $SPARK_1.6__HOME
$ ./bin/spark-shell --packages graphframes:graphframes:0.1.0-spark1.6
Ivy Default Cache set to: /Users/RajT/.ivy2/cache
The jars for the packages stored in: /Users/RajT/.ivy2/jars
:: loading settings :: url = jar:file:/Users/RajT/source-code/spark-
source/spark-1.6.1/assembly/target/scala-2.10/spark-assembly-1.6.2-
SNAPSHOT-hadoop2.2.0.jar!/org/apache/ivy/core/settings/ivysettings.xml
graphframes#graphframes added as a dependency
:: resolving dependencies :: org.apache.spark#spark-submit-parent;1.0
  confs: [default]
  found graphframes#graphframes;0.1.0-spark1.6 in list
:: resolution report :: resolve 153ms :: artifacts dl 2ms
  :: modules in use:
  graphframes#graphframes;0.1.0-spark1.6 from list in [default]
  ---------------------------------------------------------------------
  |                  |            modules            ||   artifacts   |
  |       conf       | number| search|dwnlded|evicted|| number|dwnlded|
  ---------------------------------------------------------------------
  |      default     |   1   |   0   |   0   |   0   ||   1   |   0   |
  ---------------------------------------------------------------------
:: retrieving :: org.apache.spark#spark-submit-parent
  confs: [default]
```

```
0 artifacts copied, 1 already retrieved (0kB/5ms)
16/07/31 09:22:11 WARN NativeCodeLoader: Unable to load native-hadoop
library for your platform... using builtin-java classes where applicable
Welcome to

      ____              __
     / __/__  ___ _____/ /__
    _\ \/ _ \/ _ `/ __/  '_/
   /___/ .__/\_,_/_/ /_/\_\   version 1.6.1
      /_/

Using Scala version 2.10.5 (Java HotSpot(TM) 64-Bit Server VM, Java
1.8.0_66)
Type in expressions to have them evaluated.
Type :help for more information.
Spark context available as sc.
SQL context available as sqlContext.
scala> import org.graphframes._
import org.graphframes._
scala> import org.apache.spark.rdd.RDD
import org.apache.spark.rdd.RDD
scala> import org.apache.spark.sql.Row
import org.apache.spark.sql.Row
scala> import org.apache.spark.graphx._
import org.apache.spark.graphx._
scala> // Long과 String 타입을 속성으로 가지고 있는 정점을 포함하는 유저 데이터프레임 생성
scala> val users = sqlContext.createDataFrame(List((1L, "Thomas"),(2L,
"Krish"),(3L, "Mathew"))).toDF("id", "name")
users: org.apache.spark.sql.DataFrame = [id: bigint, name: string]
scala> // String 타입을 속성으로 가지는 에지의 데이터프레임 생성
scala> val userRelationships = sqlContext.createDataFrame(List((1L, 2L,
"Follows"),(1L, 2L, "Son"),(2L, 3L, "Follows"))).toDF("src", "dst",
"relationship")
userRelationships: org.apache.spark.sql.DataFrame = [src: bigint, dst:
bigint, relationship: string]
scala> val userGraph = GraphFrame(users, userRelationships)
userGraph: org.graphframes.GraphFrame = GraphFrame(v:[id: bigint, name:
string], e:[src: bigint, dst: bigint, relationship: string])
scala> // 그래프의 정점
```

```
scala> userGraph.vertices.show()
+---+------+
| id|  name|
+---+------+
|  1|Thomas|
|  2| Krish|
|  3|Mathew|
+---+------+
scala> // 그래프의 에지
scala> userGraph.edges.show()
+---+---+------------+
|src|dst|relationship|
+---+---+------------+
|  1|  2|     Follows|
|  1|  2|         Son|
|  2|  3|     Follows|
+---+---+------------+
scala> // 그래프의 에지 개수
scala> val edgeCount = userGraph.edges.count()
edgeCount: Long = 3
scala> // 그래프의 정점 개수
scala> val vertexCount = userGraph.vertices.count()?vertexCount: Long = 3?scala>
// Number of edges coming to each of the vertex.?scala> userGraph.inDegrees.
show()?
+---+--------+
| id|inDegree|
+---+--------+
|2|        2|
|3|        1|
+---+--------+
scala> // 각 정점을 목적지로 가지는 에지 개수
scala> userGraph.outDegrees.show()
+---+---------+
| id|outDegree|
+---+---------+
|1|        2|
|2|        1|
+---+---------+
```

```
scala> // 각 정점을 목적지 또는 소스로 가지는 에지 개수
scala> userGraph.degrees.show()
+---+------+
| id|degree|
+---+------+
|1|     2|
|2|     3|
|3|     1|
+---+------+
scala> // 그래프의 트리플릿 출력
scala> userGraph.triplets.show()
+-------------+----------+----------+
|         edge|       src|       dst|
+-------------+----------+----------+
|[1,2,Follows]|[1,Thomas]| [2,Krish]|
|    [1,2,Son]|[1,Thomas]| [2,Krish]|
|[2,3,Follows]| [2,Krish]|[3,Mathew]|
+-------------+----------+----------+
scala> // 데이터프레임 API를 이용해서 필터를 적용하고 필요한 에지만 골라낸다
scala> val numFollows = userGraph.edges.filter("relationship =
'Follows'").count()
numFollows: Long = 2
scala> // Long 타입과 String 타입을 속성으로 가지는 정점의 튜플을 저장하는 유저 RDD 생성
scala> val usersRDD: RDD[(Long, String)] = sc.parallelize(Array((1L,
"Thomas"), (2L, "Krish"),(3L, "Mathew")))
usersRDD: org.apache.spark.rdd.RDD[(Long, String)] =
ParallelCollectionRDD[54] at parallelize at <console>:35
scala> // String 타입을 속성으로 가지는 에지 RDD 생성
scala> val userRelationshipsRDD: RDD[Edge[String]] =
sc.parallelize(Array(Edge(1L, 2L, "Follows"),    Edge(1L, 2L,
"Son"),Edge(2L, 3L, "Follows")))
userRelationshipsRDD:
org.apache.spark.rdd.RDD[org.apache.spark.graphx.Edge[String]] =
ParallelCollectionRDD[55] at parallelize at <console>:35
scala> // 에지 RDD와 정점으로 구성된 그래프 생성
scala> val userGraphXFromRDD = Graph(usersRDD, userRelationshipsRDD)
userGraphXFromRDD: org.apache.spark.graphx.Graph[String,String] =
org.apache.spark.graphx.impl.GraphImpl@77a3c614
```

```
scala> // 스파크 GraphX로 그린 그래프를 바탕으로 그래프프레임 생성
scala> val userGraphFrameFromGraphX: GraphFrame =
GraphFrame.fromGraphX(userGraphXFromRDD)
userGraphFrameFromGraphX: org.graphframes.GraphFrame = GraphFrame(v:[id:
bigint, attr: string], e:[src: bigint, dst: bigint, attr: string])
scala> userGraphFrameFromGraphX.triplets.show()
+-------------+----------+----------+
|         edge|       src|       dst|
+-------------+----------+----------+
|[1,2,Follows]|[1,Thomas]| [2,Krish]|
|    [1,2,Son]|[1,Thomas]| [2,Krish]|
|[2,3,Follows]| [2,Krish]|[3,Mathew]|
+-------------+----------+----------+
scala> // 그래프프레임 그래프를 스파크 GraphX 그래프로 변경
scala> val userGraphXFromGraphFrame: Graph[Row, Row] =
userGraphFrameFromGraphX.toGraphX
userGraphXFromGraphFrame:
org.apache.spark.graphx.Graph[org.apache.spark.sql.Row,org.apache.spark.sql
.Row] = org.apache.spark.graphx.impl.GraphImpl@238d6aa2
```

그래프프레임을 위한 데이터프레임을 생성할 때 꼭 기억해야 할 것은 정점과 에지를 위한 몇 가지 필수 열이 존재한다는 점이다. 정점을 저장하기 위한 데이터프레임은 id 열이 필수다. 에지를 위한 데이터프레임은 src 및 dst 열이 필수다. 그 외에도 임의의 수의 열을 그래프프레임의 정점과 에지와 함께 그래프프레임에 저장할 수 있다. 스파크 GraphX 라이브러리에서 정점 식별자는 long형 정수만 가능하지만 그래프프레임은 이런 제한이 없으며 모든 타입의 정점 식별자를 사용할 수 있다. 독자는 이미 데이터프레임에 익숙할 것이다. 데이터프레임으로 수행할 수 있는 모든 작업은 그래프프레임의 꼭지점과 에지에도 적용할 수 있다.

 그래프프레임은 스파크 GraphX가 지원하는 모든 그래프 처리 알고리즘을 똑같이 지원한다.

파이썬 버전 그래프프레임은 기능이 좀 더 적다. 파이썬은 스파크 GraphX 라이브러리가 지원되는 프로그래밍 언어가 아니므로 그래프프레임에서 GraphX로 또는 GraphX에서 그래프프레임 변환은 파이썬에서 지원하지 않는다. 독자는 파이썬을 사용해 스파크에서 데이터프레임을 생성하는 작업에 익숙하므로 파이썬 예제는 여기에서 생략한다. 또한, 파이썬 그래프프레임 API는 미처 해결하지 못한 결함이 아직 존재하고 이 책을 집필하는 시점에는 아직 스칼라가 지원하는 모든 기능을 완전히 똑같이 지원하지 못한다.

## ▌ 그래프프레임 쿼리

스파크 GraphX 라이브러리는 RDD 기반 그래프 처리 라이브러리지만 그래프프레임은 외부 패키지로 사용할 수 있는 스파크 데이터프레임 기반 그래프 처리 라이브러리다. 스파크 GraphX는 많은 그래프 처리 알고리즘을 지원하지만 그래프프레임은 그래프 처리 알고리즘뿐만 아니라 그래프 쿼리까지 지원한다. 그래프 처리 알고리즘과 그래프 쿼리의 가장 큰 차이점은 그래프 알고리즘은 그래프 데이터 구조에 숨겨진 데이터를 처리할 때 사용하고 그래프 쿼리는 그래프 데이터 구조에 숨겨진 데이터의 패턴을 검색할 때 사용한다는 점이다. 그래프프레임 용어에서 그래프 쿼리는 모티프motif 찾기라고도 한다. 시퀀스 모티프를 다루는 유전학 및 기타 생물학 분야에서 모티브 찾기와 관련해 엄청나게 많은 애플리케이션이 존재한다.

유스 케이스 관점에서 소셜 미디어 애플리케이션에서 서로를 팔로잉하는 사용자들의 유스 케이스를 살펴보자. 이 사용자들은 관계relationship를 형성한다. 앞서 이러한 관계는 그래프를 이용해서 모델링했다. 실제 유스 케이스에서 관계 그래프는 매우 커질 수 있고 양방향으로 관계를 맺고 있는 사용자를 검색할 경우 그래프 쿼리에서 이를 패턴으로 표현할 수 있으며 이러한 관계는 프로그래밍을 이용한 방식으로 쉽게 찾을 수 있다. 다음 예제에서 그래프프레임을 이용해서 사용자 간의 관계를 모델링하고 이를 사용해 패턴 검색을 수행하는 것을 살펴보자.

스파크 스칼라 REPL 프롬프트에서 아래 명령문을 실행해 보자.

```
$ cd $SPARK_1.6_HOME
$ ./bin/spark-shell --packages graphframes:graphframes:0.1.0-spark1.6
Ivy Default Cache set to: /Users/RajT/.ivy2/cache
The jars for the packages stored in: /Users/RajT/.ivy2/jars
:: loading settings :: url = jar:file:/Users/RajT/source-code/spark-
source/spark-1.6.1/assembly/target/scala-2.10/spark-assembly-1.6.2-
SNAPSHOT-hadoop2.2.0.jar!/org/apache/ivy/core/settings/ivysettings.xml
graphframes#graphframes added as a dependency
:: resolving dependencies :: org.apache.spark#spark-submit-parent;1.0
  confs: [default]
  found graphframes#graphframes;0.1.0-spark1.6 in list
:: resolution report :: resolve 145ms :: artifacts dl 2ms
  :: modules in use:
  graphframes#graphframes;0.1.0-spark1.6 from list in [default]
  ---------------------------------------------------------------------
  |                  |            modules            ||   artifacts   |
  |       conf       | number| search|dwnlded|evicted|| number|dwnlded|
  ---------------------------------------------------------------------
  |      default     |   1   |   0   |   0   |   0   ||   1   |   0   |
  ---------------------------------------------------------------------
:: retrieving :: org.apache.spark#spark-submit-parent
  confs: [default]
  0 artifacts copied, 1 already retrieved (0kB/5ms)
16/07/29 07:09:08 WARN NativeCodeLoader: Unable to load native-hadoop
library for your platform... using builtin-java classes where applicable
Welcome to
      ____              __
     / __/__  ___ _____/ /__
    _\ \/ _ \/ _ `/ __/  '_/
   /___/ .__/\_,_/_/ /_/\_\   version 1.6.1
      /_/

Using Scala version 2.10.5 (Java HotSpot(TM) 64-Bit Server VM, Java
1.8.0_66)
Type in expressions to have them evaluated.
Type :help for more information.
Spark context available as sc.
```

```
SQL context available as sqlContext.
scala> import org.graphframes._
import org.graphframes._
scala> import org.apache.spark.rdd.RDD
import org.apache.spark.rdd.RDD
scala> import org.apache.spark.sql.Row
import org.apache.spark.sql.Row
scala> import org.apache.spark.graphx._
import org.apache.spark.graphx._
```

scala> // String 타입의 id와 또 다른 String 타입의 튜플을 포함하는 유저의 데이터프레임 생성. 정점 식별자는 더이상 long integer가 아니다.

```
scala> val users = sqlContext.createDataFrame(List(("1", "Thomas"),("2",
"Krish"),("3", "Mathew"))).toDF("id", "name")
users: org.apache.spark.sql.DataFrame = [id: string, name: string]
```

scala> // String 타입을 속성으로 가진 에지의 데이터프레임 생성

```
scala> val userRelationships = sqlContext.createDataFrame(List(("1", "2",
"Follows"),("2", "1", "Follows"),("2", "3", "Follows"))).toDF("src", "dst",
"relationship")
userRelationships: org.apache.spark.sql.DataFrame = [src: string, dst:
string, relationship: string]
```

scala> // 그래프 프레임 생성

```
scala> val userGraph = GraphFrame(users, userRelationships)
userGraph: org.graphframes.GraphFrame = GraphFrame(v:[id: string, name:
string], e:[src: string, dst: string, relationship: string])
```

scala> // 서로 팔로우하는 유저 쌍 탐색. 즉, 유저 u1과 유저 u2를 연결하는 에지 e1과 반대 순서로 유저 u2와 유저 u1을 연결하는 에지 e2를 찾는 쿼리를 실행할 수 있다. 쿼리 실행 결과는 u1, u2, e1, e2 열을 화면에 출력할 것이다. 실제 유스 케이스를 모델링할 때, 좀 더 의미있는 변수를 사용할 수 있을 것이다.

```
scala> val graphQuery = userGraph.find("(u1)-[e1]->(u2); (u2)-[e2]->(u1)")
graphQuery: org.apache.spark.sql.DataFrame = [e1:
struct<src:string,dst:string,relationship:string>, u1:
struct<id:string,name:string>, u2: struct<id:string,name:string>, e2:
struct<src:string,dst:string,relationship:string>]
scala> graphQuery.show()
+-------------+----------+----------+-------------+
|           e1|        u1|        u2|           e2|
+-------------+----------+----------+-------------+
|[1,2,Follows]|[1,Thomas]| [2,Krish]|[2,1,Follows]|
|[2,1,Follows]| [2,Krish]|[1,Thomas]|[1,2,Follows]|
+-------------+----------+----------+-------------+
```

그래프 쿼리 결과의 모든 열이 검색패턴에 주어진 엘리먼트에 따라 형성되었음에 주목하자. 패턴 형성은 어떤 형태로도 가능하다.

 그래프 쿼리 결과의 타입에 주목하자. 이것은 하나의 데이터프레임 객체다.

스파크 GraphX 라이브러리의 가장 큰 한계는 현재 파이썬 및 R API가 없다는 점이다. 그래프프레임은 데이터프레임 기반 라이브러리이므로 일단 좀 더 시간이 지나 성숙하면 데이터프레임이 지원하는 모든 프로그래밍 언어로 그래프 처리가 가능할 것이다. 이 스파크 외부 패키지는 확실히 나중에 스파크 일부로 편입할 가능성이 있는 잠재력이 있는 패키지다.

## ▌ 참고문헌

좀 더 많은 정보를 얻기 위해서 아래 링크를 방문하자.

- https://spark.apache.org/docs/1.5.2/graphx-programming-guide.html
- https://en.wikipedia.org/wiki/215_ATP_World_Tour_Finals_%E2%8%93_Singles
- http://www.protennislive.com/posting/215/65/mds.pdf
- http://infolab.stanford.edu/~backrub/google.html
- http://graphframes.github.io/index.html https://github.com/graphframes/graphframes
- https://spark--packages.org/package/graphframes/graphframes

# ▌요약

그래프는 응용 가능성이 큰 매우 유용한 데이터 구조다. 대부분의 애플리케이션은 그래프를 사용하지 않지만, 일부 애플리케이션은 데이터 구조로 사용하는 유스 케이스가 있다. 데이터 구조는 테스트를 완벽하게 하고 최적화된 알고리즘과 함께 사용될 때만 효과적으로 활용할 수 있다. 수학자와 컴퓨터 과학자는 그래프 데이터 구조의 일부인 데이터를 처리하기 위해 많은 알고리즘을 개발했다. 스파크 GraphX 라이브러리는 스파크 코어를 바탕으로 구현된 수많은 알고리즘을 가지고 있다. 이 장에서는 스파크 GraphX 라이브러리에 대한 전반적인 설명을 제공하고 입문 수준에서 유스 케이스를 통해 몇 가지 기본 사항을 다루었다.

그래프프레임은 데이터프레임 기반의 그래프 추상화이고 스파크와 별도로 사용할 수 있는 외부 스파크 패키지로 제공되며 그래프 쿼리뿐만 아니라 그래프 처리에서도 엄청난 잠재력을 가지고 있다. 이번 장에서는 그래프에 존재하는 패턴을 찾기 위한 그래프 쿼리를 수행하기 위해 그래프프레임에 대해 간략하게 소개했다.

신기술을 가르치고 있는 책은 눈에 띄는 특징을 다루는 애플리케이션에 대해 다루기 마련이다. 스파크도 다르지 않다. 지금까지 이 책에서 스파크는 차세대 데이터 처리 플랫폼으로 다루었다. 이제 기본적인 사항은 모두 끝내고 모든 범위를 커버하는 애플리케이션을 개발할 때다. 다음 장에서는 스파크를 사용하는 데이터 처리 애플리케이션의 디자인 및 개발, 그 위에 구축한 라이브러리 제품군에 대해 다룰 것이다.

# 09

# 스파크 애플리케이션 설계

기능 측면에서 애플리케이션을 살펴보자. 전체 작업을 부분으로 쪼개어 작업하는 파이프라인처럼 디자인된 애플리케이션 기능을 떠올려 보자. 모두 데이터처리에 관련된 것이고 스파크가 매우 다양한 방식으로 하는 일이기도 하다. 데이터 처리는 파이프라인의 첫 시드seed 데이터로 시작한다. 시드 데이터는 시스템이 수집한 새로운 데이터 또는 기업용enterprise 데이터베이스에 있는 일종의 마스터 데이터셋일 수도 있다. 그리고 이러한 데이터는 다양한 목적과 비즈니스 요구에 맞게 잘게 분리할 필요가 있다. 데이터 처리 애플리케이션 개발과 디자인을 진행할 때 적절한 데이터 분리가 중요한 부분이 될 것이다.

모든 애플리케이션 개발은 도메인 및 비즈니스 요구 사항, 기술 도구 선택에 대한 조사로 시작한다. 스파크 애플리케이션도 마찬가지다. 이번 장에서는 스파크 애플리케이션의 디자인과 개발을 살펴보겠지만 초기에는 데이터를 하나의 상태에서 다른 상태로 변환하는 데이터 처리 애플리케이션 및 유스 케이스, 데이터 및 애플리케이션의 전체 아키텍처에 중점을 둔다. 스파크는 단지 원하는 결과를 얻기 위해 매우 강력한 인프라를 사용하여 데이터 처리 로직과 데이터를 함께 조립하는 도구일 뿐이다.

이번 장에서는 아래 주제를 다룰 것이다.

- 람다 아키텍처
- 스파크 마이크로블로깅
- 데이터 사전
- 코딩 스타일
- 데이터 소화

## ▌람다 아키텍처

애플리케이션 아키텍처는 모든 소프트웨어 개발에서 매우 중요한 부분이다. 아키텍처는 개발을 진행할 때 소프트웨어가 충분한 범용성과 구조를 필요에 따라 수정할 수 있는 유연성을 얼마나 어떻게 포함할지 결정하는 하나의 청사진이다. 애플리케이션마다 공통으로 가지고 있는 개발 요구사항을 충족하기 위해 유명한 아키텍처를 활용할 수도 있는데 이런 경우 기초 작업을 생략할 수 있다는 장점이 있다. 대중적인 아키텍처 프레임워크는 대다수 일반인의 편리한 사용을 위해 최대한 잘 설계된다. 따라서 대중적인 아키텍처는 진입 장벽이 없으므로 매우 유용하며 많은 사람이 사용한다. 웹 애플리케이션 개발 및 데이터 처리를 위해 널리 사용되는 아키텍처가 몇 가지 있다.

람다 아키텍처Lambda Architecture는 데이터 처리 애플리케이션 개발을 위해 최근에 인기를 얻고 있는 아키텍처다. 시장에서 데이터 처리 애플리케이션을 개발할 때 사용 가능한 수많은 도구와 기술이 있지만, 기술과 무관하게 데이터 처리 애플리케이션 구성 요소를 어떻게 계층화하고 함께 구성할 것인지는 아키텍처 프레임워크가 결정한다. 이것이 람다 아키텍처가 왜 세부 구현 기술에 독립적인 아키텍처 프레임워크이며 필요에 따라 개별 구성 요소를 개발하기 위해 독립적으로 적절한 기술을 선택할 수 있도록 지원하는 이유다. 그림 1은 람다 아키텍처의 본질을 설명한다.

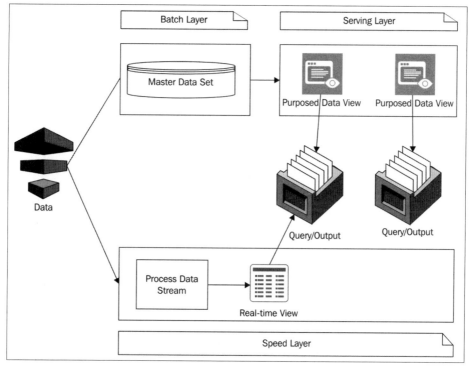

▲ 그림 1

람다 아키텍처는 3개의 레이어로 구성되어 있다.

- 배치 레이어는 주요 데이터베이스다. 모든 종류의 데이터 처리가 배치 레이어의 데이터셋에서 일어난다. 이 데이터셋이 가장 중요하다.
- 서빙 레이어는 마스터 데이터셋을 처리하고 이 책에서 목적 뷰라고 정의한 특정 목적을 위한 데이터 뷰를 준비한다. 이 중간 단계 레이어는 쿼리를 처리하거나 특정 요구에 대한 출력을 생성하는 데 필요하다. 쿼리와 특정 데이터셋 준비 모두 마스터 데이터셋에 직접 접근하지 않는다.

- 스피드 레이어는 데이터 스트림 처리에 관한 모든 것을 담당한다. 데이터 스트림을 실시간 방식으로 처리하며 비즈니스 요구 사항이 있을 경우 유동적인 실시간 뷰를 준비한다. 출력을 생성하는 쿼리 또는 특정 프로세스는 필요한 데이터를 데이터 뷰와 실시간 뷰에서 사용할 수 있다.

스파크는 대형 데이터 처리 시스템을 설계하기 위해 람다 아키텍처<sup>Lambda Architecture</sup>의 원칙을 사용한다. 여기에서는 데이터 처리 도구로 활용한다. 스파크는 세 가지 다른 레이어에서 모든 데이터 처리 요구 사항을 처리하는 데 매우 적합하다.

이번 장에서는 마이크로 블로깅 애플리케이션의 일부 데이터 처리 유스 케이스에 대해 논의할 것이다. 애플리케이션 기능 및 배포 인프라, 확장성에 대한 논의는 다룰 수 있는 범위를 벗어나므로 하지 않을 것이다. 일반 배치 레이어에서 데이터 접근 방법에 따라 마스터 데이터셋은 평범한 분할 가능 직렬화<sup>serialization</sup> 포맷 또는 NoSQL 데이터베이스가 될 수 있다. 애플리케이션 유스 케이스가 모두 배치 처리 작업이면 표준 직렬화 포맷이면 충분할 것이다. 그러나 유스 케이스가 랜덤 액세스가 필요하다면 NoSQL 데이터베이스가 이상적이다. 이 책에서는 단순하게 모든 데이터 파일은 일반 텍스트 파일에 로컬로 저장한다.

일반적인 애플리케이션 개발론은 완전한 기능적인 애플리케이션 개발에 적합하다. 하지만 이 책에서는 유스 케이스를 구현할 때 스파크 데이터 처리 애플리케이션을 개발한다. 데이터 처리는 항상 메인 애플리케이션 기능의 일부로 동작하며 배치 처리 모드로 실행하거나 데이터를 기다렸다가 처리하는 리스너로 실행하도록 스케줄링한다. 따라서 각 유스 케이스에 해당하는 개별적인 스파크 애플리케이션을 개발하며 때에 따라 리스너 모드에서 실행하도록 스케줄링하거나 실행하는 경우도 있다.

# ▌ 람다 아키텍처 마이크로블로깅

블로깅은 사실 수십 년 동안 다양한 형태로 존재해 왔다. 출판의 매개체로서 초기에는 전문적이고 주목받는 작가들만 블로그 매체를 통해 기사를 출판했고 블로그를 통해 진지한 내용만 올린다는 잘못된 관념이 존재하기도 했다. 최근 몇 년 동안 마이크로 블로깅의 개념은 많이 바뀌어 일반 대중도 블로깅 문화에 동참하고 있다. 마이크로 블로그는 인간의 사고를 급작스럽게 확장해 문장 몇 개 및 사진, 비디오, 링크 형태로 표현한다. 트위터 및 텀블러 같은 사이트는 블로깅 문화를 가장 큰 스케일로 대중화하는 데 앞장섰고 수백만의 사용자들을 보유하고 있다.

## SfbMicroBlog 개요

sfbMicroBlog는 수백만 명의 사용자가 짧은 메시지를 게시하는 마이크로 블로깅 애플리케이션이다. 이 애플리케이션을 사용하려면 새 사용자는 사용자 이름과 비밀번호로 가입해야 한다. 메시지를 게시하려면 먼저 로그인해야 한다. 사용자가 로그인하지 않고 할 수 있는 유일한 행위는 다른 사용자가 게시한 공개 메시지를 읽는 것뿐이다. 사용자는 다른 사용자를 팔로잉할 수 있다. 팔로잉은 일방향적인 관계다. 사용자 A가 사용자 B를 팔로잉하면 사용자 A는 사용자 B가 게시 한 모든 메시지를 볼 수 있다. 동시에 사용자 B는 사용자 A를 팔로잉하지 않기 때문에 사용자 B가 사용자 A가 게시한 메시지를 볼 수는 없다. 기본적으로 모든 사용자가 게시한 모든 메시지는 공개 메시지이므로 모든 사용자가 볼 수 있다. 그러나 사용자는 메시지의 소유자를 따르는 사용자에게만 메시지를 표시하도록 설정할 수도 있다. 팔로워가 된 후에 언팔로잉unfollowing도 가능하다.

모든 사용자 이름은 고유해야 한다. 로그인하려면 사용자 이름과 비밀번호가 필요하다. 모든 사용자는 기본 이메일 주소가 있어야 하며 없으면 가입 절차가 완료되지 않을 것이다. 추가 보안 및 암호 복구를 위해 대체 이메일 주소 또는 휴대폰 번호를 프로필에 저장할 수 있다.

메시지는 140자를 초과할 수 없다. 메시지는 # 기호가 붙은 단어를 포함할 수 있으며 여러 주제로 그룹화할 수 있다. 게시한 메시지를 통해 사용자를 직접 주소 지정하기 위해 @ 기호가 접두사로 붙은 사용자 이름을 포함할 수 있다. 즉, 사용자는 팔로워가 되지 않고도 메시지에서 다른 사용자를 지정할 수 있다.

일단 게시하면 메시지를 변경 또는 삭제할 수 없다.

## 데이터 이해

마스터 데이터셋에 저장하는 모든 데이터 조각은 스트림을 통해 전달한다. 데이터 스트림을 처리하고 각 메시지의 적절한 헤더를 검사하며 이를 데이터 저장소에 저장하는 액션을 수행한다. 아래 리스트는 중요한 같은 스트림을 통해 저장하는 아이템 리스트다.

- **사용자**: 사용자가 로그인할 때 또는 사용자의 데이터가 변경될 때 사용자 세부 정보를 저장한다.
- **팔로워**: 사용자가 다른 사용자를 팔로우할 때 발생하는 관계 데이터를 저장한다.
- **메시지**: 등록된 사용자가 게시한 메시지를 저장한다.

이 데이터셋 리스트는 매우 중요한 데이터셋을 형성한다. 이 마스터 데이터셋을 기반으로 애플리케이션의 핵심 비즈니스 기능의 니즈에 맞는 다양한 뷰를 생성한다. 다음 목록은 마스터 데이터셋의 중요한 뷰를 포함한다.

- **사용자에 의한 메시지**: 시스템의 각 사용자가 게시한 메시지를 포함한다. 주어진 사용자가 자신이 게시한 메시지를 보고 싶을 때 이 뷰에서 생성된 데이터를 사용한다. 이것은 주어진 사용자의 팔로워들이 메시지를 볼 때도 사용된다. 이것은 특정 목적을 위해 주 데이터셋을 사용하는 상황이다. 메시지 데이터셋은 이 뷰에 필요한 모든 데이터를 제공한다.

- **사용자에게 보내는 메시지**: 메시지에서 @ 기호 앞에 수신자의 사용자 이름을 붙여 특정 사용자를 지정할 수 있다. 이 데이터 뷰는 @ 기호와 해당 메시지로 주소를 지정한 사용자를 포함한다. 단 구현에 제한 사항이 있다. 하나의 메시지에 하나의 수신자만 포함할 수 있다.
- **태그가 있는 메시지**: 메시지에서 # 기호가 있는 단어는 검색 가능한 메시지다. 예를 들어 메시지에서 #spark라는 단어는 #spark라는 단어로 메시지를 검색할 수 있음을 나타낸다. 주어진 해시 태그의 경우 사용자는 모든 공개 메시지와 그 사람이 팔로우하는 사용자의 메시지를 하나의 리스트에서 볼 수 있다. 이 뷰는 해시 태그와 해당 메시지 쌍이 포함되어 있다. 단 구현에 제한 사항이 있다. 하나의 메시지는 하나의 태그 만 가질 수 있다.
- **팔로워**: 주어진 사용자를 팔로우하는 사용자 목록을 포함한다. 그림 2에서 사용자 U1과 U3은 U4를 팔로우하는 사용자 목록에 포함되어 있다.
- **팔로워 주체**: 해당 사용자가 팔로우하는 사용자 목록을 포함한다. 그림 2에서 사용자 U2와 U4는 사용자 U1이 팔로우하는 사용자 목록에 있다.

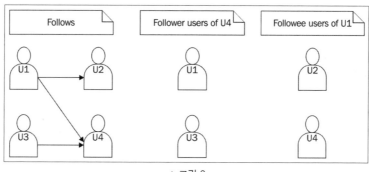

▲ 그림 2

요약하면, 그림 3은 솔루션의 람다 아키텍처 뷰와 데이터셋의 상세정보, 해당 뷰를 보여준다.

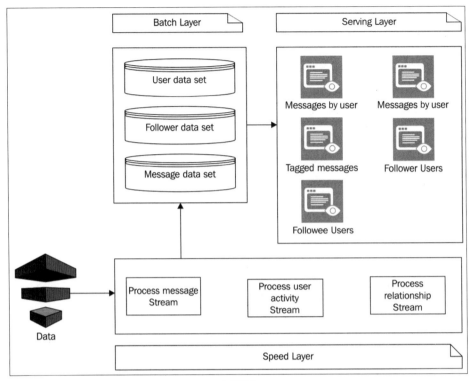

▲ 그림 3

## 데이터 사전 설정

데이터 사전은 데이터 및 데이터의 의미, 다른 데이터 아이템과의 관계를 설명한다. SfbMicroBlog 애플리케이션의 경우 데이터 사전은 선택한 유스 케이스를 구현할 수 있는 가장 단순한 구현체일 것이다. 이를 기본으로 독자는 데이터 처리 유스 케이스를 포함, 자신의 데이터 아이템을 확장 및 구현할 수 있다. 데이터 사전은 모든 마스터 데이터 셋과 데이터 뷰에서 제공한다.

다음 표는 사용자 데이터셋의 데이터 아이템 목록을 보여준다.

| 유저 데이터 | 타입 | 목적 |
|---|---|---|
| Id | Long | 사용자 고유 식별 및 사용자 관계 그래프에서 정점 식별자 |
| Username | String | 시스템의 사용자 고유 식별자 |
| First name | String | 사용자의 이름 |
| Last name | String | 사용자의 성 |
| E-mail | String | 사용자 연락 용도 |
| Alternate e-mail | String | 암호 복구 용도 |
| Primary phone | String | 암호 복구 용도 |

아래 테이블은 팔로워 데이터셋의 데이터 아이템을 보여준다.

| 팔로워 데이터 | 타입 | 목적 |
|---|---|---|
| Follwer username | String | 팔로워 사용자 이름 |
| Followed username | String | 팔로잉 대상 사용자 이름 |

아래 테이블은 메세지 데이터셋의 데이터 아이템을 보여준다.

| 메세지 데이터 | 타입 | 목적 |
|---|---|---|
| Username | String | 메세지 게시 사용자 이름 |
| Message Id | Long | 메세지 식별자 |
| Message | String | 게시된 메세지 내용 |
| Timestamp | Long | 메시지가 게시된 시간 |

아래 테이블은 유저에게 보내는 메세지 데이터 아이템 뷰를 보여준다.

| 사용자 전송 메세지 데이터 | 타입 | 목적 |
|---|---|---|
| From username | String | 메세지 송신 사용자 이름 |
| To username | String | @ 기호로 시작하는 메세지 수신 사용자 이름 |
| Message Id | Long | 메세지 고유 아이디 |
| Message | String | 전송된 메세지 내용 |
| Timestamp | Long | 메세지 전송 시간 |

아래 테이블은 태그 메세지의 데이터 아이템 뷰를 보여준다.

| 태그 메세지 데이터 | 타입 | 목적 |
|---|---|---|
| Hashtag | String | # 기호로 시작하는 단어 |
| Username | String | 태그 사용자 이름 |
| Message Id | Long | 메세지 고유 아이디 |
| Message | String | 게시된 메세지 내용 |
| Timestamp | Long | 메세지 게시 시간 |

유저의 팔로워 관계는 매우 직관적이고 데이터 스토어에 저장되어 있는 유저 고유 번호를 포함한다.

# 람다 아키텍처 구현

람다 아키텍처의 개념은 이번 장의 시작 부분에서 소개했다. 세부 기술에 영향을 받지 않는 아키텍처 프레임워크이므로 애플리케이션을 설계할 때 특정 구현에 사용된 기술을 반드시 파악해야 한다. 다음 예제에서 좀 더 자세한 내용을 설명할 것이다.

## 배치 레이어

배치 레이어의 핵심은 데이터 저장소다. 대용량 데이터 애플리케이션의 경우 데이터 저장소 선택의 폭이 넓다. 일반적으로 **하둡 분산 파일 시스템**Hadoop Distributed File System, HDFS 은 하둡 YARN과 함께 사용하면 전체 하둡 클러스터에 걸쳐 데이터를 분할 및 배포할 수 있기 때문에 현재 많이 사용하는 플랫폼이다.

두 가지 타입의 데이터 접근을 지원한다.

* 배치 쓰기/읽기
* 랜덤 쓰기/읽기

두 가지 타입 모두 다른 데이터 저장 솔루션이 필요하다. 배치 데이터 작업의 경우 일반적으로 Avro 및 Parquet 같은 분할 가능한 직렬화 형식을 사용한다. 랜덤 데이터 작업의 경우 일반적으로 NoSQL 데이터베이스를 사용한다. 이러한 NoSQL 솔루션 중 일부는 HDFS와 함께 동작하지만, 일부 솔루션은 그렇지 않다. 솔루션이 HDFS와 함께 동작하는지보다 중요한 건 데이터의 분할과 배포를 제공할 수 있는 능력이다. 사용 중인 분산 플랫폼과 유스 케이스에 따라서 적절한 솔루션을 선택할 수 있다.

HDFS로 데이터를 저장하는 경우 HDFS가 파일을 나누고 배포하기 때문에 일반적으로 XML 및 JSON과 같은 포맷은 사용하지 않는다. 만약 저런 포맷을 사용한다면 여는 태그와 끝 태그가 있으므로 분할 시에 파일의 임의의 위치에서 쪼개져서 데이터를 더럽게 만든다. 따라서 Avro 또는 Parquet과 같은 분할 가능한 파일 형식을 사용하는 것이 HDFS에 저장할 때 효율적이다.

NoSQL 데이터베이스 솔루션을 선택할 때 오픈소스에서 출발한 프로젝트 중에서 사용할 만한 것들이 많다. Hbase와 같은 NoSQL 데이터베이스 중 일부는 HDFS에서 동작한다. Cassandra 및 Riak과 같은 NoSQL 데이터베이스의 일부는 HDFS가 필요 없고 일반 운영 체제에 배포할 수 있으며 마스터가 없는 방식으로 배포할 수 있으므로 클러스터에 단일 지점 오류가 발생하지 않는다. NoSQL 데이터베이스의 선택은 조직 내 특정 기술의 사용 및 제품 지원 계약 체결, 기타 여러 매개 변수에 따라 달라진다.

 스파크 드라이버는 대부분의 일반적인 직렬화 포맷과 NoSQL 데이터베이스를 풍부하게 지원하기 때문에 이 책에서는 스파크와 함께 사용하기 위한 데이터베이스 기술을 따로 추천하지 않는다. 즉, 대부분의 데이터베이스 공급 업체가 스파크를 전폭적으로 지원하기 시작했다. 또 다른 흥미로운 추세는 요즘 유명한 ETL 도구들이 스파크를 지원하기 시작했기 때문에 스파크를 지원하는 ETL 도구를 사용하는 사용자는 ETL 처리 파이프라인에서 스파크 애플리케이션을 활용할 수 있다.

이 애플리케이션에서 단순함을 유지하고 독자를 위해 애플리케이션을 실행하기 위한 필요한 복잡한 인프라 설치를 피하고자 HDFS 기반 또는 NoSQL 기반 데이터베이스를 사용하지 않는다. 데이터는 텍스트 파일 포맷으로 로컬 시스템에 저장한다. HDFS 또는 다른 NoSQL 데이터베이스에서 예제를 시험해보고자 하는 독자는 애플리케이션의 데이터 쓰기/읽기 부분을 일부 변경하여 시도해 볼 수 있다.

## 서빙 레이어

스파크에서 서빙 레이어는 다양한 방법으로 구현할 수 있다. 데이터가 구조화되어 있지 않고 순수하게 객체 기반 인 경우 로우 레벨 RDD 기반 방법이 적합하다. 데이터가 구조화되어 있으면 데이터프레임이 이상적이다. 지금 논의하는 유스 케이스는 구조화 된 데이터를 다루기 때문에 가능하면 스파크 SQL 라이브러리를 사용할 것이다. 데이터베이스에서 데이터를 읽고 RDD를 만들자. RDD는 데이터프레임으로 변환되며, 스파크 SQL을 사용해 필요한 모든 작업을 수행한다. 이 방법으로 코드는 매우 간결하고 이해하기 쉬울 것이다.

## 스피드 레이어

스피드 레이어는 카프카를 브로커로 사용해 자체 프로듀서가 메시지를 생성하는 스파크 스트리밍 애플리케이션으로 구현한다. 스파크 스트리밍 애플리케이션은 카프카<sup>Kafka</sup> 토픽에 대한 소비자 역할이며 생산되는 데이터를 수신한다. 스파크 스트리밍을 다루는 장에서 설명한 것처럼 제작자는 카프카 콘솔 제작자이거나 카프카가 지원하는 다른 제작자일 수도 있다. 그러나 여기에서 소비자로 일하는 스파크 스트리밍 애플리케이션 실제 유스 케이스에서는 일반적으로 사용하지 않으므로 처리된 메시지를 텍스트 파일에 저장하는 로직은 구현하지 않는다. 이 애플리케이션을 기반으로 독자는 독자적인 데이터 저장 메커니즘을 구현할 수 있다.

## 쿼리

모든 쿼리는 스피드 레이어와 검색 레이어에서 생성한다. 데이터는 앞서 언급 한 것처럼 데이터프레임 포맷으로 변환되므로 유스 케이스에 포함된 모든 쿼리는 스파크 SQL을 사용해 구현한다. 이는 스파크 SQL이 데이터 소스와 대상을 통합하는 통합 기술로 동작하기 때문이다. 독자가 이 책의 샘플을 사용하고 실제 유스 케이스를 구현할 준비가 되었을 때, 전체 방법론은 샘플과 동일하게 적용할 수 있지만 데이터 소스와 대상이 다를 수 있다. 다음은 서빙 레이어 생성할 수 있는 쿼리 중 일부다. 데이터 사전을 임의로 변경하고 이러한 뷰 또는 쿼리를 작성할 수 있는 것은 순전히 독자에게 달려있다.

- 주어진 해쉬태그로 그룹핑 된 메세지들을 찾아라.
- 주어진 사용자에게 전달된 메세지들을 찾아라.
- 주어진 사용자의 팔로워를 찾아라.
- 주어진 사용자가 팔로잉하는 사용자들을 찾아라.

## ▌ 스파크 애플리케이션 작업

이 애플리케이션의 주요 작업은 많은 스파크 애플리케이션으로 구성된 데이터 처리 엔진이다. 이러한 작업은 일반적으로 다음 유형으로 분류할 수 있다.

- 데이터를 수집하는 스파크 스트리밍 애플리케이션: 스트림으로 들어오는 데이터를 받아 적절한 마스터 데이터셋에 저장하는 기본 리스너<sup>listner</sup> 애플리케이션이다.
- 스파크 애플리케이션으로 목적 뷰 및 쿼리 생성: 마스터 데이터셋에서 다양한 목적으로 생성한 뷰를 사용하는 애플리케이션이다. 그 외에도 쿼리가 포함되어 있다.
- 사용자 지정 데이터 처리를 수행하는 스파크 GraphX 애플리케이션: 사용자—팔로워 관계를 처리하는 데 사용하는 애플리케이션이다.

이러한 모든 애플리케이션은 독립적으로 개발하고 실행되지만 스트림 처리 애플리케이션은 수신 메시지를 처리하기 위해 항상 리스너 애플리케이션으로 실행된다. 주요 데이터 스트리밍 애플리케이션과는 별도로 다른 모든 애플리케이션은 UNIX 시스템의 cron 작업과 같이 일반 작업처럼 예약한다. 이 애플리케이션에서 이러한 모든 애플리케이션은 다양한 용도로 사용한다. 스케줄링은 애플리케이션의 종류와 메인 데이터셋과 뷰 사이의 딜레이가 얼마나 수용 가능한지에 따라 다르다. 그것은 완전히 비즈니스 기능에 달려 있다. 따라서 이번 장에서는 이전에 배운 것에 초점을 맞추기 위해 스케줄링보다는 스파크 애플리케이션 개발에 초점을 맞출 것이다.

 실제 유스 케이스를 구현할 때 스피드 레이어의 데이터를 텍스트 파일로 저장하는 방식은 이상적이지 않다. 좀 더 간단하게 모든 데이터를 텍스트 파일에 저장해 모든 레벨의 리더가 가장 간단한 설정으로 접근할 수 있게 하자. 스파크 스트리밍을 사용하는 스피드 레이어 구현은 저장 로직이 없는 단순 뼈대 구현이므로 독자가 원하는 데이터베이스에 데이터를 저장하기 위해 이 부분을 향상할 수 있다.

## ▌코딩 스타일

이 책에서 지금까지 계속해서 코딩 스타일과 스파크 애플리케이션 프로그래밍에 대해서 논의했다. 스파크 애플리케이션 개발은 스칼라 및 파이썬, R 언어를 이용해서 수행할 수 있음을 이미 확인했다. 이전 장에서 선택한 대부분의 언어는 파이썬 및 스칼라였다. 이번 장에서도 마찬가지일 것이다. 스파크 GraphX 애플리케이션은 다만 파이썬을 지원하지 않으므로 스칼라만 사용해서 개발을 진행해야 한다.

코딩 스타일은 간단하고 요점만 다룰 것이다. 에러 처리 및 애플리케이션 개발의 기타 모범 사례는 의도적으로 다루지 않고 스파크 기능 자체에 집중할 것이다. 이번 장에서는 가능하면 해당 언어의 스파크 REPL에서 코드를 실행할 것이다. 전체 애플리케이션의 구조와 스파크 스트리밍을 설명하는 장에서 애플리케이션을 컴파일 및 빌드, 실행하는 스크립트는 소스 코드 다운로드를 통해 즉시 실행할 수 있는 완전한 애플리케이션으로 사용할 수 있다. 또한, 스파크 애플리케이션을 다루는 장에서는 스파크 애플리케이션을 작성하고 실행하는 스크립트를 비롯해 완전한 스파크 애플리케이션의 해부에 대해 설명했다. 같은 방법론을 9장에서 개발할 애플리케이션에 적용한다. 첫 장에서 설명한 것처럼 독자적인 스파크 애플리케이션을 실행할 때 독자는 스파크 모니터링을 활성화해서 애플리케이션의 작동 방식을 볼 수 있다. 다루고자 하는 내용에 집중하기 위해 이 내용을 다시 다루지는 않을 것이다.

## 소스 코드 셋업

그림 4는 이번 장에서 사용되는 소스 코드 및 데이터 디렉토리의 구조를 보여준다. 독자가 이미 익숙하다고 가정하기 때문에 각각의 자세한 설명을 덧붙이지는 않았으며 필요하다면 6장 스파크 스트림 처리를 다시 살펴보기 바란다. 카프카를 사용하여 프로그램을 실행하기 위해 외부 라이브러리 파일이 필요하다. 이를 위해 lib 폴더의 TODO.txt 파일을 살펴보면 JAR 파일을 다운로드하라는 세부 지시사항이 있다. submitPy.sh와 submit.sh 파일은 카프카 설치 시 카프카 라이브러리 중 일부를 사용한다. 이러한 모든 외부 JAR 파일 종속성은 6장 스파크 스트림 처리에서 이미 다뤘다.

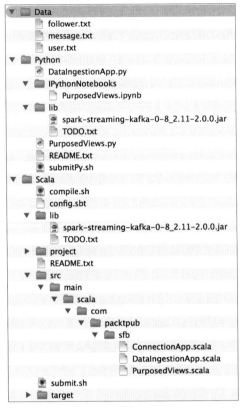

▲ 그림 4

# 데이터 소화

스파크 스트리밍 애플리케이션은 생산자로부터 데이터를 받는 리스너 애플리케이션으로
동작한다. 카프카가 메시지 브로커로서 활용될 것이기 때문에 스파크 애플리케이션은 생
산자가 보낸 메시지를 토픽에 따라 구독하는 소비자 애플리케이션이 될 것이다. 배치 레
이어의 마스터 데이터셋이 팔로잉 데이터셋을 가지고 있기 때문에 데이터셋에 따라 각각
의 카프카 토픽을 가지는 것이 이상적이다.

- 사용자 데이터셋: 사용자
- 팔로워 데이터셋: 팔로워
- 메세지 데이터셋: 메세지

그림 5는 카프카 기반의 스파크 스트리밍 애플리케이션 구조의 전체 그림을 보여준다.

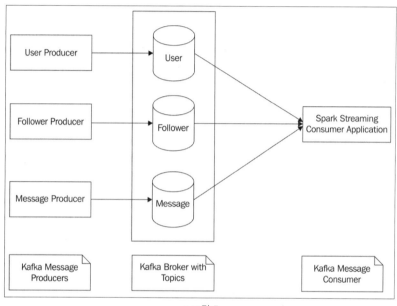

▲ 그림 5

카프카 설정은 6장, 스파크 스트림 처리에서 이미 다뤘으므로 여기서는 애플리케이션 코드만 다룬다.

다음 스크립트는 터미널 창에서 실행한다. $ KAFKA_HOME 환경 변수가 카프카가 설치된 디렉토리를 가리키고 있는지 확인하자. 또한 Zookeeper 및 카프카 서버, 카프카 생산자, 스파크 스트리밍 로그 이벤트 데이터 처리 애플리케이션을 별도의 터미널 창에서 시작하는 것이 매우 중요하다. 스크립트에 표시된 대로 필요한 카프카 항목이 만들어지면 해당 생산자가 메시지를 작성해야 한다. 더 진행하기 전에 6장 스파크 스트림 처리에서 이미 다룬 카프카 설정 세부 사항을 참고하자.

터미널 윈도우 프롬프트에서 아래 명령어를 실행하자.

```
$ # Zookeeper 시작
$ cd $KAFKA_HOME
$ $KAFKA_HOME/bin/zookeeper-server-start.sh
$KAFKA_HOME/config/zookeeper.properties
    [2016-07-30 12:50:15,896] INFO binding to port 0.0.0.0/0.0.0.0:2181
(org.apache.zookeeper.server.NIOServerCnxnFactory)
$ # 새 창에서 카프카 브로커 시작
$ $KAFKA_HOME/bin/kafka-server-start.sh
$KAFKA_HOME/config/server.properties
    [2016-07-30 12:51:39,206] INFO [Kafka Server 0], started
(kafka.server.KafkaServer)
$ # 새 창에서 필요한 카프카 토픽 생성
$ $KAFKA_HOME/bin/kafka-topics.sh --create --zookeeper localhost:2181 -
-replication-factor 1 --partitions 1 --topic user
    Created topic "user".
-replication-factor 1 --partitions 1 --topic follower
    Created topic "follower".
$ $KAFKA_HOME/bin/kafka-topics.sh --create --zookeeper localhost:2181 -
-replication-factor 1 --partitions 1 --topic message
    Created topic "message".
$ # # 메시지 생성을 시작하고 위에 생성한 토픽에 "message" 전송
$ $KAFKA_HOME/bin/kafka-console-producer.sh --broker-list
localhost:9092 --topic message
```

이 예제에서는 카프카 생산자가 생성한 메시지를 처리하는 카프카 토픽 소비자 애플리케이션 스칼라 코드에 대해 자세히 설명한다. 다음 코드를 실행하기 전에 카프카가 실행 중이며 필요한 생산자가 메시지를 생성하고 애플리케이션이 실행하면 메시지를 소비하는지 확인하자. 스파크 클러스터에 데이터 수집을 위해 스칼라 프로그램을 제출하면 실행을 시작할 것이다. 스칼라 디렉토리에서 시작해서 그림 4와 같이 먼저 프로그램을 컴파일하고 실행한다. 세부 사항은 README.txt 파일을 참조하자. 다음 두 명령어는 프로그램을 컴파일하고 실행하기 위해 실행된다.

```
$ ./compile.sh
$ ./submit.sh com.packtpub.sfb.DataIngestionApp 1
```

아래 코드는 컴파일 될 프로그램 리스트와 위 명령어를 실행한 것이다.

```
/**
아래 프로그램은 SBT(Scala Batch Terminal)을 이용해서 컴파일 및 실행할 수 있다.
Wrapper 스크립트도 함께 제공 된다. ./compile.sh 스크립트는 아래 코드를 컴파일하기 위해 사용할 수 있다.
./submit.sh 스크립트는 이 애플리케이션을 스파크에서 실행하기 위해 사용할 수 있다. 이 스크립트의 두 번째 커
맨드라인 인자 (1)는 매우 중요하다. 이 인자는 kafka jar 파일을 스파크 클러스터에 보내는 것을 의미한다. 예를
들어 ./submit.sh com.packtpub.sfb.DataIngestionApp 1 이렇게 사용할 수 있다.
**/
package com.packtpub.sfb
import java.util.HashMap
import org.apache.spark.streaming._
import org.apache.spark.sql.{Row, SparkSession}
import org.apache.spark.streaming.kafka._
import org.apache.kafka.clients.producer.{ProducerConfig, KafkaProducer,
ProducerRecord}
import org.apache.spark.storage.StorageLevel
import org.apache.log4j.{Level, Logger}
object DataIngestionApp {
  def main(args: Array[String]) {
   // 로그 레벨 세팅
   LogSettings.setLogLevels()
   // Check point directory for the recovery
   val checkPointDir = "/tmp"
    /**
    * 아래 함수는 체크포인트와 드라이버 리커버리를 설정하기 위해 사용한다.
    * StreamingContext.getOrCreate를 이 함수와 함께 사용해야 한다.
    * 이 함수는 스파크 스트리밍 챕터에서 언급은 했으나 실제 예제에서 사용하지는 않았는데, 아래에서 실제로
사용한다.
    */
    def sscCreateFn(): StreamingContext = {
      // Kafka stream 생성을 위해 사용된 변수들
      // Zookeeper 호스트
        val zooKeeperQuorum = "localhost"
```

```scala
    // Kafka 메시지 그룹
    val messageGroup = "sfb-consumer-group"
    // 프로그램이 데이터를 수집하는 Kafka 토픽
    // 독자 TODO: 여기 예제에서는 1개의 토픽만 사용하지만, 실제로 쉼표(comma)를 이용해서 여러가지
토픽을 사용할 수 있다.
    // 독자 TODO: 여러가지 토픽을 사용할 때, 직접 원하는 메세지를 얻어내서 데이터를 저장하는 코드까지
짜보도록 하자.
    val topics = "message"
    val numThreads = 1
    // 스파크 세션 컨텍스트 및 스트리밍 컨텍스트 생성
    val spark = SparkSession
      .builder
      .appName(getClass.getSimpleName)
      .getOrCreate()
    val sc = spark.sparkContext
      val ssc = new StreamingContext(sc, Seconds(10))
      val topicMap = topics.split(",").map((_, numThreads.toInt)).toMap
      val messageLines = KafkaUtils.createStream(ssc, zooKeeperQuorum,
messageGroup, topicMap).map(_._2)
    // 콘솔에 메시지 출력
    // TODO - 간단한 연습으로 메시지를 콘솔에 출력하는 대신에 직접 저장소에 저장하는 로직을 짜보자.
    messageLines.print()
    // 복구를 위한 체크포인트 설정
    ssc.checkpoint(checkPointDir)
    // 스파크 스트리밍 컨텍스트 리턴
    ssc
  }
  // 위에 정의된 함수는 여기에서 스파크 스트리밍 컨텍스트를 생성하기 위해 정의된 함수다.
  val ssc = StreamingContext.getOrCreate(checkPointDir, sscCreateFn)
  // 스트리밍 시작
  ssc.start()
  // 애플리케이션 종료를 기다림
    ssc.awaitTermination()
  }
}
object LogSettings {
  /**
   log4j 로깅 레벨 설정
  */
```

```
def setLogLevels() {
  val log4jInitialized = Logger.getRootLogger.getAllAppenders.hasMoreElements
  if (!log4jInitialized) {
    // 스파크가 출력하는 다른 INFO 레벨 로그가 지금 사용하는 콘솔에 메시지를 출력하지 않도록 설정
    Logger.getRootLogger.setLevel(Level.INFO)
  }
}
}
```

데이터 처리를 위해 파이썬 프로그램은 스파크 클러스터에 제출해 실행한다. 그림 4와 같이 파이썬 디렉토리에서 시작해 프로그램을 실행한다. 세부 사항은 README.txt 파일을 참조하자. 이 파이썬 프로그램을 실행하는 경우에도 모든 카프카 설치 요구사항은 같다. 다음 명령어는 프로그램 실행을 위해 필요하다. 파이썬은 인터프리터 언어이기 때문에 컴파일이 필요 없다.

```
$ ./submitPy.sh DataIngestionApp.py 1
```

아래 코드는 똑같은 애플리케이션의 파이썬 구현이다.

```
# 아래 ./submitPy.sh 스크립트를 이용해서 애플리케이션을 스파크에서 실행할 수 있다.
# ./submitPy.sh DataIngestionApp.py 1
  from __future__ import print_function
  import sys
  from pyspark import SparkContext
  from pyspark.streaming import StreamingContext
  from pyspark.streaming.kafka import KafkaUtils
  if __name__ == "__main__":
# 스파크 컨택스트 생성
  sc = SparkContext(appName="DataIngestionApp")
  log4j = sc._jvm.org.apache.log4j
  log4j.LogManager.getRootLogger().setLevel(log4j.Level.WARN)
# 10초 배치 (batch) 인터벌을 가진 스파크 스트리밍 컨텍스트 생성
  ssc = StreamingContext(sc, 10)
# 체크포인트 디렉토리 세팅
```

```
  ssc.checkpoint("\tmp")
# Zookeeper 호스트
  zooKeeperQuorum="localhost"
# Kafka 메시지 그룹
  messageGroup="sfb-consumer-group"
# 프로그램이 데이터를 수집하는 Kafka 토픽
# 독자 TODO: 여기 예제에서는 1개의 토픽만 사용하지만, 실제로 쉼표(comma)를 이용해서 여러가지 토픽을 사
용할 수 있다.
# 독자 TODO: 여러가지 토픽을 사용할 때, 직접 원하는 메세지를 얻어내서 데이터를 저장하는 코드까지 짜 보도록
하자.
topics = "message"
numThreads = 1
# Kafka DStream 생성
kafkaStream = KafkaUtils.createStream(ssc, zooKeeperQuorum, messageGroup,
{topics: numThreads})
messageLines = kafkaStream.map(lambda x: x[1])
# TODO - 간단한 연습으로 메시지를 콘솔에 출력하는 대신에 직접 저장소에 저장하는 로직을 짜 보자.
messageLines.pprint()
# 스트리밍 시작
ssc.start()
# 애플리케이션 종료까지 대기
ssc.awaitTermination()
```

# ▌뷰와 쿼리 생성

다음 스칼라와 파이썬 구현은 9장의 앞부분에서 설명 목적으로 만들어진 뷰와 쿼리를 생
성하는 애플리케이션이다. 스칼라 REPL 프롬프트에서 다음 명령문을 실행하자.

```
// TODO: 아래 디렉토리를 각자 data 디렉토리 주소로 바꾸자.
scala> val dataDir = "/Users/RajT/Documents/Writing/SparkForBeginners/To-
PACKTPUB/Contents/B05289-09-DesigningSparkApplications/Code/Data/"
  dataDir: String = /Users/RajT/Documents/Writing/SparkForBeginners/To-PACKTPUB/
Contents/B05289-09-DesigningSparkApplications/Code/Data/
scala> // 엔티티를 표현하기 위해 스칼라 케이스클래스 정의
```

```
scala> case class User(Id: Long, UserName: String, FirstName: String, LastName:
String, EMail: String, AlternateEmail: String, Phone: String)
  defined class User
scala> case class Follow(Follower: String, Followed: String)
  defined class Follow
scala> case class Message(UserName: String, MessageId: Long, ShortMessage:
String, Timestamp: Long)
  defined class Message
scala> case class MessageToUsers(FromUserName: String, ToUserName: String,
MessageId: Long, ShortMessage: String, Timestamp: Long)
  defined class MessageToUsers
scala> case class TaggedMessage(HashTag: String, UserName: String, MessageId:
Long, ShortMessage: String, Timestamp: Long)
  defined class TaggedMessage
scala> // 애플리케이션에서 사용할 유틸리티 함수 정의
scala> def toUser =  (line: Seq[String]) => User(line(0).toLong, line(1),
line(2),line(3), line(4), line(5), line(6))
  toUser: Seq[String] => User
scala> def toFollow =  (line: Seq[String]) => Follow(line(0), line(1))
  toFollow: Seq[String] => Follow
scala> def toMessage =  (line: Seq[String]) => Message(line(0), line(1).toLong,
line(2), line(3).toLong)
  toMessage: Seq[String] => Message
scala> // 유저데이터를 Dataset에 로드
scala> val userDataDS = sc.textFile(dataDir + "user.txt").map(_.split("\\|")).
map(toUser(_)).toDS()
  userDataDS: org.apache.spark.sql.Dataset[User] = [Id: bigint, UserName: string
... 5 more fields]
scala> // Convert the Dataset into data frame
scala> val userDataDF = userDataDS.toDF()
  userDataDF: org.apache.spark.sql.DataFrame = [Id: bigint, UserName: string ...
5 more fields]
scala> userDataDF.createOrReplaceTempView("user")
scala> userDataDF.show()
  +---+--------+---------+--------+--------------------+----------------+--------
------+
  | Id|UserName|FirstName|LastName|               EMail|   AlternateEmail|
Phone|
```

```
  +---+--------+---------+--------+--------------------+----------------+--------
------+
  |  1| mthomas|    Mark|  Thomas| mthomas@example.com|mt12@example.
com|+4411860297701|
  |  2|mithomas| Michael|  Thomas|mithomas@example.com| mit@example.
com|+4411860297702|
  |  3|  mtwain|    Mark|   Twain|  mtwain@example.com| mtw@example.
com|+4411860297703|
  |  4|  thardy|  Thomas|   Hardy|   thardy@example.com|  th@example.
com|+4411860297704|
  |  5| wbryson| William|  Bryson| wbryson@example.com|  bb@example.
com|+4411860297705|
  |  6|   wbrad| William|Bradford|   wbrad@example.com|  wb@example.
com|+4411860297706|
  |  7|  eharris|      Ed|  Harris|  eharris@example.com|  eh@example.
com|+4411860297707|
  |  8|   tcook|  Thomas|    Cook|    tcook@example.com|  tk@example.
com|+4411860297708|
  |  9|  arobert|    Adam|  Robert| arobert@example.com|  ar@example.
com|+4411860297709|
  | 10|  jjames|   Jacob|   James|  jjames@example.com|  jj@example.
com|+4411860297710|
  +---+--------+---------+--------+--------------------+----------------+--------
------+
```

scala> // 팔로워 데이터를 Dataset에 로드
scala> val followerDataDS = sc.textFile(dataDir + "follower.txt").map(_.
split("\\|")).map(toFollow(_)).toDS()
  followerDataDS: org.apache.spark.sql.Dataset[Follow] = [Follower: string,
Followed: string]
scala> // Dataset을 데이터프레임으로 변환
scala> val followerDataDF = followerDataDS.toDF()
  followerDataDF: org.apache.spark.sql.DataFrame = [Follower: string, Followed:
string]
scala> followerDataDF.createOrReplaceTempView("follow")
scala> followerDataDF.show()
```
  +--------+--------+
  |Follower|Followed|
  +--------+--------+
```

```
| mthomas|mithomas|
| mthomas|  mtwain|
|  thardy| wbryson|
|   wbrad| wbryson|
| eharris| mthomas|
| eharris|   tcook|
| arobert|  jjames|
+--------+--------+
```

scala> // 메시지 데이터를 Dataset에 로드
scala> val messageDataDS = sc.textFile(dataDir + "message.txt").map(_.
split("\\|")).map(toMessage(_)).toDS()
  messageDataDS: org.apache.spark.sql.Dataset[Message] = [UserName: string,
MessageId: bigint ... 2 more fields]
scala> // Dataset을 데이터프레임으로 변환
scala> val messageDataDF = messageDataDS.toDF()
  messageDataDF: org.apache.spark.sql.DataFrame = [UserName: string, MessageId:
bigint ... 2 more fields]
scala> messageDataDF.createOrReplaceTempView("message")
scala> messageDataDF.show()

```
+--------+---------+--------------------+----------+
|UserName|MessageId|        ShortMessage| Timestamp|
+--------+---------+--------------------+----------+
| mthomas|        1|@mithomas Your po...|1459009608|
| mthomas|        2|Feeling awesome t...|1459010608|
|  mtwain|        3|My namesake in th...|1459010776|
|  mtwain|        4|Started the day w...|1459011016|
|  thardy|        5|It is just spring...|1459011199|
| wbryson|        6|Some days are rea...|1459011256|
|   wbrad|        7|@wbryson Stuff ha...|1459011333|
| eharris|        8|Anybody knows goo...|1459011426|
|   tcook|        9|Stock market is p...|1459011483|
|   tcook|       10|Dont do day tradi...|1459011539|
|   tcook|       11|I have never hear...|1459011622|
|   wbrad|       12|#Barcelona has pl...|1459157132|
|  mtwain|       13|@wbryson It is go...|1459164906|
+--------+---------+--------------------+----------+
```

이 단계는 데이터 저장소에서 모든 필요한 데이터를 로드해서 데이터프레임에 저장하는 과정을 완료한다. 여기서 데이터는 텍스트 파일에서 가져온다. 실제 유스 케이스에서는 인기있는 NoSQL 데이터베이스 또는 기존 RDBMS 테이블, HDFS에서 로드한 Avro 또는 Parquet 직렬화 된 데이터베이스에서 가져올 수 있다.

아래 예제에서는 데이터프레임을 사용하고 다양한 용도로 사용하는 뷰와 쿼리를 생성한다.

```scala
scala> // 필요한 유저 메시지 뷰 생성
scala> val messagetoUsersDS = messageDataDS.filter(_.ShortMessage.contains("@")).
map(message => (message.ShortMessage.split(" ").filter(_.contains("@")).
mkString(" ").substring(1), message)).map(msgTuple => MessageToUsers(msgTuple._2.
UserName, msgTuple._1, msgTuple._2.MessageId, msgTuple._2.ShortMessage,
msgTuple._2.Timestamp))
  messagetoUsersDS: org.apache.spark.sql.Dataset[MessageToUsers] = [FromUserName:
string, ToUserName: string ... 3 more fields]
scala> // Dataset을 데이터프레임으로 변환
scala> val messagetoUsersDF = messagetoUsersDS.toDF()
  messagetoUsersDF: org.apache.spark.sql.DataFrame = [FromUserName: string,
ToUserName: string ... 3 more fields]
scala> messagetoUsersDF.createOrReplaceTempView("messageToUsers")
scala> messagetoUsersDF.show()
  +------------+----------+---------+--------------------+----------+
  |FromUserName|ToUserName|MessageId|        ShortMessage| Timestamp|
  +------------+----------+---------+--------------------+----------+
  |     mthomas|   mithomas|        1|@mithomas Your po...|1459009608|
  |       wbrad|   wbryson|        7|@wbryson Stuff ha...|1459011333|
  |      mtwain|   wbryson|       13|@wbryson It is go...|1459164906|
  +------------+----------+---------+--------------------+----------+

scala> // 필요한 태그된 메시지 뷰 생성
scala> val taggedMessageDS = messageDataDS.filter(_.ShortMessage.contains("#")).
map(message => (message.ShortMessage.split(" ").filter(_.contains("#")).
mkString(" "), message)).map(msgTuple => TaggedMessage(msgTuple._1, msgTuple._2.
UserName, msgTuple._2.MessageId, msgTuple._2.ShortMessage, msgTuple._2.
Timestamp))
  taggedMessageDS: org.apache.spark.sql.Dataset[TaggedMessage] = [HashTag:
```

string, UserName: string ... 3 more fields]
scala> // Dataset을 데이터프레임으로 변환
scala> val taggedMessageDF = taggedMessageDS.toDF()
  taggedMessageDF: org.apache.spark.sql.DataFrame = [HashTag: string, UserName:
string ... 3 more fields]
scala> taggedMessageDF.createOrReplaceTempView("taggedMessages")
scala> taggedMessageDF.show()

```
+----------+--------+---------+--------------------+----------+
|   HashTag|UserName|MessageId|        ShortMessage| Timestamp|
+----------+--------+---------+--------------------+----------+
|#Barcelona| eharris|        8|Anybody knows goo...|1459011426|
|#Barcelona|   wbrad|       12|#Barcelona has pl...|1459157132|
+----------+--------+---------+--------------------+----------+
```

scala> // 아래는 유스 케이스에서 사용하기 위해 필요한 쿼리다.
scala> // 같은 해쉬 태그를 사용한 메시지 검색
scala> val byHashTag = spark.sql("SELECT a.UserName, b.FirstName, b.LastName,
a.MessageId, a.ShortMessage, a.Timestamp FROM taggedMessages a, user b WHERE
a.UserName = b.UserName AND HashTag = '#Barcelona' ORDER BY a.Timestamp")
  byHashTag: org.apache.spark.sql.DataFrame = [UserName: string, FirstName:
string ... 4 more fields]
scala> byHashTag.show()

```
+--------+---------+--------+---------+--------------------+----------+
|UserName|FirstName|LastName|MessageId|        ShortMessage| Timestamp|
+--------+---------+--------+---------+--------------------+----------+
| eharris|       Ed|  Harris|        8|Anybody knows goo...|1459011426|
|   wbrad|  William|Bradford|       12|#Barcelona has pl...|1459157132|
+--------+---------+--------+---------+--------------------+----------+
```

scala> // 해당 유저에게 전달 된 메시지를 찾는다.
scala> val byToUser = spark.sql("SELECT FromUserName, ToUserName, MessageId,
ShortMessage, Timestamp FROM messageToUsers WHERE ToUserName = 'wbryson' ORDER BY
Timestamp")
  byToUser: org.apache.spark.sql.DataFrame = [FromUserName: string, ToUserName:
string ... 3 more fields]
scala> byToUser.show()

```
+------------+----------+---------+--------------------+----------+
|FromUserName|ToUserName|MessageId|        ShortMessage| Timestamp|
+------------+----------+---------+--------------------+----------+
|       wbrad|   wbryson|        7|@wbryson Stuff ha...|1459011333|
|      mtwain|   wbryson|       13|@wbryson It is go...|1459164906|
```

```
    +------------+----------+---------+--------------------+----------+
scala> // 해당 유저의 팔로워를 찾는다.
scala> val followers = spark.sql("SELECT b.FirstName as FollowerFirstName,
b.LastName as FollowerLastName, a.Followed FROM follow a, user b WHERE a.Follower
= b.UserName AND a.Followed = 'wbryson'")
  followers: org.apache.spark.sql.DataFrame = [FollowerFirstName: string,
FollowerLastName: string ... 1 more field]
scala> followers.show()
    +-----------------+----------------+--------+
    |FollowerFirstName|FollowerLastName|Followed|
    +-----------------+----------------+--------+
    |          William|        Bradford| wbryson|
    |           Thomas|           Hardy| wbryson|
    +-----------------+----------------+--------+
scala> // 해당 유저의 followedUsers 필드 값을 찾는다.
scala> val followedUsers = spark.sql("SELECT b.FirstName as FollowedFirstName,
b.LastName as FollowedLastName, a.Follower FROM follow a, user b WHERE a.Followed
= b.UserName AND a.Follower = 'eharris'")
  followedUsers: org.apache.spark.sql.DataFrame = [FollowedFirstName: string,
FollowedLastName: string ... 1 more field]
scala> followedUsers.show()
    +-----------------+----------------+--------+
    |FollowedFirstName|FollowedLastName|Follower|
    +-----------------+----------------+--------+
    |           Thomas|            Cook| eharris|
    |             Mark|          Thomas| eharris|
    +-----------------+----------------+--------+
```

앞 스칼라 코드에서 프로그래밍 언어로 스칼라를 사용했기 때문에 데이터셋과 데이터프
레임 기반 프로그래밍 모델을 사용했다. 파이썬은 더이상 강형 타입 언어가 아니기 때문
에 파이썬 데이터셋 API을 지원하지 않는다. 따라서 아래 파이썬 코드는 전통적인 스파
크 RDD 기반 프로그래밍 모델을 데이터프레임 기반 프로그래밍 모델과 결합해 사용한
다. 파이썬 REPL 프롬프트에서 아래 명령문을 실행하자.

```
>>> from pyspark.sql import Row
>>> # TODO: 아래 디렉토리를 각자의 data 디렉토리 주소로 바꾸자.
>>> dataDir = "/Users/RajT/Documents/Writing/SparkForBeginners/To-PACKTPUB/
Contents/B05289-09-DesigningSparkApplications/Code/Data/"
>>> # 유저 데이터를 RDD에 로드
>>> userDataRDD = sc.textFile(dataDir + "user.txt").map(lambda line: line.
split("|")).map(lambda p: Row(Id=int(p[0]), UserName=p[1], FirstName=p[2],
LastName=p[3], EMail=p[4], AlternateEmail=p[5], Phone=p[6]))
>>> # RDD를 데이터프레임으로 변환
>>> userDataDF = userDataRDD.toDF()
>>> userDataDF.createOrReplaceTempView("user")
>>> userDataDF.show()
  +----------------+--------------------+---------+---+--------+--------------+--
------+
  | AlternateEmail|               EMail|FirstName| Id|LastName|
Phone|UserName|
  +----------------+--------------------+---------+---+--------+--------------+--
------+
  |mt12@example.com| mthomas@example.com|     Mark|  1|  Thomas|+4411860297701|
mthomas|
  | mit@example.com|mithomas@example.com|  Michael|  2|
Thomas|+4411860297702|mithomas|
  | mtw@example.com|  mtwain@example.com|     Mark|  3|   Twain|+4411860297703|
mtwain|
  |  th@example.com|  thardy@example.com|   Thomas|  4|   Hardy|+4411860297704|
thardy|
  |  bb@example.com| wbryson@example.com|  William|  5|  Bryson|+4411860297705|
wbryson|
  |  wb@example.com|   wbrad@example.com|  William|  6|Bradford|+4411860297706|
wbrad|
  |  eh@example.com| eharris@example.com|       Ed|  7|  Harris|+4411860297707|
eharris|
  |  tk@example.com|   tcook@example.com|   Thomas|  8|    Cook|+4411860297708|
tcook|
  |  ar@example.com| arobert@example.com|     Adam|  9|  Robert|+4411860297709|
arobert|
  |  jj@example.com|  jjames@example.com|    Jacob| 10| J  ames|+4411860297710|
jjames|
  +----------------+--------------------+---------+---+--------+--------------+--
```

```
------+
>>> # 팔로워 데이터를 RDD에 로드
>>> followerDataRDD = sc.textFile(dataDir + "follower.txt").map(lambda line:
line.split("|")).map(lambda p: Row(Follower=p[0], Followed=p[1]))
>>> # RDD를 데이터프레임으로 로드
>>> followerDataDF = followerDataRDD.toDF()
>>> followerDataDF.createOrReplaceTempView("follow")
>>> followerDataDF.show()
  +--------+--------+
  |Followed|Follower|
  +--------+--------+
  |mithomas| mthomas|
  |  mtwain| mthomas|
  | wbryson|  thardy|
  | wbryson|   wbrad|
  | mthomas| eharris|
  |   tcook| eharris|
  |  jjames| arobert|
  +--------+--------+
>>> # 메시지 데이터를 RDD에 로드
>>> messageDataRDD = sc.textFile(dataDir + "message.txt").map(lambda line: line.
split("|")).map(lambda p: Row(UserName=p[0], MessageId=int(p[1]),
ShortMessage=p[2], Timestamp=int(p[3])))
>>> # RDD를 데이터프레임으로 변환
>>> messageDataDF = messageDataRDD.toDF()
>>> messageDataDF.createOrReplaceTempView("message")
>>> messageDataDF.show()
  +---------+--------------------+----------+--------+
  |MessageId|        ShortMessage| Timestamp|UserName|
  +---------+--------------------+----------+--------+
  |        1|@mithomas Your po...|1459009608|mthomas|
  |        2|Feeling awesome t...|1459010608|mthomas|
  |        3|My namesake in th...|1459010776| mtwain|
  |        4|Started the day w...|1459011016| mtwain|
  |        5|It is just spring...|1459011199| thardy|
  |        6|Some days are rea...|1459011256 wbryson|
  |        7|@wbryson Stuff ha...|1459011333|  wbrad|
  |        8|Anybody knows goo...|1459011426|eharris|
  |        9|Stock market is p...|1459011483|  tcook|
```

```
    |        10|Dont do day tradi...|1459011539|   tcook|
    |        11|I have never hear...|1459011622|   tcook|
    |        12|#Barcelona has pl...|1459157132|   wbrad|
    |        13|@wbryson It is go...|1459164906|  mtwain|
    +----------+--------------------+----------+--------+
```

이 단계는 데이터 저장소에서 모든 필요한 데이터를 로드해서 데이터프레임에 저장하는 과정을 완료한다. 여기서 데이터는 텍스트 파일에서 가져온다. 실제 유스 케이스에서는 인기 있는 NoSQL 데이터베이스 또는 기존 RDBMS 테이블, HDFS에서 로드한 Avro 또는 Parquet 직렬화 된 데이터베이스에서 가져올 수 있다.

```
>>> # 필요한 유저 메시지 뷰를 생성
>>> messagetoUsersRDD = messageDataRDD.filter(lambda message: "@" in message.
ShortMessage).map(lambda message : (message, " ".join(filter(lambda s: s[0] ==
'@', message.ShortMessage.split(" "))))).map(lambda msgTuple:
Row(FromUserName=msgTuple[0].UserName, ToUserName=msgTuple[1][1:],
MessageId=msgTuple[0].MessageId, ShortMessage=msgTuple[0].ShortMessage,
Timestamp=msgTuple[0].Timestamp))
>>> # RDD를 데이터프레임으로 변환
>>> messagetoUsersDF = messagetoUsersRDD.toDF()
>>> messagetoUsersDF.createOrReplaceTempView("messageToUsers")
>>> messagetoUsersDF.show()
  +------------+---------+--------------------+----------+----------+
  |FromUserName|MessageId|        ShortMessage| Timestamp|ToUserName|
  +------------+---------+--------------------+----------+----------+
  |     mthomas|        1|@mithomas Your po...|1459009608|  mithomas|
  |       wbrad|        7|@wbryson Stuff ha...|1459011333|   wbryson|
  |      mtwain|       13|@wbryson It is go...|1459164906|   wbryson|
  +------------+---------+--------------------+----------+----------+
>>> # 태그된 메시지 뷰 생성
>>> taggedMessageRDD = messageDataRDD.filter(lambda message: "#" in message.
ShortMessage).map(lambda message : (message, " ".join(filter(lambda s: s[0] ==
'#', message.ShortMessage.split(" "))))).map(lambda msgTuple:
Row(HashTag=msgTuple[1], UserName=msgTuple[0].UserName, MessageId=msgTuple[0].
MessageId, ShortMessage=msgTuple[0].ShortMessage, Timestamp=msgTuple[0].
Timestamp))
```

```
>>> # RDD를 데이터프레임으로 변환
>>> taggedMessageDF = taggedMessageRDD.toDF()
>>> taggedMessageDF.createOrReplaceTempView("taggedMessages")
>>> taggedMessageDF.show()

    +----------+---------+--------------------+----------+--------+
    |   HashTag|MessageId|        ShortMessage| Timestamp|UserName|
    +----------+---------+--------------------+----------+--------+
    |#Barcelona|        8|Anybody knows goo...|1459011426|  eharris|
    |#Barcelona|       12|#Barcelona has pl...|1459157132|    wbrad|
    +----------+---------+--------------------+----------+--------+

>>> # 아래 쿼리는 유스 케이스에 필요한 쿼리다.
>>> # 같은 해쉬 태그를 사용한 메시지 검색
>>> byHashTag = spark.sql("SELECT a.UserName, b.FirstName, b.LastName, a.
MessageId, a.ShortMessage, a.Timestamp FROM taggedMessages a, user b WHERE
a.UserName = b.UserName AND HashTag = '#Barcelona' ORDER BY a.Timestamp")
>>> byHashTag.show()

    +--------+---------+--------+---------+--------------------+----------+
    |UserName|FirstName|LastName|MessageId|        ShortMessage| Timestamp|
    +--------+---------+--------+---------+--------------------+----------+
    | eharris|       Ed|  Harris|        8|Anybody knows goo...|1459011426|
    |   wbrad|  William|Bradford|       12|#Barcelona has pl...|1459157132|
    +--------+---------+--------+---------+--------------------+----------+

>>> # 해당 유저에게 전달된 메시지를 찾는다.
>>> byToUser = spark.sql("SELECT FromUserName, ToUserName, MessageId,
ShortMessage, Timestamp FROM messageToUsers WHERE ToUserName = 'wbryson' ORDER BY
Timestamp")
>>> byToUser.show()

    +------------+----------+---------+--------------------+----------+
    |FromUserName|ToUserName|MessageId|        ShortMessage| Timestamp|
    +------------+----------+---------+--------------------+----------+
    |       wbrad|   wbryson|        7|@wbryson Stuff ha...|1459011333|
    |      mtwain|   wbryson|       13|@wbryson It is go...|1459164906|
    +------------+----------+---------+--------------------+----------+

>>> # 해당 유저의 팔로워 검색
>>> followers = spark.sql("SELECT b.FirstName as FollowerFirstName, b.LastName as
FollowerLastName, a.Followed FROM follow a, user b WHERE a.Follower = b.UserName
AND a.Followed = 'wbryson'")
>>> followers.show()

    +-----------------+----------------+--------+
```

```
|FollowerFirstName|FollowerLastName|Followed|
+----------------+----------------+--------+
|         William|        Bradford| wbryson|
|          Thomas|           Hardy| wbryson|
+----------------+----------------+--------+
>>> # 해당 유저의 followed users 값을 검색
>>> followedUsers = spark.sql("SELECT b.FirstName as FollowedFirstName, b.
LastName as FollowedLastName, a.Follower FROM follow a, user b WHERE a.Followed =
b.UserName AND a.Follower = 'eharris'")
>>> followedUsers.show()
+----------------+----------------+--------+
|FollowedFirstName|FollowedLastName|Follower|
+----------------+----------------+--------+
|          Thomas|            Cook| eharris|
|            Mark|          Thomas| eharris|
+----------------+----------------+--------+
```

유스 케이스를 구현하기 위해 필요한 목적 뷰와 쿼리는 단일 애플리케이션으로 개발한
다. 그러나 실제로 모든 뷰와 쿼리를 한 애플리케이션에서 수행하는 것은 좋은 설계 방법
이 아니다. 뷰 저장을 통해 뷰와 쿼리를 분리하고 주기적으로 리프레시 해주는 방법이 좋
다. 하나의 애플리케이션만 사용하는 경우 캐싱 및 스파크 클러스터에 브로드캐스팅 되
는 커스터마이징 된 컨텍스트 객체를 활용해 뷰에 접근할 수도 있다.

## ▌ 커스텀 데이터 처리 이해

다양한 쿼리를 제공하고 원하는 아웃풋을 생성하기 위해 뷰를 생성한다. 보통 실제 유스
케이스를 구현하기 위해서 다양한 종류의 애플리케이션을 개발한다. 람다 아키텍처 관점
에서 볼 때 이러한 애플리케이션은 서빙 레이어에 해당한다. 이러한 사용자 데이터 처리
가 서빙 레이어에 속하는 이유는 주로 대부분이 마스터 데이터셋의 데이터를 사용하거나
처리하고 뷰 또는 출력을 만들기 때문이다. 또한 사용자가 처리한 데이터를 뷰로 유지하
는 것이 가능한데 아래 예제를 통해 좀 더 살펴보자.

SfbMicroBlog 마이크로 블로깅 애플리케이션에서 특정 사용자 A가 어떤 방식으로든 직접 팔로워 관계 또는 중간에 여러 팔로워를 통해 사용자 B에 연결되어 있는지 여부를 확인하는 것은 매우 일반적인 요구 사항이다. 이 유스 케이스는 그래프 데이터 구조를 사용해 두 사용자가 같은 연결 구성 요소에 있는지 또는 다른 팔로워를 통해 연결되었는지 아닌지를 확인할 수 있다. 이를 위해 스파크 GraphX 라이브러리 기반 스파크 애플리케이션을 사용해 모든 사용자를 정점으로, 사용자 간 관계를 에지로 구성한 그래프를 생성한다. 스칼라 REPL 프롬프트에서 다음 명령문을 실행하자.

```scala
scala> import org.apache.spark.rdd.RDD
   import org.apache.spark.rdd.RDD
scala> import org.apache.spark.graphx._
   import org.apache.spark.graphx._
scala> // TODO: 아래 디렉토리를 각자 data 디렉토리 주소로 바꾸자.
scala> val dataDir = "/Users/RajT/Documents/Writing/SparkForBeginners/To-
PACKTPUB/Contents/B05289-09-DesigningSparkApplications/Code/Data/"dataDir: String
= /Users/RajT/Documents/Writing/SparkForBeginners/To-PACKTPUB/Contents/B05289-09-
DesigningSparkApplications/Code/Data/
scala> // 엔티티를 정의하기 위한 스칼라 케이스 클래스 정의
scala> case class User(Id: Long, UserName: String, FirstName: String, LastName:
String, EMail: String, AlternateEmail: String, Phone: String)
     defined class User
scala> case class Follow(Follower: String, Followed: String)
     defined class Follow
scala> case class ConnectedUser(CCId: Long, UserName: String)
     defined class ConnectedUser
scala> // 애플리케이션에서 사용할 유틸리티 함수 정의
scala> def toUser =  (line: Seq[String]) => User(line(0).toLong, line(1),
line(2),line(3), line(4), line(5), line(6))
     toUser: Seq[String] => User
scala> def toFollow =  (line: Seq[String]) => Follow(line(0), line(1))
     toFollow: Seq[String] => Follow
scala> // 유저 데이터를 RDD로 로드
scala> val userDataRDD = sc.textFile(dataDir + "user.txt").map(_.split("\\|")).
map(toUser(_))
userDataRDD: org.apache.spark.rdd.RDD[User] = MapPartitionsRDD[160] at map
```

```
at <console>:34
scala> // RDD를 데이터프레임으로 변환
scala> val userDataDF = userDataRDD.toDF()
userDataDF: org.apache.spark.sql.DataFrame = [Id: bigint, UserName: string
... 5 more fields]
scala> userDataDF.createOrReplaceTempView("user")
 scala> userDataDF.show()
    +---+--------+---------+--------+-----------+----------------+-------
-------+
Id|UserName|FirstName|LastName| EMail|  AlternateEmail|  Phone|
    +---+--------+---------+--------+-----------+----------------+-----------
---+
| 1| mthomas|     Mark|  Thomas| mthomas@example.com|mt12@example.com|
+4411860297701|
| 2|mithomas|  Michael|  Thomas|mithomas@example.com| mit@example.com|
+4411860297702|
| 3|  mtwain|     Mark|   Twain| mtwain@example.com| mtw@example.com|
+4411860297703|
| 4|  thardy|   Thomas|   Hardy| thardy@example.com|  th@example.com|
+4411860297704|
| 5| wbryson|  William|  Bryson|wbryson@example.com|  bb@example.com|
+4411860297705|
| 6|   wbrad|  William|Bradford|  wbrad@example.com|  wb@example.com|
+4411860297706|
| 7| eharris|       Ed|  Harris|eharris@example.com|  eh@example.com|
+4411860297707|
| 8|   tcook|   Thomas|    Cook|  tcook@example.com|  tk@example.com|
+4411860297708|
| 9| arobert|     Adam|  Robert|arobert@example.com|  ar@example.com|
+4411860297709|
| 10|  jjames|    Jacob|   James| jjames@example.com|  jj@example.com|
+4411860297710|
    +---+--------+---------+--------+-------------+--------------+-------
-------+
scala> // 팔로워 데이터를 RDD로 로드
scala> val followerDataRDD = sc.textFile(dataDir +
"follower.txt").map(_.split("\\|")).map(toFollow(_))
followerDataRDD: org.apache.spark.rdd.RDD[Follow] = MapPartitionsRDD[168]
at map at <console>:34
```

```
scala> // RDD를 데이터프레임으로 변환
scala> val followerDataDF = followerDataRDD.toDF()
followerDataDF: org.apache.spark.sql.DataFrame = [Follower: string,
Followed: string]
scala> followerDataDF.createOrReplaceTempView("follow")
scala> followerDataDF.show()
    +--------+--------+
    |Follower|Followed|
    +--------+--------+
    | mthomas|mithomas|
    | mthomas|  mtwain|
    |  thardy| wbryson|
    |   wbrad| wbryson|
    | eharris| mthomas|
    | eharris|   tcook|
    | arobert|  jjames|
    +--------+--------+
```

scala> // 팔로워 데이터와 내가 팔로우하는 유저 데이터를 유니크 **id**를 추출하기 위해 마스터 유저 데이터프레임으로 조인

```
scala> val fullFollowerDetails = spark.sql("SELECT b.Id as FollowerId, c.Id
as FollowedId, a.Follower, a.Followed FROM follow a, user b, user c WHERE
a.Follower = b.UserName AND a.Followed = c.UserName")
fullFollowerDetails: org.apache.spark.sql.DataFrame = [FollowerId: bigint,
FollowedId: bigint ... 2 more fields]
scala> fullFollowerDetails.show()
    +----------+----------+--------+--------+
    |FollowerId|FollowedId|Follower|Followed|
    +----------+----------+--------+--------+
    |         9|        10| arobert|  jjames|
    |         1|         2| mthomas|mithomas|
    |         7|         8| eharris|   tcook|
    |         7|         1| eharris| mthomas|
    |         1|         3| mthomas|  mtwain|
    |         6|         5|   wbrad| wbryson|
    |         4|         5|  thardy| wbryson|
    +----------+----------+--------+--------+
```

scala> // 연결 그래프의 정점 생성
```
scala> val userVertices: RDD[(Long, String)] = userDataRDD.map(user => (user.Id,
user.UserName))
```

374

```
userVertices: org.apache.spark.rdd.RDD[(Long, String)] = MapPartitionsRDD[194] at
map at <console>:36
scala> userVertices.foreach(println)
     (6,wbrad)
     (7,eharris)
     (8,tcook)
     (9,arobert)
     (10,jjames)
     (1,mthomas)
     (2,mithomas)
     (3,mtwain)
     (4,thardy)
     (5,wbryson)
scala> // 연결 그래프의 간선(edge) 생성
scala> val connections: RDD[Edge[String]] = fullFollowerDetails.rdd.map(conn =>
Edge(conn.getAs[Long]("FollowerId"), conn.getAs[Long]("FollowedId"), "Follows"))
     connections:
org.apache.spark.rdd.RDD[org.apache.spark.graphx.Edge[String]] =
MapPartitionsRDD[217] at map at <console>:29
   scala> connections.foreach(println)
   Edge(9,10,Follows)
   Edge(7,8,Follows)
   Edge(1,2,Follows)
   Edge(7,1,Follows)
   Edge(1,3,Follows)
   Edge(6,5,Follows)
   Edge(4,5,Follows)
   scala> // 생성한 간선과 정점을 이용하는 그래프 생성
   scala> val connectionGraph = Graph(userVertices, connections)
     connectionGraph: org.apache.spark.graphx.Graph[String,String] = org.apache.
spark.graphx.impl.GraphImpl@3c207acd
```

연결 관계를 바탕으로 한 에지와 사용자 정점을 바탕으로 구성된 사용자 그래프 생성이
끝났다. 아래 코드는 그래프 데이터 구조에서 그래프 처리 알고리즘과 연결된 구성 요소
알고리즘을 실행하는 코드다.

```
scala> // 연결된 유저 찾기
scala> val cc = connectionGraph.connectedComponents()
  cc:org.apache.spark.graphx.Graph[org.apache.spark.graphx.VertexId,String] =
org.apache.spark.graphx.impl.GraphImpl@73f0bd11
scala> // Extract the triplets of the connected users
scala> val ccTriplets = cc.triplets
  ccTriplets: org.apache.spark.rdd.RDD[org.apache.spark.graphx.EdgeTriplet[org.
apache.spark.graphx.VertexId,String]] = MapPartitionsRDD[285] at mapPartitions at
GraphImpl.scala:48
scala> // Print the structure of the triplets
scala> ccTriplets.foreach(println)
  ((9,9),(10,9),Follows)
  ((1,1),(2,1),Follows)
  ((7,1),(8,1),Follows)
  ((7,1),(1,1),Follows)
  ((1,1),(3,1),Follows)
  ((4,4),(5,4),Follows)
  ((6,4),(5,4),Follows)
```

연결된 구성 요소 그래프 및 cc, ccTriplets를 생성했으므로 이제는 다양한 쿼리를 실행
하기 위해 이를 활용할 수 있다. 그래프가 RDD 기반 데이터 구조이기 때문에 쿼리를 수
행해야하는 경우 그래프 RDD를 데이터프레임으로 변환하는 것이 일반적이다. 다음 코
드에서는 이를 보여준다.

```
scala> // 정점 번호와 컴포넌트 id 출력. 연결된 컴포넌트 id는 시스템에서 자동으로 생성하고 연결된 컴포넌트
를 위한 유니크 식별자로 사용한다.
scala> val ccProperties = ccTriplets.map(triplet => "Vertex " + triplet.srcId + "
and " + triplet.dstId + " are part of the CC with id " + triplet.srcAttr)
  ccProperties: org.apache.spark.rdd.RDD[String] = MapPartitionsRDD[288] at map
at <console>:48
scala> ccProperties.foreach(println)
  Vertex 9 and 10 are part of the CC with id 9
  Vertex 1 and 2 are part of the CC with id 1
  Vertex 7 and 8 are part of the CC with id 1
  Vertex 7 and 1 are part of the CC with id 1
```

```
Vertex 1 and 3 are part of the CC with id 1
Vertex 4 and 5 are part of the CC with id 4
Vertex 6 and 5 are part of the CC with id 4
scala> // 출발 (source) 정점에 있는 유저와 연결된 컴포넌트 id 검색
scala> val srcUsersAndTheirCC = ccTriplets.map(triplet => (triplet.srcId,
triplet.srcAttr))
   srcUsersAndTheirCC: org.apache.spark.rdd.RDD[(org.apache.spark.graphx.VertexId,
org.apache.spark.graphx.VertexId)] = MapPartitionsRDD[289] at map at <console>:48
scala> // 도착 (destination) 정점에 있는 유저와 연결된 컴포넌트 id 검색
scala> val dstUsersAndTheirCC = ccTriplets.map(triplet => (triplet.dstId,
triplet.dstAttr))
   dstUsersAndTheirCC: org.apache.spark.rdd.RDD[(org.apache.spark.graphx.VertexId,
org.apache.spark.graphx.VertexId)] = MapPartitionsRDD[290] at map at <console>:48
scala> // 유니온(union) 검색
scala> val usersAndTheirCC = srcUsersAndTheirCC.union(dstUsersAndTheirCC)
   usersAndTheirCC: org.apache.spark.rdd.RDD[(org.apache.spark.graphx.VertexId,
org.apache.spark.graphx.VertexId)] = UnionRDD[291] at union at <console>:52
scala> // 유저 이름으로 조인
scala> // RDD를 데이터프레임으로 변환
scala> val usersAndTheirCCWithName = usersAndTheirCC.join(userVertices).map{case
(userId,(ccId,userName)) => (ccId, userName)}.distinct.sortByKey().map{case
(ccId,userName) => ConnectedUser(ccId, userName)}.toDF()
   usersAndTheirCCWithName: org.apache.spark.sql.DataFrame = [CCId: bigint,
UserName: string]
scala> usersAndTheirCCWithName.createOrReplaceTempView("connecteduser")
scala> val usersAndTheirCCWithDetails = spark.sql("SELECT a.CCId, a.UserName,
b.FirstName, b.LastName FROM connecteduser a, user b WHERE a.UserName = b.
UserName ORDER BY CCId")
   usersAndTheirCCWithDetails: org.apache.spark.sql.DataFrame = [CCId: bigint,
UserName: string ... 2 more fields]
scala> // 유저이름과 연결된 컴포넌트 id 출력. 두 유저가 같은 컴포넌트 id를 공유한다면 그들은 서로 연결된
것으로 간주한다.
scala> usersAndTheirCCWithDetails.show()
   +----+--------+---------+--------+
   |CCId|UserName|FirstName|LastName|
   +----+--------+---------+--------+
   |   1|mithomas|  Michael|  Thomas|
   |   1|  mtwain|     Mark|   Twain|
   |   1|   tcook|   Thomas|    Cook|
```

```
|  1| eharris|      Ed|  Harris|
|  1| mthomas|    Mark|  Thomas|
|  4|   wbrad| William|Bradford|
|  4| wbryson| William|  Bryson|
|  4|  thardy|  Thomas|   Hardy|
|  9|  jjames|   Jacob|   James|
|  9| arobert|    Adam|  Robert|
+----+--------+--------+--------+
```

위 목적 뷰 구현은 사용자와 이들의 연결된 구성 요소 식별번호 리스트를 가지고 있기 때문에 두 명의 사용자가 연결되었는지 파악할 필요가 있다면 리스트에서 두 사용자의 레코드를 읽고 이들이 같은 연결된 구성 요소 식별 번호를 가지고 있는지 여부만 알면 된다.

## ▌ 참고문헌

좀 더 많은 정보를 얻기 위해서 아래 링크를 참고하자.

- http://lambda-architecture.net/
- https://www.dre.vanderbilt.edu/~schmidt/PDF/Context-Object-Pattern.pdf

## ▌ 요약

9장에서는 이 책의 앞부분에서 학습한 스파크 개념을 사용해 단일 애플리케이션의 유스케이스를 사용해 이 책의 마지막을 장식한다. 이번 장에서는 데이터 처리 애플리케이션 아키텍처 관점에서 빅데이터 애플리케이션 분야에서 다양한 응용범위를 가지는 데이터 처리 애플리케이션을 위해 세부 기술 구현에 영향을 받지 않는 아키텍처 프레임워크로 람다 아키텍처를 선택해 다루었다.

데이터 처리 애플리케이션 개발 관점에서 RDD 기반 스파크 프로그래밍 및 데이터셋 기반 스파크 프로그래밍, 스파크 SQL 기반 데이터프레임을 통해 구조화된 데이터 처리 및 수신 메시지를 지속해서 처리하는 스파크 스트리밍 기반 수신기 프로그램, 팔로워 관계를 처리하기위한 스파크 GraphX 기반 애플리케이션을 지금까지 다루었다. 지금까지 살펴본 유스 케이스는 범위가 매우 넓다. 독자는 각자에 맞는 기능을 필요에 따라 직접 추가해서 애플리케이션 유스 케이스를 좀 더 개선할 수 있을 것이다.

# 찾아보기

에이콘출판의 기틀을 마련하신 故 정완재 선생님 (1935-2004)

# 초보자를 위한 아파치 스파크 2

### 스칼라와 파이썬을 활용한 대규모 분산 데이터 처리 애플리케이션 개발

발 행 | 2018년 1월 31일

지은이 | 라자나라야난 토투바이카투마나
옮긴이 | 방 호 남

펴낸이 | 권 성 준
편집장 | 황 영 주
편 집 | 이 지 은
디자인 | 박 주 란

에이콘출판주식회사
서울특별시 양천구 국회대로 287 (목동)
전화 02-2653-7600, 팩스 02-2653-0433
www.acornpub.co.kr / editor@acornpub.co.kr

한국어판 © 에이콘출판주식회사, 2018, Printed in Korea.
ISBN  979-11-6175-105-4
ISBN  978-89-6077-210-6 (세트)
http://www.acornpub.co.kr/book/apache-spark2-beginners

이 도서의 국립중앙도서관 출판시도서목록(CIP)은 서지정보유통지원시스템 홈페이지(http://seoji.nl.go.kr)와
국가자료공동목록시스템(http://www.nl.go.kr/kolisnet)에서 이용하실 수 있습니다.(CIP제어번호: CIP2018002531)

책값은 뒤표지에 있습니다.